VIS à VIS

BALI & LOMBOK

DK

DORLING KINDERSLEY

www.dk.com

Ein Dorling Kindersley Buch

www.dk.com

Produktion
Editions Didier Millet, Singapur

Texte
Andy Barski, Albert Beaucourt, Bruce Carpenter, John Cooke, Jean Couteau, Diana Darling, Sarah Dougherty, Julia Goh, Lorca Lueras, Tim Stuart, Tony Tilford

Fotografien
John Cooke, Koes Karnadi, Tim Stuart, Tony Tilford, Richard Watson

Illustrationen
Anuar bin Abdul Rahim, Denis Chai Kah Yune, Chang Huai-Yan, Choong Fook San, Koon Wai Leong, Lee Yoke Ling, Poo Lee Ming, Thomas Sui, Peggy Tan, Yeap Kok Chien

Kartografie
ERA-Maptech Ltd., Irland

•

Aktualisierte Neuauflage 2008/2009

•

Übersetzung Jochen Scheid, Köln
Redaktionsleitung Dr. Jörg Theilacker, Dorling Kindersley Verlag
Redaktion Linde Wiesner, Pullach
Schlussredaktion Birgit Lück, Augsburg
Satz und Produktion Dorling Kindersley Verlag
Lithografie Colourscan, Singapur
Druck South China Printing, China

ISBN 978-3-8310-0149-1

5 6 7 8 9 10 10 09 08 07

Dieser Reiseführer wird regelmäßig aktualisiert. Angaben wie Telefonnummern, Öffnungszeiten, Adressen, Preise und Fahrpläne können sich jedoch ändern. Der Verlag kann für fehlerhafte oder veraltete Angaben nicht haftbar gemacht werden. Für Hinweise, Verbesserungsvorschläge und Korrekturen ist der Verlag dankbar. Bitte richten Sie Ihr Schreiben an:

Dorling Kindersley Verlag GmbH
Redaktion Reiseführer
Arnulfstraße 124
80636 München

◁ **Pura Bukit Sari im Affenwald bei Sangeh, Westbali**
◁◁ **Umschlag: Steinstatue mit Hibiskusblüten**

Inhalt

Ganesha-Statue im Pura Luhur Uluwatu

Bali und Lombok stellen sich vor

Frisch vergoldete Tempel-Sonnenschirme trocknen in der Sonne

Gunung Agung, der heiligste Vulkan auf Bali, erhebt sich imposant über die Landschaft

Die Regionen von Bali und Lombok

Ein Pavillon bei Puri Agung Karangasem, Amlapura

Zu Gast in Bali und Lombok

Grund-informationen

Rosa Lotosblüte, ein heiliges Symbol in Bali

Balinesischer Häuserkomplex für eine Großfamilie

Benutzerhinweise

Dieser Reiseführer hilft Ihnen, Ihren Aufenthalt auf Bali und Lombok zu einem Erlebnis zu machen. *Bali und Lombok stellen sich vor* zeigt die Inseln im historischen und kulturellen Kontext, mit Beiträgen über Themen wie Festivals und Musik bis zu Fauna und Tauchen. Vier Kapitel über die Regionen Balis und eines über Lombok beschreiben mithilfe von Karten, Fotos und Illustrationen interessante Sehenswürdigkeiten. Restaurant- und Hotelempfehlungen finden Sie unter *Zu Gast in Bali*. Die *Grundinformationen* liefern Tipps über Verkehr und Sicherheit.

Die Regionen von Bali und Lombok

Alle vier Regionen Balis sowie die Insel Lombok haben jeweils ein eigenes Kapitel. Eine Karte dieser Regionen finden Sie in der vorderen Umschlaginnenseite. Alle interessanten Orte sind nummeriert und auf einer illustrierten Regionalkarte dargestellt.

Jede Region kann leicht mit der auf der vorderen Umschlaginnenseite erklärten Farbkodierung gefunden werden.

1 Einführung
Landschaft und Charakter jeder Region werden hier ebenso beschrieben wie ihre Entwicklung während der letzten Jahrhunderte und was sie dem Besucher heute zu bieten hat.

Eine Orientierungskarte zeigt, in welcher Region von Bali oder Lombok Sie sich befinden.

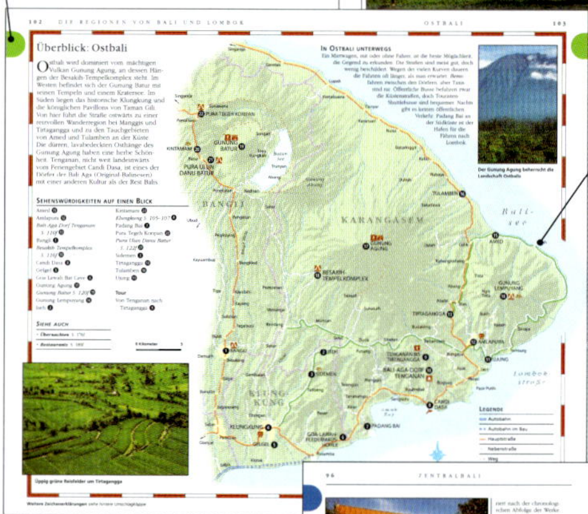

2 Regionalkarte
Sie zeigt das Straßennetz und gibt einen illustrierten Überblick über das ganze Gebiet. Alle Sehenswürdigkeiten sind nummeriert, die Karte gibt hilfreiche Tipps für das Erkunden per Auto oder anderen Verkehrsmitteln.

In Textkästen werden besondere oder einzigartige Aspekte einer Sehenswürdigkeit geschildert.

3 Detaillierte Informationen
Die Reihenfolge der sehenswerten Orte und Plätze entspricht der Nummerierung auf der Regionalkarte. Hinweise auf Straßenkarten, Adressen, Telefonnummern, Öffnungszeiten, Eintrittsgebühren sowie Transportmöglichkeiten werden angegeben.

4 Großstädte

Eine Einführung schildert Geschichte, Charakter und Lage der Stadt. Die Hauptsehenswürdigkeiten sind auf den Zentrumskarten dargestellt und werden detailliert beschrieben.

Die Farbkodierung der Griffmarken hilft bei der schnellen Orientierung.

Eine Infobox enthält Transport- und andere nützliche Informationen, ebenso Aufführungs- und Festivaltermine.

Die Zentrumskarte stellt die Hauptstraßen, Hauptverkehrsverbindungen und Informationszentren dar.

5 Detailkarte

Sie zeigt wichtige Stadtteile einer Großstadt aus der Vogelperspektive und weist auf interessante Sehenswürdigkeiten hin, die meist auch auf Fotos zu sehen sind.

Die Routenempfehlung begleitet Sie bei einem interessanten Spaziergang.

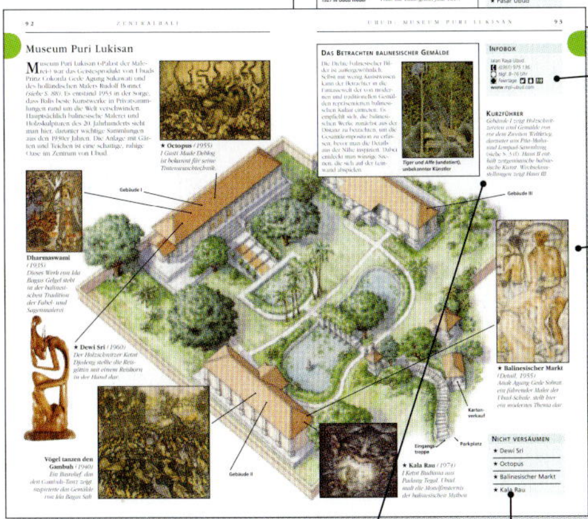

Die Infobox liefert für alle Hauptsehenswürdigkeiten praktische Hinweise, um den Besuch zu planen.

6 Hauptsehenswürdigkeiten

Den Highlights werden zwei volle Seiten gewidmet. Wichtige Gebäude werden in der Vogelperspektive gezeigt, wobei Details hervorgehoben werden. Schöne Naturgebiete wie Nationalparks werden illustriert.

Der Kurzführer erklärt die Anlage des Museums oder der Galerie und gibt einen Überblick über die Exponate der Sammlung.

Sterne markieren die Sehenswürdigkeiten und Highlights, die Sie nicht versäumen sollten.

Bali und Lombok stellen sich vor

Bali und Lombok entdecken

Bali und Lombok, zwei benachbarte Inseln im Indonesischen Archipel, sind idyllische Urlaubsziele. Uralte Vulkane erheben sich hinter dichtem tropischen Regenwald und tiefen Schluchten, fruchtbaren Reisfeldern und schier endlosen Stränden. Neben diesen Naturschönheiten bieten Bali und Lombok eine exotische Vergangenheit, zu sehen an antiken Palästen und Tempeln, in wunderbaren Kunstwerken und Musikstücken. Auf diesen zwei Seiten stellen wir Ihnen die größten kulturellen, sportlichen und natürlichen Attraktionen von Balis vier Regionen und Lombok vor, von rituellen Zeremonien und Bergwanderungen bis zu Strand- und Nachtleben.

Handbemalte balinesische Statue

Südbali

- **Hervorragende Surfstrände**
- **Die quirlige Hauptstadt Denpasar**
- **Das historische Sanur**
- **Die Ferienorte Kuta und Seminyak**

Südbalis breite weiße Sandstrände bieten Wassersportmöglichkeiten von Weltformat, darunter hervorragende Surf-Bedingungen *(siehe S. 208f)*. Im Süden liegt auch Balis lebhafte Hauptstadt **Denpasar** *(siehe S. 60f)*, wo man farbenfrohe Märkte und das **Bali Museum** *(siehe S. 62f)* mit heimischer Kunst findet.

Das historische Dorf **Sanur** *(siehe S. 64f)*, einst Balis erster Ferienort, charakterisieren schattige Straßen, majestätische Bäume und ein fünf Kilometer langer Strand in einer geschützten Lagune. Hier geht es heiter-kosmopolitisch zu. Im Kontrast dazu ist das einst verschlafene Fischerdorf **Kuta** *(siehe S. 66–69)* heute ein fröhliches Durcheinander von Pubs, Discos, Restaurants, Saftbars, Souvenir- und Surfläden, Hotels und Wechselstuben.

Seminyak *(siehe S. 67)* nördlich von Kuta rühmt sich der höchsten Konzentration von noblen Restaurants auf Bali, außerdem gibt es hier schicke Cocktailbars und Nachtclubs, elegante Boutiquen und luxuriöse Wellness-Ferienanlagen.

An Kutas Sandstrand spenden Palmen Schatten

Festumzug im für rituelle Zeremonien bekannten Ubud

Zentralbali

- **Ubuds kulturelle Traditionen**
- **Exklusive Hotels in der Ayung-Schlucht**
- **Elefantenpark**

Zentralbali ist mit vielen der geruhsameren Vorzüge dieser schönen Insel gesegnet – grünen Reisterrassen, ursprünglichen Dörfern, Kunsthandwerksgemeinden sowie antiken Tempeln und Palästen. Die bemerkenswerte Stadt **Ubud** *(siehe S. 88–91)* ist Balis Musik- und Tanzzentrum, und es gibt viele Kunstgalerien und Handwerksläden. Ubuds **Museum Puri Lukisan** *(siehe S. 92f)* besitzt eine wunderbare Sammlung von Vorkriegs- und zeitgenössischer balinesischer Kunst und Schnitzerei. Im Palast **Puri Saren** *(siehe S. 90)* finden allabendlich traditionelle Tanzvorführungen statt. Das jährliche Ubud Writers' & Readers' Festival lockt Leseratten aus aller Welt an.

Die spektakuläre **Ayung-Schlucht** *(siehe S. 96f)* ist für ihre Luxushotels und exklusiven Rückzugsorte berühmt. Auf dem Fluss selbst kann man aufregende Wildwasserfahrten unternehmen. Der **Elephant Safari Park** in Taro *(siehe S. 99)* in Zentralbalis Regenwald gilt als weltweit bester seiner Art. Er will das öffentliche Bewusstsein für die Erhaltung der Elefanten in der Wildnis schärfen.

◁ **Reisfeldterrassen am Fuße des Vulkans Gunung Agung**

Reisfeldterrassen in Ostbali, im Hintergrund der Gunung Agung

Ostbali

- **Der heilige Vulkan Gunung Agung**
- **Tauchgründe und Korallengärten**
- **Alte Bräuche in Tenganan**

Ostbali wird von Balis höchstem und heiligstem Vulkan dominiert, dem **Gunung Agung** *(siehe S. 114)*, Wohnstätte der Götter und eine Herausforderung für Bergsteiger. Unterhalb steht **Pura Besakih** *(siehe S. 116f)*, Balis größter und bedeutendster Tempel.

Die Ostküste bietet steile Landzungen und geschützte Buchten. In dieser naturbelassenen Region findet man Balis schönste Korallenriffe und Tauchgründe *(siehe S. 210f)*. **Candi Dasa** *(siehe S. 108)* ist ein ruhiger Küstenort und idealer Ausgangspunkt für Ausflüge zu den antiken Stätten, Tempeln und Palästen der Gegend.

Im 700 Jahre alten Nachbardorf **Tenganan** *(siehe S. 110f)* pflegen die Einwohner nach wie vor uralte Ritual- und Zeremonialtraditionen. Das Dorf **Kintamani** *(siehe S. 115)* bietet eine spektakuläre Aussicht vom Rand der gigantischen Caldera, die Balis aktivsten Vulkan, den **Gunung Batur** *(siehe S. 120f)*, umgibt.

Nord- und Westbali

- **West Bali National Park**
- **Delfinbeobachtung**
- **Alte Vulkanseen**
- **Meerestempel Pura Tanah Lot**

Nordbali liegt im Regenschatten der zentralen Bergkette, Westbali ist mit seinem unzugänglichen Hochland die spärlichst besiedelte Region der Insel. Der **West Bali National Park** (Taman Nasional Bali Barat, *siehe S. 136f)* nimmt 77 000 Hektar Savanne, Regenwald, Küstenebenen und Korallenriffe ein und ist Heimat zahlreicher Tier- und Pflanzenarten. **Lovina** *(siehe S. 147)* an der Nordküste hat eine hübsche Bucht mit schwarzem Sand und die Möglichkeit zur Delfinbeobachtung.

Im Landesinneren plätschert das Wasser des malerischen **Bratan-Sees** *(siehe S. 141)* um einen mystischen Tempel. **Buyan-** und **Tamblingan-See** *(siehe S. 140f)* liegen in einem Dschungel. Der Meerestempel **Pura Tanah Lot** *(siehe S. 128)* ist besonders schön bei Sonnenuntergang.

Lombok

- **Besteigung des Gunung Rinjani**
- **Sasak-Feiern**
- **Meeresleben der Gili-Inseln**

Der tiefblaue Segara-Anak-See unterhalb des Gunung Rinjani

Nur 35 Kilometer liegen zwischen Bali und Lombok, doch die landschaftlichen und kulturellen Unterschiede sind beachtlich. Hohe Berge, atemberaubende Wasserfälle, prächtige Korallenriffe, eine farbenfrohe Sasak-Kultur sowie ungestörte Ruhe gehören zu Lomboks Vorzügen. Zu den Attraktionen zählen die Besteigung des **Gunung Rinjani** *(siehe S. 158f)*, Indonesiens zweithöchstem Berg.

Lomboks Lebensstil ist von den Sasak-Moslems und balinesischen Hindu-Traditionen geprägt. Besucher sind bei den prächtigen Festivals wie der **Bau-Nyale**-Zeremonie *(siehe S. 42)*, bei der sich Hunderte von Leuten am Strand versammeln, um das Laichen des Seewurms zu feiern, willkommen.

Kunsthandwerker stellen wunderbare Objekte her: dekorative Textilien, Rattankörbe und ganz besondere, handgefertigte Tonwaren *(siehe S. 36f)*. Das vielfältige Meeresleben der kleinen **Gili-Inseln** *(siehe S. 156)* ist eine Attraktion für jeden Taucher.

Der Tempel Pura Ulun Danu Bratan auf einer Insel im Bratan-See

Bali und Lombok auf der Karte

Die Insel Bali liegt östlich von Java, dazwischen verläuft die Balistraße. Bali ist 5633 Quadratkilometer groß, Lombok, östlich von Bali, misst 5435 Quadratkilometer. Bali (drei Millionen Einwohner) ist dichter bebaut als Lombok (zwei Millionen Einwohner). Der Hauptflughafen für beide Inseln ist der Ngurah Rai International Airport bei Denpasar auf Bali; von hier kommen Sie per Inlandsflug oder mit der Fähre von Padang Bai oder Benoa Harbour nach Lombok. Das Straßennetz wird von den Bergen der Inseln bestimmt: Viele der wichtigsten Strecken führen an der Küste entlang.

LEGENDE

- Flughafen
- Fähranlegestelle
- Autobahn
- Autobahn im Bau
- Hauptstraße
- Nebenstraße
- Provinzgrenze
- Staatsgrenze

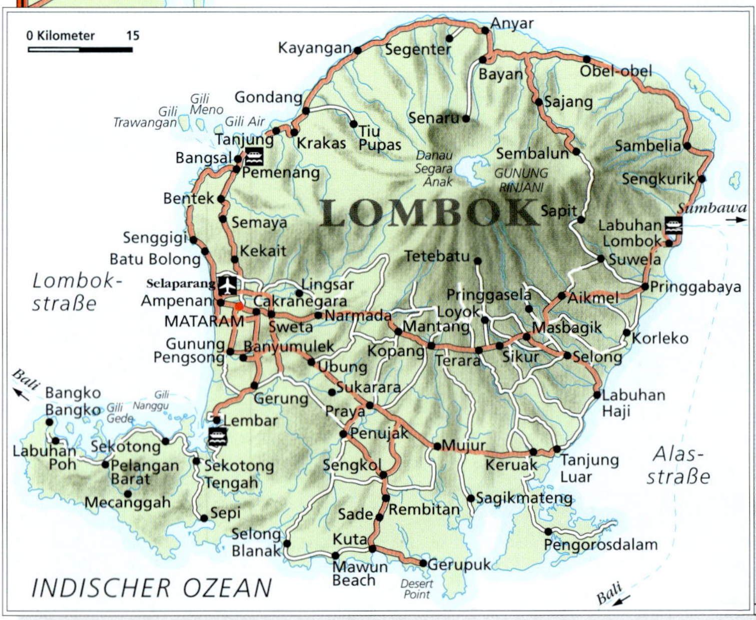

Der Indonesische Archipel

Bali und Lombok liegen inmitten des Archipels der Republik von Indonesien. Für die Balinesen mit ihrer Hindutradition und dem reichen künstlerischen Erbe ist die Unterscheidung vom Rest von Indonesien jedoch wichtig.

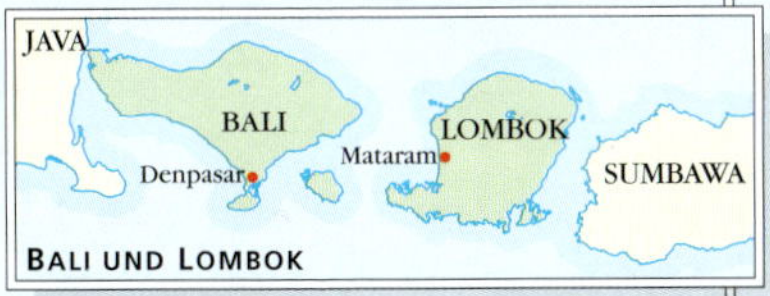

Wolkenformationen über den Bergen von Bali und Lombok, vom All aus gesehen

Ein Porträt von Bali und Lombok

Die Inseln Bali und Lombok liegen so nahe beieinander, dass man an einem klaren Tag von einer zur anderen sieht. Beide sind vulkanischen Ursprungs, ähnlich groß und haben weitere Gemeinsamkeiten. Dennoch bieten sie Besuchern unterschiedliche Erfahrungen. Das lebhafte Bali ist eines der beliebtesten Reiseziele; das ruhige Lombok war lange Geheimtipp.

Geografisch bilden Bali und Lombok die Mitte des Indonesischen Archipels, einer Kette von zahlreichen Inseln vom Indischen Ozean bis zum Pazifik. Die Inseln liegen auf den alten Handelsrouten Europas, des Nahen Ostens, Indiens und Chinas und weisen Einflüsse aus all diesen Zivilisationen auf.

Steinerne Statue aus Klungkung

Bali ist eine Provinz der Republik Indonesien, mit der Provinzhauptstadt Denpasar. Lombok gehört zur Provinz West Nusa Tenggara, deren Hauptstadt Mataram auf Lombok liegt. Beide Inseln haben eher ländliche Bevölkerung, trotz der Urbanisierung von Südbali in den 1980er und 1990er Jahren. In die meisten Orte kamen Einrichtungen wie Elektrizität und Fernsehen erst im letzten Viertel des 20. Jahrhunderts. (Das Internet wird dennoch schon weitgehend genutzt.)

Im täglichen Leben des hinduistischen Bali und des weitgehend muslimischen Lombok wird kommunalen Angelegenheiten und dem sozialen Einklang großer Wert beigemessen. Mit Indonesiens Schritt von der Diktatur zur Demokratie Ende der 1990er Jahre wurde man sich der Bedeutung der religiösen Toleranz bewusst, auch wenn jede einzelne Gesellschaft stolz auf ihre religiöse Identität ist.

Der Mayura-Wasserpalast in Mataram, ein Zeugnis balinesischer Herrschaft auf Lombok *(siehe S. 155)*

◁ Eine Dorfbewohnerin trägt ihre Geschenke zum *odalan* (Tempelfest)

Eine balinesische Familie trägt heiliges Wasser zu ihrem Haustempel

Balinesische Lebensart

Der Kern der balinesischen Gesellschaft ist das Dorf, eine um eine Gruppe von Tempeln organisierte religiöse Gemeinde. Die Dorfmitglieder sind verpflichtet, an Tempelritualen teilzunehmen und bei Begräbnisritualen zu helfen.

Religiosität auf Bali beinhaltet Musik, Theater und die kunstvolle Darbringung von Opfern. Die arbeitsintensive Art der Rituale erfordert einen hohen Grad sozialer Organisation, was sich in der Dorfanlage zeigt. Die Häuser sind gewöhnlich nach der Nord-Süd-Achse ausgerichtet. Der Dorfkern ist von Tempeln, dem Markt, öffentlichen Bauten und oft von *puri*, Häusern des Adels, geprägt.

Auf Lombok sind die meisten der einheimischen Sasak orthodoxe Muslime *(siehe S. 23)*, die ihr soziales Leben um die Familie und die Dorfmoschee organisieren.

Gemälde von Reisterrassen

Ein Straßenimbiss in der Nähe von Candi Dasa

Wirtschaftliche Entwicklung

Bali und Lombok waren hauptsächlich Reisproduzenten, bis Mitte des 20. Jahrhunderts Land rar wurde. Seitdem fördert die Regierung vielfältigen Anbau, besonders von Kaffee, Vanille, Gewürznelken, Tabak und Zitrusfrüchten. Heute lebt das Land zunehmend vom Fremdenverkehr. Es scheint wenig Alternativen zu geben. Die Reichtümer von Meer und Küste wurden nicht wirksam genutzt. Bis der Tourismus florierte, wurden an den Küsten lediglich Kokosnüsse und Salz produziert. Fischfang war der Beruf des armen Mannes.

Es gibt nur wenig Industrie. Einige Handwerksbetriebe entstanden in Südbali, v.a. Bekleidungsfabriken um Kuta; dies bedeutete Arbeitsstellen für die Gegend, zog aber auch Bewohner von ärmeren Inseln an, die für geringere Löhne arbeiteten und somit neue Arbeitslosigkeit auslösten.

Kunst und Gewerbe

Kunsthandwerk und Kunst für den weltlichen Gebrauch sind wichtige Exportartikel Balis. Malstile, Holzskulpturen, Schmuck und Textilien wurden dem Geschmack ausländischer Urlauber und den Exportmärkten angepasst *(siehe S. 36f)*, was gänzlich neue, kreative Möglichkeiten eröffnete.

Eine große ausgebürgerte Kommune in Kuta, Sanur und Ubud spielte in Zusammenarbeit mit örtlichen Unternehmern eine wichtige Rolle beim Aufbau dieses Wirtschaftszweiges. So wurde Bali ein Marktplatz für Kunstgewerbe, Antiquitäten und Möbel von anderen Inseln des Indonesischen Archipels.

Ein Strand in Südbali, dem Ferienzentrum der Insel

Lombok hat eine ehrwürdige Tradition in der Herstellung von Haushaltstöpferwaren *(siehe S. 154)*. Das Handwerk üben meistens die Frauen aus, die Männer helfen bei den schwereren Arbeiten und beim Verkauf. Lomboks handgewebte Textilien und formschöne Rattankörbe finden auch auf internationalen Märkten Absatz. Auf Lombok hofft man nun, dass der Fremdenverkehr die Wirtschaft der Insel noch stärker ankurbeln wird.

Tourismus

Der Tourismus kam viel früher nach Bali als nach Lombok *(siehe S. 51)* und ist dort weiter entwickelt. Auf beiden Inseln ist man sich seiner wirtschaftlichen Bedeutung bewusst. Auf Bali entstand in Kuta und Sanur eine fast städtische Dichte; dies ist auch zunehmend in Ubud der Fall, und die Verkehrsdichte wird langsam zum Problem. Auf Lombok ist der Tourismus auf die fruchtbare Westküste um Senggigi und die unverdorbenen Gili-Inseln *(siehe S. 156)* konzentriert. An Lomboks Südküste gibt es noch unverfälschte Strände, obwohl ausgedehnte Baumaßnahmen um das Dorf Kuta *(siehe S. 162)* geplant sind, wo es bisher noch wenig Tourismus gibt. Für die meisten Reisenden führt der Weg nach Lombok hauptsächlich über Bali.

Trotz innerer Unruhen aufgrund politischer Veränderungen in Indonesien sind Bali und Lombok Orte, an denen soziale Harmonie viel bedeutet und Urlauber willkommen sind.

Ländliche Gegend in Zentralbali

Flora und Fauna

Baumfrosch, häufig auf Lombok

Bali und Lombok haben eine reiche Tier- und Pflanzenwelt. Leider vermindert der Mensch durch Ackerbau und (jüngst) Fremdenverkehr die Artenvielfalt. Trotzdem sind immer noch weite Gegenden unberührt, und einige sind offiziell geschützt. Es gibt weltweit für den Naturliebhaber nur wenige bessere Plätze als Bali und Lombok, wo man trockene Berghänge, hohe natürliche Wälder, Flussufer, die Ränder der Reisfelder und die Küste erkunden kann.

Goldene Kugelnetzspinnen leben in Niederungen

Wälder

Weite Flächen von Bali und Lombok waren einst von Wald bedeckt, einschließlich ausgedehnter Gebiete im Flachland. Vieles wurde zerstört – durch Vulkanausbrüche, Kaffee- und Kokosnussanbau sowie durch das Sammeln von Feuerholz. Dichte Wälder wachsen noch auf Balis südlichen und westlichen Berghängen.

Der Langschwanzmakak *ist oft in Wäldern, an der Straße und in Tempeln zu sehen.*

Der schwarz geflügelte Star *ist eine bedrohte Art, die noch in den Laubwäldern Nordwestbalis sowie im offenen Grasland lebt.*

Vulkangipfel

Wenn sich nach einem Ausbruch die vulkanische Asche niedergelegt hat, vergehen Jahrhunderte, bis reiches Pflanzenleben möglich ist. Die Hänge sind bedeckt von Moos, Gras und Farn, es gibt verschiedene Vogelarten. An den trockenen nördlichen und östlichen Hängen gedeiht Graslandvegetation, durchsetzt von Lontarpalmen.

Der Berg-Brillenvogel *lebt in Baumwipfeln und stößt einen schrillen Ruf aus.*

Der behelmte Honigfresser *bewohnt die trockenen Bergregionen von Lombok.*

Die Senduduk-Blume *mit ihren exotischen rosa Blättern findet man im Berggestrüpp.*

Wallace-Linie

Orange gestreifte Drossel

Der britische Naturforscher Alfred Russel Wallace (1823–1913) bemerkte den Unterschied der Fauna der früheren tektonischen Landmassen Asiens und Australiens – entlang einer Linie, deren südliches Ende zwischen Bali und Lombok verläuft. Auf australischer Seite leben z.B. Paradiesvögel und die orange gestreifte Drossel, die man auf Lombok, aber nicht auf Bali sieht. Auf asiatischer Seite gibt es Affen und Tiger (zuletzt in den 1930er Jahren auf Bali gesichtet). Ein anderes Beispiel ist der braungelb-brüstige Specht, öfter auf Bali als auf Lombok gesehen.

Wallace-Linie

Flüsse und Reisfelder

Etwa 150 Flüsse fließen durch die Schluchten von Bali und Lombok und bewässern die Reisfelder. Hier leben Vögel, Frösche, Kröten und Spinnen von Grashüpfern und anderem Ungeziefer, das dem Reis schadet. Unter den Vögeln finden sich Reiher, Enten und kleine Finken.

Der Java-Spatz, *ein rotschnäbeliger Einwohner Javas und Balis, lebt in Flussschluchten und Reisfeldern.*

Kröten *leben in Feuchtgebieten wie etwa Reisfeldern; sie ernähren sich von Insekten wie Grashüpfern, Käfern und Zikaden.*

Küstenlinien

Die Strände, Korallenriffe und Gewässer um die Inseln beherbergen viele Arten von Meerestieren, selbst in bebauten Gebieten wie Sanur. Es gibt nur noch wenige Mangrovenwälder – sie absorbieren die Kraft der Wellen und verringern die Erosion der Küste.

Der Rotfeuerfisch *sieht schön aus, ist aber sehr giftig. Er lebt in den Gewässern der kleineren Inseln um Bali.*

Die Suppenschildkröte *ist gefährdet. Sie wird wegen ihres schmackhaften Fleisches gejagt.*

Reisanbau

Reisgöttin

Die Bergseen, das freundliche Klima und die vulkanisch angereicherten Böden von Bali und Lombok sind ideal für den Anbau von Reis *(Oryza sativa)*. Obwohl das Farmland der Inseln teilweise für andere Zwecke genutzt wird, bestimmen die Terrassen der Reisfelder die ländlichen Gegenden, und Reiskult und -kultivierung sind noch wie in der Jungsteinzeit. Steile Terrassen machen die Mechanisierung schwierig und stellen ein besonderes Problem für den »nassen Reisanbau« dar – Wasser fließt weit unter dem bebaubaren Land, in tiefen Flussschluchten. Die balinesische Lösung, die aus dem 9. Jahrhundert n.Chr. stammt, ist ein klug angelegtes, komplexes Netzwerk von Kanälen, Tunneln und Aquädukten, das Wasser aus Quellen hoch in die Berge zu Dorfgemeinden *(subak)* leitet.

Padi Bali *bezeichnet mehrere Arten von traditionell gezogenem Reis, einer hohen, starken Pflanze mit einem Wachstumszyklus von 210 Tagen.*

Das Reisfeld *ist ein Becken aus gepresster Erde, verstärkt mit verflochtenen Graswurzeln. Die Be- und Entwässerung eines jeden Feldes erfolgt durch eine kleine Öffnung im Erdwall, die mit der Hacke geöffnet oder geschlossen wird. Das Wasser fließt durch Kanäle ab, die in einen Fluss führen.*

Reispflanzen kurz vor ihrer vollen Größe

Reisfeld-Zeremonien

Auf Bali und von traditionellen Bauern auf Lombok werden in den Reisfeldern während wichtiger Stadien des Wachstums Opfer dargebracht. Diese Rituale spiegeln die zentrale Bedeutung des Reisanbaus im traditionellen Leben auf den Inseln wider. Die ausführlichste Reisfeld-Zeremonie findet statt, wenn das Reiskorn auf dem Halm Form annimmt. Ein kleiner Schrein zu Ehren Dewi Sri, der Reisgöttin *(siehe S. 25)*, wird in einer Ecke des Reisfeldes aufgebaut und mit von Hand hergestellten Palmblattgirlanden dekoriert.

Bambusschreine für Opfergaben an die Reisgöttin

Die Reisscheune, *einst ein üblicher Bestandteil der Häuser auf Lombok und Bali, in dem man Reisbündel aus früheren Ernten lagert. Das Korn wird nach Bedarf gedroschen. Heute sieht man diese Gebäude nicht mehr so oft.*

Kokosnüsse, Bananen und Bambus wachsen entlang den Kämmen über den Flusstälern und verdecken kleine Dörfer.

Reisterrassen

Balis Reisfelder wurden oft als »konstruierte Landschaft« beschrieben, eine Zusammenarbeit zwischen Mensch und Natur. Die Terrassen erlauben den Anbau an steilen Hängen und schützen das Land vor Erosion. Jede Terrasse wird von einer Reihe von Kanälen bewässert, kontrolliert durch Dämme.

Flussschluchten sieht man oft unterhalb der Reisterrassen.

Reis-Wachstumszyklus

1. Die Reissaat *kommt in ein geschütztes Beet. Während die Keimlinge reifen, bereiten die Bauern die Felder vor.*

2. Das Pflanzbecken *wird durch Fluten, Pflügen und Ebnen vorbereitet.*

3. Das Umpflanzen der Setzlinge *geschieht von Hand. In bestimmten Stadien werden die Felder wechselnd geflutet und trockengelegt, um den Wuchs zu fördern, und sie werden regelmäßig gejätet.*

4. Die Ernte: *Frauen schneiden die Halme mit einem kleinen in der Hand verborgenen Messer, um die Reisgöttin nicht zu ängstigen.*

5. Ertragreiche Reissorten *werden vor Ort gedroschen und in Säcken zu einer Reismühle gebracht. Andere Sorten bleiben auf dem Halm und werden bis zum Gebrauch in der Reisscheune gelagert.*

6. Nach der Ernte *werden die Felder abgebrannt, es entsteht bodenschützende Asche.*

Religionen

Die meisten Balinesen sind Hindus. Die Sasak, die Ureinwohner von Lombok, praktizieren meist den orthodoxen Islam. Religiöse Bräuche auf Bali und Lombok sind durchdrungen vom animistischen Glauben und einem Sinn für Übernatürliches *(siehe S. 24f)*. Alte Land- und Bergkulte zeigen sich in Tempeln und Dorfarchitektur sowie in ländlichen Ritualen. Es gibt muslimische und christliche Minderheiten in Balis Stadt- und Küstengebieten und wenige Buddhisten.

Tempelopfer *sind ein wichtiges Merkmal des Hinduismus auf Bali* (siehe S. 38f).

Spuren alter Kulte

Im modernen hinduistischen Bali und im ländlichen traditionellen Lombok sind die Formen und der Glaube prähistorischer indonesischer Gemeinschaften immer noch in Architektur und Ritualen sichtbar.

Ein Tempel *in Form einer Stufenpyramide verweist auf die Zeit vor dem Hinduismus.*

Reiskultbild aus Palmblättern

Beim Schrein *am Grab des Volkshelden Jayaprana bei Labuhan Lalang* (siehe S. 138) *erleben Bittsteller übernatürliche Gnaden.*

Hinduismus

Balinesischer Hinduismus hat Elemente des Shiva-Kults, des Animismus und des Buddhismus. Man glaubt, die Gottheiten besuchen die Menschen bei Ritualen. In den Tempeln werden *odalan* (jährliche Feste) veranstaltet, bei denen die Götter mit Opfern, Musik und Tanz geehrt werden *(siehe S. 38f)*.

Heiliges Wasser, *Medium der Götter, wird auf Gaben gesprengt und nach den Gebeten mit Reiskörnern an die Andächtigen verteilt.*

Dorfbewohner tragen während eines Tempelfestes ein Tempelbildnis in einem »Ahnengeisterhaus«

Islam

Die meisten Einwohner Lomboks sind Moslems. Wie die Mehrheit der Indonesier folgen sie einer traditionellen Form des Islams, der oft Volkstraditionen aufnimmt. In Teilen der Insel gehen die Sasak einer Form des Islams, genannt Wetu Telu, nach, die islamische mit eingeborenen vorislamischen und hindu-buddhistischen Elementen mischt. Wie der balinesische Hinduismus schreibt Wetu Telu den Geistern, die in der Natur wohnen, große Macht zu.

Eine Dorfmoschee auf Lombok

Viele Moslems *auf Bali und Lombok sieht man mit einer traditionellen* Peci-*Kappe, besonders am Freitag, dem Tag des Gebets.*

Buddhismus

Obwohl bestimmte buddhistische Kulte um das Jahr 1000 n. Chr. in Bali blühten, bekam die Hauptströmung des Buddhismus hier erst im 20. Jahrhundert Bedeutung. Buddhisten sind noch eine kleine Minderheit.

Ein vergoldeter Buddha *dominiert das Innere der Abtei Brahma Vihara Ashrama in Banjar* (siehe S. 139).

Christentum

Kleine Gemeinden von Protestanten und Katholiken findet man in Westbali, wo sie sich nach ihrer Bekehrung durch Missionare im frühen 20. Jahrhundert niederließen. Viele Balinesen chinesischer Abstammung sind Christen.

Die katholische Kathedrale *in Palasari hat architektonische Elemente balinesischer Tempel.*

Religion in Gemeinschaftsritualen

Auf Bali und Lombok spielt die Religion eine Rolle bei Hochzeiten, Begräbnissen und Mündigkeitszeremonien, die die Teilnahme des ganzen Dorfes erfordern *(siehe S. 28f)*. Im muslimischen Lombok sind die Beschneidungsfeste der etwa elfjährigen Jungen die festlichsten Rituale.

Eine vergoldete Opferschale mit rituellem Gerät.

Hindu-Hohepriester *leiten eine Zeremonie als Teil der Vorbereitung für eine königliche Einäscherung.*

Dieser *Palankin* (zeremonielle Sänfte) hat die Form eines Löwen und ist bemalt.

Beim Beschneidungsritual *wird ein Sasak-Moslemjunge durch die Straßen getragen.*

Traditioneller Glaube

Tempelstatue

Animismus und Ahnenanbetung sind Teil des balinesischen Lebens, selbst bei Hindufeiern. Der balinesische Begriff *sekala niskala* (»sichtbar-unsichtbar«) beinhaltet die Idee, dass die physische Welt von einer geistigen durchdrungen ist. Den Geistern, den »Göttern« und »Dämonen«, wird fast überall mit Gaben aus Blumen und anderen Materialien gehuldigt. Die unsichtbare Welt wird in oft lebhaften Symbolen dargestellt. Ahnen werden in komplexen Ritualen vergöttert und in Haus- und Klantempeln verehrt *(siehe S. 26)*.

Figur von Rangda in Puri Saren, Ubuds Königspalast *(siehe S. 90)*

Animismus

Felsen, Bäume und andere mächtige natürliche Objekte sollen Lieblingsorte für unsichtbare Wesen sein. Um diese Geister gewogen zu stimmen, wird ihnen ein Schrein oder kleiner Tempel errichtet. *Buta kala* (Erdgeister) sind dämonische Energien, die sich an Kreuzungen, Friedhöfen, Flüssen, bestimmten Bäumen oder wo auch immer ein Ereignis wie Geburt, Tod oder ein Unfall stattfindet, versammeln. Sie werden mit Opfern, die Fleisch oder ein starkes Getränk enthalten, besänftigt.

***Keris* (Dolch)**

Sonnenschirme zeigen die Anwesenheit einer Gottheit an.

Das Abbild der Gottheit wird mit Opfern beschenkt.

Wächtergeister wohnen in dämonischen Statuen.

Objekte *wie Dolche und geweihte Masken gelten als von großer geistiger Kraft erfüllt und können Trance auslösen.*

Ein Schrein bei einem heiligen Baum, dekoriert mit Opfergaben und heiligem Wasser

Magie

Die Angst vor dem Übernatürlichen fördert die weitverbreitete Angst vor Hexerei. Praktiker der balinesischen »schwarzen« und »weißen« Magie verwenden unsichtbare Kräfte wie *buta kala* (Erdgeister) zum Heilen oder Schaden. In Häusern wird täglich den Geistern geopfert.

Tägliche Blumenopfer, als *canang* bekannt

Ein *tumbal*, eine magische Zeichnung, die meist von einem Medizinmann angefertigt wird, schützt gegen die Einflüsse eines *buta* (Geist).

***Tumbal* (*Magisches Amulett*, 1938) von Anak Agung Gede Sobrat, Ubud**

Die Reisgöttin

Die Hindugöttin des Glücks, Dewi Sri, wird auf Bali mit dem Reisgeist des örtlichen Glaubens identifiziert, und sie wird in den Feldern, Kornkammern und Reiskörben geehrt. Ihr Bild in Opfergaben und Textilien ist bekannt als *Cili*-Motiv. Traditionell muss, nachdem das Essen gekocht ist, ein Reisopfer dargebracht werden, bevor die Mahlzeit verzehrt werden kann.

Hölzernes Ornament mit *Cili*-Motiv, das den Kopf der Reisgöttin darstellt

Bambusschreine werden in den Feldern gebaut, um die Göttin während des Wachstumszyklus zu ehren.

Opfergaben werden mit heiligem Wasser geweiht.

Barong und Rangda

Der drachenähnliche Barong (für Ordnung, Harmonie, Gesundheit) und sein dämonisches Ebenbild Rangda (für Chaos, Krankheit, Schaden) sind Wächterbildnisse. Sie werden periodisch »erweckt«, um mit rituellen Kämpfen, die in einer wilden Trance gipfeln, das seelische Gleichgewicht eines Dorfs wiederherzustellen. Anhänger Barongs attackieren Rangda mit *keris* (Dolchen). Rangda dreht die Dolche gegen die Angreifer; die Macht Barongs verhindert, dass die Klingen die Haut durchdringen.

Rangda, an den Hauern, gestreiften Brüsten und der Kette aus Eingeweiden zu erkennen

Barongs Bart ist aus menschlichem Haar.

Die magische Kraft *von Barong und Rangda konzentriert sich auf ihre Masken, denen in einem Dorftempel Opfer dargebracht werden.*

»Hohe« und »niedere« Geister

Die Balinesen glauben, der Mensch kann helfen, die »hohen« und »niederen« Geister durch rituelle Opferungen im Gleichgewicht zu halten. Für die Balinesen ist das Universum von Natur aus dualistisch, ein Spiel von sich ständig ändernden Gegnern. Schwarz-weiße Textilien, bekannt als *poleng*, in die Statuen und magische Objekte eingewickelt werden, symbolisieren diesen Gegensatz.

***Poleng*-Tuch**

In *Poleng*-Tücher gewickelte Wächterstatuen sieht man oft in Balis Tempelvorhöfen

Balinesische Tempelarchitektur

Ein balinesischer *pura* (öffentlicher Tempel) ist eine heilige Anlage, in der Hindugötter regelmäßig eingeladen werden, in die *pratima* (Bildnisse) in den Schreinen herabzusteigen. Während *odalan* (Festen) sind die Tempel voller Musik, Tanz und Opfergaben *(siehe S. 38f)*, sonst ist es ziemlich ruhig. Es gibt *kahyangan tiga* (die drei Dorftempel – *siehe S. 28f*), Klantempel, Markttempel, Bewässerungstempel, Tempel für Naturgötter und »Staatstempel« früherer Königreiche. Tempel sind gewöhnlich während der Tagesstunden für Besucher offen.

Der *Padmasana*-Schrein *(»Lotusthron«) in der heiligsten Ecke des Tempels hat auf der Spitze einen leeren Sitz, zum Himmel offen, um den höchsten Gott anzudeuten.*

Der *jeroan* *(Innenhof) hat Schreine für die zentralen Gottheiten des Tempels und oft für Götter der Berge, Seen und des Meeres. Für Besucher ist der Hof meist geschlossen, kann aber eingesehen werden.*

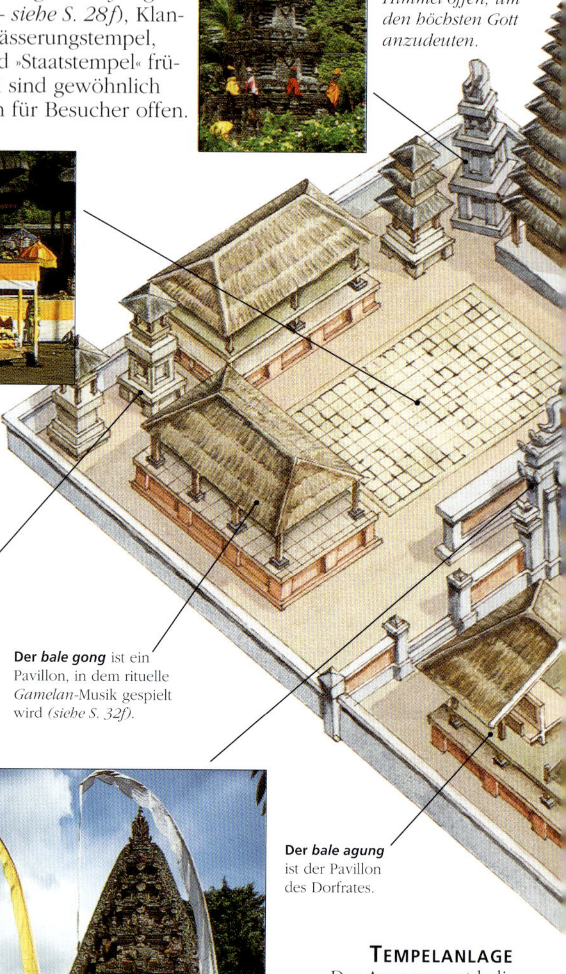

Der *bale gong* ist ein Pavillon, in dem rituelle *Gamelan*-Musik gespielt wird *(siehe S. 32f)*.

Der *bale agung* ist der Pavillon des Dorfrates.

Pelinggih *sind Schreine oder »Sitze« der Götter. Die dunkle Faser, die für das Dach benutzt wird und menschlichem Haar ähnelt, ist ein Produkt der Zuckerpalme.*

Das *kori agung* *ist ein großes Tor, das für Götter und Priester reserviert ist.*

Tempelanlage

Das Arrangement balinesischer Tempel folgt einem gleichbleibenden Muster mit individuellen Strukturen, die sich an der Berg-Meer-Achse orientieren. Der Grad der Heiligkeit zeigt sich in der Nähe zu den Bergen.

Der *Meru*-Schrein *hat drei, fünf, sieben, neun oder elf Etagen, je nach Bedeutung seiner Gottheit. Er symbolisiert den heiligen Berg Mount Meru der Hindus, aber auch andere heilige Gipfel.*

BALIS HAUPTTEMPEL

Es gibt Tausende von Tempeln auf Bali, mit den Haustempeln vielleicht 200 000. Die Standorte der wichtigsten sind hier gezeigt. Besucher sollten die Tempel-Etikette beachten *(siehe S. 219)*.

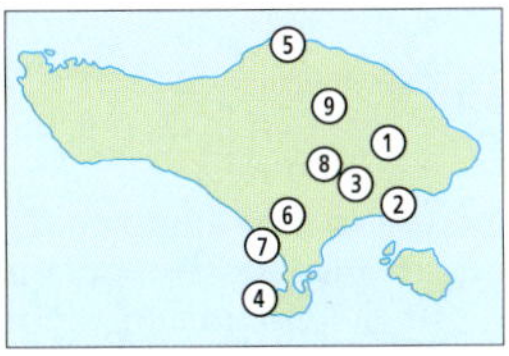

HAUPTTEMPEL

① Besakih-Tempelkomplex *(S. 116f)*
② Pura Goa Lawah *(S. 108)*
③ Pura Kehen *(S. 104)*
④ Pura Luhur Uluwatu *(S. 76f)*
⑤ Pura Meduwe Karang *(S. 148f)*
⑥ Pura Taman Ayun *(S. 130f)*
⑦ Pura Tanah Lot *(S. 128)*
⑧ Pura Tirta Empul *(S. 99)*
⑨ Pura Ulun Danu Batur *(S. 122f)*

Im *jaba tengah* (Mittelhof) befinden sich Nebenschreine und Pavillons für verschiedene praktische Zwecke.

Das *candi bentar* *(geteilte Tor) wird oft als Hofeingang benutzt. Es repräsentiert den kosmischen Berg, der in positive und negative Kräfte des Universums aufgeteilt ist.*

Der *kulkul* ist ein Wachturm mit einer Trommel, die man im Glauben schlägt, dass die Götter in den Tempel herabsteigen.

Eingang

Der *bale piasan* *ist ein heiliger Pavillon für Opfergaben.*

Dorfleben

Das balinesische Dorf ist eines der ausgeprägtesten Merkmale der Insel. Es ist eine im Wesentlichen religiöse Gemeinde, organisiert um einen Kern von Tempeln. Dorfland wird als das Vermächtnis der Gründerahnen angesehen, die als örtliche Gottheiten verehrt werden. Das Privatleben wird meist vom *adat* (Dorfgesetz) bestimmt. Jedes verheiratete Paar ist dankbar, dem *banjar* (Gemeindeverband) anzugehören; zu den *Banjar*-Pflichten gehören Begräbnisriten für Dorfmitglieder. Keinem *banjar* anzugehören, kann Verdammnis im Nachleben bedeuten.

Beerdigungsrituale *involvieren alle Dorfmitglieder, die sich im Geiste des* banjar suka duka *(»zusammen in Glück und Leid«) versammeln.*

Die Dorfstraßen *sind meist nach Berg und Meer ausgerichtet, eine Anordnung, die die Balinesen* kaja-kelod *(bergwärts-meerwärts) nennen.*

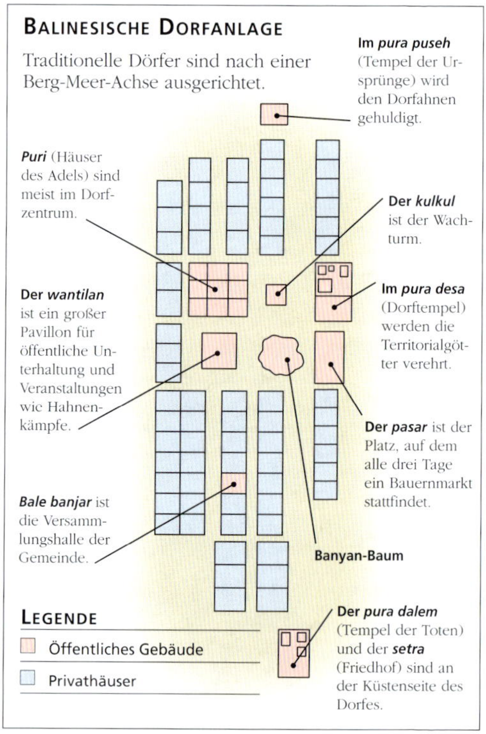

Die Trommel *aus einem geschlitzten Stamm im* Kulkul-*Turm ruft* Banjar-*Mitglieder zu einer Dorfpflicht, meldet einen Todesfall und dient als Alarmglocke.*

Der warung, *ein familienbetriebener Kaffeestand und Miniladen, ist das Herz des sozialen Dorflebens, obwohl er keinen speziellen Platz hat.*

Verbund der Dorfhäuser

Das Dorfland ist in gleiche Wohnparzellen geteilt, die auf allen Seiten von einer Mauer aus Lehm oder Ziegeln umgeben sind. Den Wohnquartieren sind Pavillons zum Schlafen und Lagern angeschlossen, mit Veranden für Arbeit und Zusammenkunft. Die Innenhöfe haben einen Boden aus gestampfter Erde und werden bis auf Zierblumen und einzelne Bäume frei von Wuchs gehalten. Die meisten Verbünde sind von Familien der männlichen Linie bewohnt und dürfen nicht verkauft werden. Wenn kein Erbe da ist, geht der Besitz beim Tod des Bewohners ans Dorf.

Eine Innenhofmauer aus Lehm, mit Bambus gedeckt

Ahnen werden im *sanggah* oder *merajan* (Haustempel) geehrt.

Der *natah* (Innenhof) ist das symbolische Zentrum der häuslichen Welt.

Der *bale dangin* oder *bale sakenam* (»östlicher« offener Zeremonienpavillon) wird für Übergangsrituale benutzt *(siehe S. 38)*.

Der *bale meten* ist ein Pavillon für den Hausvorstand oder Frischvermählte.

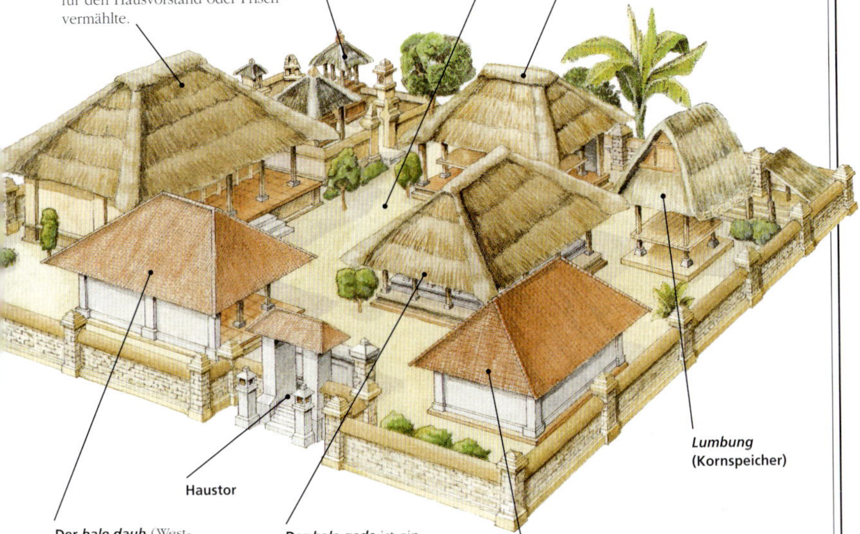

Lumbung **(Kornspeicher)**

Haustor

Der *bale dauh* (Westpavillon) ist das Wohnquartier; Gäste werden hier empfangen.

Der *bale gede* ist ein Platz zum Weben oder für andere Arbeiten.

Die *paon* (Küche) liegt im Süden, dem von Brahma, dem Hindugott des Feuers, regierten Hauptpunkt.

Haustore

Die Reihe von Toren an den engen Straßen ist eines der auffälligsten Merkmale eines balinesischen Dorfs. Das Tor befindet sich meist an der *Kelod*-Seite (meerwärts oder bergab gerichtet) des Komplexes. Der Grad der architektonischen Ausarbeitung spiegelt den materiellen Status der dort lebenden Familie wider.

Einfaches Haustor mit *Alang-alang*-Grasdach

Tor mit Ziegeldach und wenig Schmuck

Tor mit dekoriertem Dach und Ziegelwerk

Traditioneller Tanz und Drama

Wayang-kulit-Schattenpuppe

Die Wurzeln des Tanzes auf Bali sind Tancerituale und die javanische Theaterform, bekannt als *wayang*. Bei religiösen Zeremonien finden verschiedene Vorstellungen statt, oft spät in der Nacht und mehrere Stunden lang. Kürzere Versionen werden für Besucher unter bequemeren Bedingungen gezeigt. Auf Lombok sind die Tänze der Sasak rituelle Aufführungen, oft von Männern im Wettbewerb oder Kampf. Der Islam fördert eher Literatur als darstellende Künste, ein Grund, warum Tanz auf Lombok weniger üblich ist als auf Bali.

Arja *ist eine Tanzoper, in der Choreografie, Musik, Kostüme und Singstile für zwölf Hauptrollen streng definiert sind.*

Der *oleg tambulilingan*, *ein um 1950 erfundener Tanz, wird unter Begleitung des* Gong-Kebyar-*Orchesters aufgeführt* (siehe S. 32f).

THEATERVORSTELLUNGEN

Verschiedene Formen von Tanz und Drama gibt es beim jährlichen Bali Arts Festival zu sehen *(siehe S. 41)*. Einige erzählen eine Geschichte, andere nicht. Neue Genres wie *sendratari* enthalten oft Elemente alter Traditionen.

Sendratari *wurde um 1960 als eine Kunstform ohne rituelle Funktion entwickelt. Der Name entstand aus den Wörtern für »Kunst«, »Drama« und »Tanz«.*

RITUAL UND TRANCE

Rituelle Aufführungen reichen von Tänzen für Tempelgötter bis zu komplexen Dramen. Sie enthalten oft Elemente der Trance. Selbst Trancetänze für Be-sucher verlangen rituelle Opfergaben.

Baris gede *ist ein alter Ritualtanz, der von einem Soldatenregiment aufgeführt wird, um die Götter zu schützen.*

Kecak *basiert auf einem* Sanghyang-*(Trance-)Chorus aus Epidemiezeiten.*

MASKEN- UND PUPPENTHEATER

Bali entwickelte einen eigenen Stil aus dem javanischen Puppentheater *wayang kulit* und dem Maskentanzdrama *wayang wong*. Beide erzählen die indischen Epen *Mahabharata* und *Ramayana*. Beim *topeng* wechselt der Tänzer Masken und Kostüme, um andere Figuren darzustellen.

Wayang kulit *(Schattenpuppentheater) benutzt flache Lederpuppen, die Schatten auf eine Leinwand werfen. Der Puppenspieler bewegt die Puppen an Stäben.*

Masken sind oft vom Tänzer geschnitzt.

Topeng-*Tänzer* *erzählen die Abstammungsgeschichte von Dynastien mittels einer Serie von Masken in Solo- oder Gruppenvorstellungen.*

Diener-Clowns übersetzen das Kawi (Altjavanisch) von »hohen Charakteren«.

Diener-Clowns *im* topeng *belustigen Zuschauer und geben moralische Kommentare.*

Maskierte Wayang-wong-*Charaktere bewegen sich wie Puppen. Hier Garuda, ein mythischer Vogel.*

Wayang-kulit- *Charaktere unterscheiden sich durch den Kopfputz und die Sprache. Rechts sehen Sie den »Prinz« und den »Dämon«.*

Puspawresti *ist eine moderne Kreation, von* rejang *inspiriert. Der an die Götter gerichtete Tanz* rejang *wird von sehr jungen oder alten Frauen aufgeführt.*

SASAK-TÄNZE

Auf Lombok zeigen die darstellenden Künste Sasak-Riten und balinesische Tradition. Tänze werden sehr oft von Trommeln begleitet und bestehen aus Sequenzen energischer Bewegungen im Wechsel mit langsameren Aktionen und würdevollen Posen. *Peresehan*, ein Tanz, der oft bei Festivals aufgeführt wird, ist die rituelle Darstellung eines Duells zwischen zwei Sasak-Kriegern.

***Peresehan*, ein traditioneller Kampf mit Stangen und Schilden**

Musikinstrumente

Cengceng-Becken

Auf Bali und in Teilen von Lombok wird die traditionelle Musik vom *Gamelan*-Orchester aufgeführt. Dies ist ein Percussion-Ensemble aus überwiegend Bronzemetallofonen (Instrumenten mit gestimmten Metallplatten), geführt von Trommeln; es gibt wenige Blas- und Saiteninstrumente. Die Musik basiert auf rhythmischen und melodischen Zyklen, akzentuiert durch Gongs. Viele Orchester spielen für Urlauber. Die meisten Dörfer auf Bali haben wenigstens einen Satz *Gamelan*-Instrumente für rituelle Gelegenheiten. Einige Stücke werden nur bei religiösen Zeremonien gespielt.

***Das* gamelan tingklik** *mit Bambusklangkörpern begleitet traditionelle Tänze.*

Instrumente des Gamelan

Die meisten Orchester bestehen aus Paaren von Metallofonen, gestimmt in einer leichten, aber exakten Dissonanz, die dem *gamelan* seinen durchdringenden, flimmernden Klang verleihen. Jedes *gamelan* hat eine eigene musikalische Stimmung. Man kann die Instrumente nicht zwischen den Orchestern austauschen.

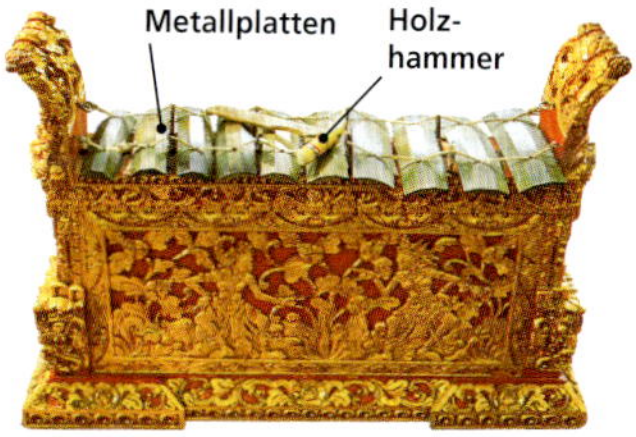

Gangsa, *Metallofone verschiedener Größen, werden mit Holz- oder Metallhämmern gespielt.*

Ein Paar *aus »männlicher« und »weiblicher«* kendang *(Trommel) führt das Orchester.*

Bambusresonatoren verstärken die bronzenen Klangkörper.

Geschnitzte ***pelawah*** (Instrumentenständer) werden für jedes Orchester speziell angefertigt.

Bronze alter Gongs wird zur Herstellung neuer Gongs verwendet.

Gongs

Bronzegongs sind das Herz des *Gamelan*-Orchesters. Sie werden mit gepolsterten Schlegeln oder Stöcken geschlagen, um nachklingende Töne zu produzieren, die die Melodie der anderen Instrumente akzentuieren.

Geschnitzter Holzrahmen

Kenong Gong

Kempur

Topfgong

Kempli

Gong Ageng

Balaganjur, *ein marschierendes Orchester mit Becken und Trommeln, erzeugt viel Lärm, um böse Geister aus dem Weg zu scheuchen.*

Das *terompong* besteht aus einer Reihe umgedrehter Kesselgongs, die von einem Musiker gespielt werden.

Das *reyong* (mehrere kleine Gongs) wird von einer Gruppe von zwei bis vier Musikern gespielt.

Das Gamelan-Orchester

Der Gong Kebyar ist Balis neueste und beliebteste Form des *gamelan*. Der Klang wird beschrieben als »Wasserfall von flammendem Gold«.

Große Bambusinstrumente *werden von* Gamelan-jegog-*Orchestern benutzt, die es vor allem in Westbali gibt.*

Trommeln in Lombok

Trommeln spielen eine wichtige Rolle in der Musik Lomboks. Die musikalischen Traditionen der Insel beruhen auf hindu-buddhistischen Formen mit Ursprüngen in Java und Bali und auf islamischen Stilen.

Kendang beleq **(»Große Trommel«), eine zweifellige Schnürtrommel**

Trommelunterstützung bei Feiern zu besonderen Gelegenheiten

Trommler in zeremonieller Kleidung bei einer Hochzeit

Suling *sind Bambusflöten verschiedener Stimmlagen. Die Luft wird mithilfe eines Rings aus Palmblättern auf die Schneiden geführt.*

Balinesische Malerei

Balinesische Kunst ist sehr lebendig, mit reicher Tradition, besonders in den Dörfern des Ubud-Mas-Batuan-Gebietes. Während des 20. Jahrhunderts wurde westlicher Einfluss in der Malerei Balis sichtbar *(siehe S. 88)*. Dennoch zeigen die Bilder noch javanische Spuren, wie etwa indische Themen, die die Ankunft des Islam in Java vordatieren *(siehe S. 45f)*. Im späten 20. Jahrhundert, als einige Künstler an Akademien ausgebildet wurden, entwickelte sich die als »moderne Kunst« bekannte Stilrichtung.

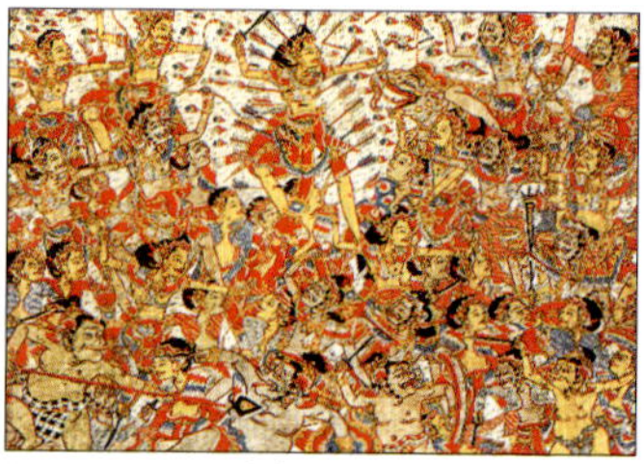

Der *Wayang-Stil* *beherrscht die vorkolonialen Bilder. Dieses anonyme Gemälde aus Kamasan ist aus dem 19. Jahrhundert.*

Einer der begabtesten *balinesischen Künstler Mitte des 20. Jahrhunderts war I Gusti Nyoman Lempad, der expressive stilisierte Werke wie* Die Tantri-Erzählungen *(1939) schuf. Lempad brachte die Zeichenkunst in Bali zu neuen Höhen.*

Der Idiot Belog, der König wurde

Der Batuan-Stil, wie in diesem Werk von Ida Bagus Made Togog (1932), ist typische balinesische Malerei in ihrer Besitznahme der ganzen Leinwand, Wiederholung von gemusterten Bildelementen, feinen Details und leicht monochromatischer Qualität. Die Maler erzählen oft durch Alltagsszenen Geschichten. Der Hintergrund dieser Geschichte ist nicht bekannt.

Regionale Stile

Die Pita-Maha-Vereinigung, die um Ubud existierte, entwickelte den sogenannten Ubud-Stil. Dies trug zur Förderung weiterer lokaler Stile bei, wie etwa desjenigen in Sanur im Süden. Die Dörfer Pengosekan und Penestanan, obwohl beide im Ubud-Gebiet, entwickelten auch klare künstlerische Identitäten.

Die Malergemeinschaft *in Pengosekan benutzt feine Farben, hier I Dewa Nyoman Batuans* Kosmischer Kreis *(1975).*

Die Sanur-Schule *blühte um 1930.* Kämpfende Pferde *(undatiert) von I Gusti Ketut Rundu ist mehr dekorativer als narrativer Natur.*

MODERNE KUNST IN BALI

Akademische Kunsterziehung brachte neuen analytischen Zugang zur balinesischen Kunst. Einige Maler entschieden sich für akademischen Realismus, andere für modernistische Ansichten. I Nyoman Gunarsa kombiniert die freien Pinselstriche des amerikanischen Expressionismus mit balinesischen Themen wie traditionellen Tänzern und *Wayang*-Figuren. Maler wie Made Wianta und Nyoman Erawan schaffen Kunst, die modern ist und zugleich ein starkes balinesisches Gefühl aufweist.

***Drei Tänzer* (1981) von I Nyoman Gunarsa**

Eine Kampfszene bildet einen harten Kontrast zu den friedlichen Szenen des täglichen Lebens, die im Rest des Bildes gezeigt werden.

Der Fluss in der Bildmitte schafft eine strenge grafische Struktur.

Bauern arbeiten mit ihren Kühen in den Reisfeldern.

Die Pita-Maha-*Vereinigung wurde 1936 von Cokorda Gede Agung Sukawati und den europäischen Malern Walter Spies und Rudolf Bonnet gegründet. Sie ermutigte Künstler, nichtreligiöse Kunst nach ihrer eigenen Vorstellung zu schaffen.*

Der Ubud-Stil *wie in* Balinesische Steinmetzwerke *(1957) von I Nyoman Madia stellt Themen des täglichen Lebens und Andeutungen der Anatomie dar, beeinflusst durch Rudolf Bonnet.*

Die Young Artists School *von Penestanan, vom Holländer Arie Smit beeinflusst, benutzt leuchtende Farben wie in dieser* Jayaprana-Zeremonie *(1972) von I Nyoman Kerip.*

Kunsthandwerk

Gold- und Silberschmied, Steinmetz, Weber und Holzschnitzer sind Handwerksberufe, die aus Balis Zeitalter der wohlhabenden Königtümer überlebt haben. Heute produziert eine gedeihende Handwerksindustrie Waren für Tourismus und Export. Das Handwerk wird meist in speziellen Dörfern ausgeübt. Bali ist auch wichtiger Markt für Waren anderer Inseln. Lombok hat eine lange Tradition in der Töpferei und produziert bunte handgewebte Textilien *(siehe S. 161)*.

Garudas **(mythische Vögel) werden in den Dörfern um Ubud geschnitzt und bemalt**

Geschnitzte Architektur-Elemente

Die Kunst, architektonische Elemente zu schnitzen, wird heute noch in Bali ausgeübt und verwischt die Grenze zwischen Handwerk und Kunst. Diese Arbeiten verzieren Tempel, Paläste und Häuser; es hat sich auch eine Industrie entwickelt, die solche und andere Dekorationsobjekte herstellt.

Wandornamente *wie dieses Beispiel am Pura Tirta Empul* (siehe S. 99) *sind aus Vulkanstein* (paras) *gehauen.*

Chinesisch inspirierte Motive *zieren diese Tür des Puri Agung* (siehe S. 112), *die Arbeit chinesischer Handwerker (19. Jh.).*

Holzschlegel und Meißel

Die Bildhauerei *ist ein gedeihendes Handwerk – eine Folge der Restauration von Balis Tempeln.*

Lombok-Töpferei

Die für ihre einfachen Entwürfe und hohe Qualität bekannten Lombok-Töpferwaren werden nach einfachen, uralten Techniken hergestellt und in Strohfeuern auf dem Boden gebrannt. Sasak-Frauen töpfern seit dem 14. Jahrhundert, als die Kunst wahrscheinlich von Majapahit-Einwanderern eingeführt wurde. Zu Lomboks bekanntesten Töpferdörfern gehören Penujak *(siehe S. 161)*, Banyumulek *(siehe S. 154)* und Masbagik Timur.

Das Formen geschieht per Hand.

Lehm kommt aus hiesigen Flussbetten.

Töpferwaren *wie dieser Wasserkrug werden überall in Lomboks Haushalten zum Lagern, Kochen und Waschen benutzt.*

Lombok-Töpferei gibt es terrakottafarben bis hin zu einem satten Rotbraun und Schwarz

Kunstgewerbliche Produkte

Eine große Heimindustrie, basierend auf dem Handwerk, hat sich auf Bali entwickelt. Sie liefert Arbeit für Tausende ländlicher Familien, die nicht mehr von der Landwirtschaft leben können. Das Geschick, das ein großer Teil der balinesischen Bevölkerung an den Tag legt, ist bemerkenswert. Einige haben zu Hause einen »Kunstladen«.

Bemalte hölzerne Schmuckstücke

Lackierte Körbe, auf Bali geflochten

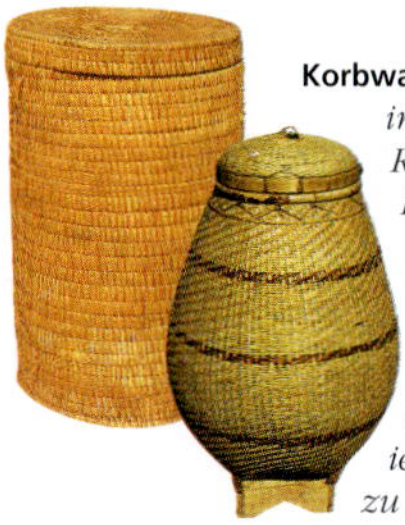

Korbwaren *werden in Lombok aus Rattan, Gras, Bambus und Blättern der Lontarpalme hergestellt. Die Entwürfe und Formen variieren von Dorf zu Dorf.*

Gold und Silber *werden von anderen Inseln nach Bali importiert und von den Mitgliedern des Pande-Klans verarbeitet.*

Traditionelle handgewebte Textilien

Die gebräuchlichsten Textilien sind *endek* oder *ikat* (aus vor dem Weben gefärbten Fäden) und die kostbaren *songket* (Goldtapeten). Die Balinesen sind die einzigen Weber in Südostasien, die das doppelte *ikat* beherrschen, als *geringsing* im Dorf Tenganan *(siehe S. 110f)* hergestellt. Die meisten Stoffe entstehen zu Hause auf einfachen Webstühlen.

Der traditionelle handbetriebene Webstuhl *wird vom Weber gehalten, der durch Zurücklehnen die Spannung der Fäden kontrolliert. Komplizierte Arbeiten können Jahre dauern.*

Seidensarong aus Nordbali (19. Jh.) mit der Darstellung einer mythologischen Geschichte durch Schattenpuppen

Blumenmotiv, Detail eines *geringsing* aus Tenganan

***Prada*, ein mit Gold bemalter Stoff aus Bali**

Üppiger Entwurf eines *songket* mit einem Muster aus Gold- oder Silberfäden

Feste und Feiertage

Balis Feiertage, meist Gelegenheiten für ausschweifende Festivitäten, sind nach dem Mond- oder dem 210-tägigen balinesischen Kalender berechnet. *Odalan* (Tempelfeste) sind die jährlichen Feste in einzelnen Tempeln. Irgendwo findet fast immer eines statt. Übergangsrituale und andere religiöse Anlässe werden meist zu Hause mit Gästen im Haustempel gefeiert. Außenstehende dürfen öffentliche Feste wie *odalan* und selbst Beerdigungen beobachten, vorausgesetzt, sie verhalten sich entsprechend respektvoll.

Die Zutaten *der Opfergaben sind Palmblätter, Blumen, Früchte und anderes Essbares.*

Gläubige Frauen schmücken sich für feierliche Anlässe mit dem zeremoniellen Hüfttuch und Blumen.

Opfergaben *stellen die Frauen im Haushalt her. Diese Fertigkeit wird von Mutter zu Tochter weitergegeben. Ältere Frauen sind sehr angesehen als* tukang banten *(Opfer-Expertinnen).*

Männliche Gläubige, hier beim Gebet, tragen eine feierliche weiße Tracht mit einem weißen Kopftuch.

Tempelfeste

Bei einem *odalan* werden die Gottheiten eines Tempels mit Opfern, Gebeten und Unterhaltung geehrt. Tempel fallen dem Besucher meist als stille Orte auf, aber während der Tempelfeste, die drei Tage dauern, erwachen sie zum Leben. Das Ganze hat Karnevalsatmosphäre und bedarf sorgfältiger Vorbereitungen. Alle Dorfbewohner leisten ihren Beitrag.

Bei einer balinesischen Einäscherung *liegt der Leichnam in einem Sarkophag in Tiergestalt.*

Balinesische Übergangsrituale

Übergangsrituale erleichtern einer Seele den Zyklus von vor der Geburt bis nach dem Tod. *Oton* ist der Geburtstag einer Person im balinesischen Kalender und kehrt so alle 210 Tage wieder. Das erste und dritte *oton* eines Kindes werden aufwendig begangen. Die Zeremonie des Zähnefeilens – die Schneidezähne werden geschliffen – markiert das Mündigwerden eines Jünglings. Hochzeitszeremonien finden im Haus des Bräutigams unter Leitung eines Hohepriesters statt; einem rituellen Bad folgt ein Festmahl. Eine rituelle Einäscherung verlangt eingehende Vorbereitungen der Gemeinde.

Diese Wächterfigur *wurde in Vorbereitung für ein Tempelfest mit Blumen, Tüchern und Opfergaben kunstvoll geschmückt.*

Opfergaben werden von Gläubigen von zu Hause mitgebracht und auf einer besonderen Plattform platziert.

Dekorierte Bambusstangen, penjor *genannt, schmücken Balis Dorfstraßen an Galungan.*

Galungan und Kuningan

Galungan ist alle 210 Tage, in der elften Woche des Zyklus. Gefeiert wird die Entstehung des Universums. Eine Reihe von Festen hat zehn Tage später, am balinesischen »Allerheiligen«, in Kuningan ihren Höhepunkt.

Der balinesische Kalender weist für jeden Tag ein entsprechendes Bild auf

Der balinesische Kalender

Balinesische Feiertage sind nach dem komplizierten 210-Tage-*pawukon*-Kalender berechnet. Er besteht aus 30 Sieben-Tage-*wuku* (Wochen) neben neun sich überlagernden *wewaran* (Zyklen) verschiedener Länge. Die üblichsten *wewaran* sind der dreitägige »Markt«-Zyklus, der Fünf-Tage- und der Sieben-Tage-Zyklus. Viele Feste finden statt, wenn sich die Zyklen überschneiden.

Saraswati und Erneuerung des Zyklus: Am letzten Tag des 210-Tage-Zyklus wird Saraswati, die Göttin des Lernens, gefeiert. Bücher werden geehrt, indem man Opfergaben darauf legt und sie mit heiligem Wasser besprengt. Kinder opfern in der Schule, während Erwachsene Gaben zu Heilern und traditionellen Lehrern bringen.

Banyu Penaruh: Der erste Tag des 210-Tage-Zyklus ist der Tag der rituellen Reinigung mit heiligem Wasser, gewöhnlich in einem Quellentempel oder im Haus eines Hohepriesters.

Pagerwesi: Dies ist der Tag der spirituellen Stärkung; er wird ausgiebig in Nordbali gefeiert, mit *penjor* und Essen wie bei Galungan. Der Name bedeutet »Zaun aus Eisen«.

Tumpek: Alle 35 Tage werden zu einer Kategorie wertvoller Dinge Opfer erbracht, z. B. Metallobjekte, Bäume, Bücher, Instrumente, Vieh und *Wayang*-Puppen; im modernen Bali können es auch Motorräder, Autos, Computer und Kühlschränke sein.

Gläubige erhalten bei einem religiösen Fest heiliges Wasser

Das Jahr in Bali und Lombok

Die Jahreszeiten in Nordbali, Südbali und Lombok stimmen nicht exakt überein. Die Küstengebiete sind generell trockener als höhergelegene Regionen. Jeder einzelne Tag kann sich von Ort zu Ort unterscheiden – das Wetter in Ubud kann anders sein als in Sanur. Für genaue Daten der religiösen Feiertage und Kulturfeste sollten Besucher die Informationsbüros oder das Internet befragen – und auf Widersprüchliches gefasst sein. Viele Tempel haben Feste bei *purnama* (Vollmond), einige sind unten genannt. Neben der Hochsaison in Juli und August sind die Inseln an den langen Wochenenden des chinesischen Neujahrsfestes, Ostern und Weihnachten übervölkert. Wenn Sie zu diesen Zeiten reisen wollen, buchen Sie im Voraus, und seien Sie auf höhere Preise für ein Hotelzimmer gefasst.

Büffelrennen in Negara, am besten von Juli bis Oktober

***Ogoh-ogoh* (Dämonenbilder) in einer Nyepi-Prozession**

Trockenzeit

Von April bis Oktober ist gelegentlicher Regen normal. Juli und August sind relativ kühle und angenehme Monate, und die Nächte im Hochland können kühl sein.

April

Nyepi *(März/Apr)* fällt auf den Tag nach dem neunten Neumond. Am Vorabend von Nyepi werden sehr große Opfer an Hauptkreuzungen gebracht; man glaubt, sie haben die Macht, böse Geister zu vertreiben. An diesem Abend finden laute Fackelprozessionen mit riesigen *ogoh-ogoh* (Dämonenbildern) statt. Sie werden jedes Jahr von Gruppen der Dorfjugend im Wettbewerb um das schrecklichste oder das komischste angefertigt. Am Ende des Festes werden die Bilder verbrannt.

An Nyepi selbst, dem Tag des Schweigens, ist es niemandem gestattet, auf die Straße zu gehen, und es darf bis sechs Uhr am nächsten Morgen kein Licht gemacht werden.

Der wachsende Einfluss des modernen Lebensstils und des Tourismus auf die religiöse Kultur brachte viele Balinesen dazu, den Schweigetag noch gewissenhafter einzuhalten. Von Besuchern erwartet man, diese Beschränkungen zu achten und in den Hotels zu bleiben. Besondere Anordnungen werden getroffen, um nach den Gästen zu sehen und sie manchmal in die Feiern am Vorabend von Nyepi einzubeziehen. Während dieser 24 Stunden setzt der Flugverkehr aus. Reisende sollten sich vorher informieren.

Purnama Kedasa *(zwei Wochen nach Nyepi)*, Vollmond des zehnten Monats. Große Feste an den wichtigen balinesischen Tempeln, besonders in Besakih *(siehe S. 116f)*, Pura Ulun Danu Batur *(siehe S. 122f)* und Pura Samuan Tiga *(siehe S. 87)*. Hier kann man Opferungen, Musik und Tänze im kulturellen Kontext sehen.

Mai

Waisak *(Apr/Mai)*. Die kleine buddhistische Gemeinde Balis besucht an diesem Feiertag, der laut dem buddhistischen Mondkalender auf

Balinesische Gläubige bei einem Tempelfest am Pura Taman Ayun

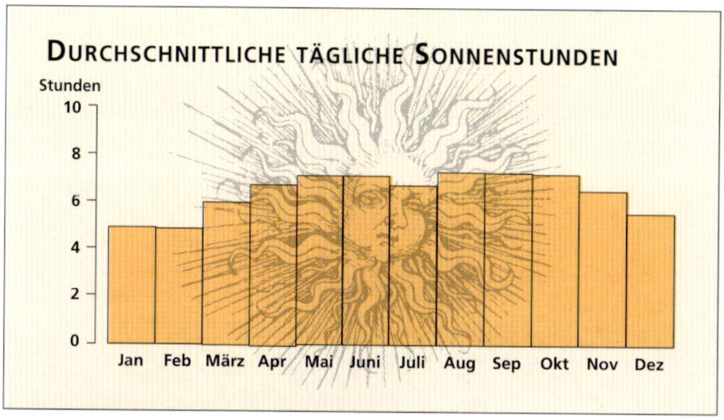

Sonnenschein
Die Insel Lombok erhält im Vergleich zu Bali eine Stunde weniger Sonnenschein am Tag. Die Stunden mit Tageslicht auf beiden Inseln, die dicht am Äquator liegen, sind ziemlich konstant übers Jahr. Tag und Nacht haben etwa die gleiche Länge.

Das jährliche Drachenfest in Südbali

den Vollmondtag im Mai fällt, ihre wenigen Tempel.
Purnama Desta *(Vollmond).* Ein Hindu-Tempelfest am Pura Maospahit in Denpasar *(siehe S. 61)* und Pura Segara bei Ampenan auf Lombok.

JUNI

Pesta Kesenian Bali (Bali Arts Festival) *(Mitte Juni bis Mitte Juli),* Denpasar. Höhepunkt des weltlichen Kulturkalenders von Bali; ein zwei- bis vierwöchiges Treffen mit balinesischen (aber auch internationalen) Tanz-, Theater-, Musik- und anderen Kulturveranstaltungen am Taman Werdhi Budaya (Bali Arts Centre; *siehe S. 61).* Daten und Dauer variieren von Jahr zu Jahr. Die Parade am Eröffnungstag ist eine spektakuläre Prozession, bei der die Gruppen, während sie sich durch die Stadt bewegen, manchmal sogar in Trance geraten.

JULI BIS AUGUST

Diese Monate bilden die Hochsaison für Besucher aus Europa und Nordamerika. Die Zeit gilt auch als besonders günstig für Einäscherungen.
Bali Kite Festival *(Juni–Aug),* Südbali. Ein alljährliches internationales Ereignis, das Teilnehmer aus ganz Südostasien und Japan anlockt und zu einer Jahreszeit mit zum Drachensteigen günstigen Winden stattfindet. Das Fest inspiriert Kinder des ganzen Landes; sie konstruieren Drachen aus Plastiktüten und anderen Materialien, dekorieren sie zuweilen und lassen sie von trockenen Reisfeldern und Dorfstraßen steigen.
Indonesiens Unabhängigkeitstag *(17. Aug).* In der Woche vor dem Unabhängigkeitstag, der in ganz Indonesien gefeiert wird, können schon mal Schulkinder, die auf der Straße marschieren, den Verkehr aufhalten – Vorbereitungen für die militärisch inspirierten Zeremonien, die am großen Tag selbst in der Provinzhauptstadt Denpasar abgehalten werden.
Mekepung *(Juli–Okt, Daten variabel).* Büffelrennen in Negara *(siehe S. 134).* Eine gemäßigte Version wird das ganze Jahr über für Urlauber veranstaltet.

SEPTEMBER

Das **Nusa Dua Festival** bietet traditionelle Musik und Tänze aus ganz Indonesien.
Purnama Katiga *(Vollmond),* Tempelfest an den Gunung-Kawi-Königsdenkmälern in Tampaksiring, Zentralbali *(siehe S. 99).*

OKTOBER

Purnama Kapat *(Vollmond).* Feste in vielen größeren Tempeln, darunter Besakih *(siehe S. 116f),* Pura Ulun Danu Batur *(siehe S. 122f),* Pura Tirta Empul *(siehe S. 99),* Pura Pulaki *(siehe S. 138)* und Pura Tegeh Koripan *(siehe S. 115).*
Hari Raya Sumpah Pemuda *(28. Okt).* Ein Arbeitstag, der an die Unabhängigkeitsbewegung erinnert. Man assoziiert ihn auch mit politischen Reformen in Bali und ganz Indonesien.

Kuta Beach während der Hochsaison im Sommer

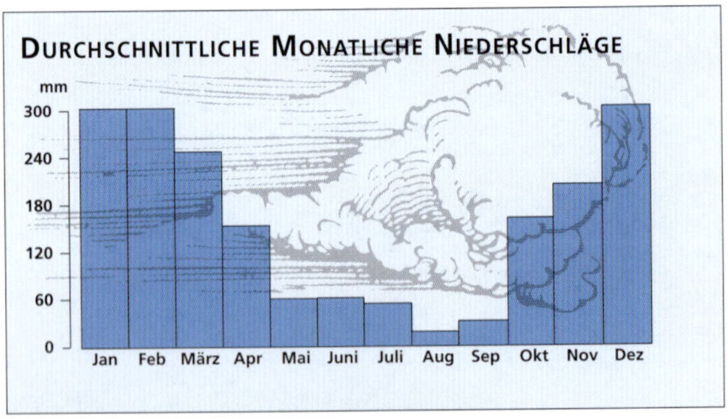

Niederschläge
Die Trocken- und die Regenzeit fallen auf Bali und Lombok in den gleichen Teil des Jahres, obwohl Bali größere Schwankungen in der Regenmenge erfährt. Das Muster der Regenfälle ist in den letzten Jahren etwas durch das El-Niño-Phänomen gestört worden.

Regen fällt auf ein bewässertes Reisfeld

Regenzeit

Monsunwetter bringt Regen von Mitte Oktober bis Mitte März, die nassesten Monate sind Dezember und Januar. Mehrere Tage ständigen Regens können gefolgt sein von einer Woche ohne einen Tropfen. Meist beginnt der Regen mittags und dauert bis zum späten Nachmittag. Dies sind auch die wärmsten Monate am Äquator, und Regen mindert die Hitze. Sonnige Tage in dieser Periode sind heiß und feucht.

Bali und Lombok sind nicht Taifunen ausgesetzt, aber im Februar gibt es meist eine bis zwei Wochen Südwestwind und Regen, bevor der Monsun seine Richtung ändert und kühleres sowie trockenes Wetter von Nordosten bringt.

November bis Dezember

Purnama Kalima *(Nov).* Der Vollmond des fünften Monats des Hindu-Kalenders ist die Zeit des Tempelfestes von Pura Kehen in Bangli *(siehe S. 104).*

Höhepunkt der Regensaison sind Dezember und Januar, wenn nach hiesigem Glauben die Menschen am ehesten für Krankheiten empfänglich sind. Während dieser Periode halten viele Dörfer *Melast*-Prozessionen ab und bringen Götterstatuen zum Meer oder zu heiligen Quellen.

Purnama Kenam *(Dez).* Am Vollmond des sechsten Monats findet das Tempelfest in Pura Lingsar, Lombok, statt.

Siwa Latri *(Dez–Jan).* »Shivas Ritus« wird von den balinesischen Hindus zwei Wochen nach Purnama Kenan, in der Nacht vor dem siebten Vollmond (*Tilem Kapitu*), gefeiert. Teil des Ritus ist eine 24-Stunden-Wache, meist in einem Tempel.

Eine Prozession bei einem Moslemfest

Februar bis März

Chinesisches Neujahrsfest *(Jan/Feb).* Massen von Chinesen kommen aus Singapur und Jakarta nach Bali. Nach der Liberalisierung der Regierungspolitik gegenüber Indonesiens religiösen Minderheiten ist dieser Feiertag mehr von chinesischen rituellen Zeremonien gekennzeichnet. Wie der Vorabend von Nyepi *(siehe S. 40)* wird das Neujahrsfest der Chinesen mit vielen Fanfaren, besonders in Denpasar, gefeiert.

Bau Nyale *(Feb).* Sasak-Werberiten finden bei Erscheinen des *Nyale*-Seewurms, einem Symbol der Fruchtbarkeit, in Kuta Beach in Süd-lombok statt *(siehe S. 162).*

Purnama Kesanga *(Feb/März).* Tempelfest von Pura Penataran Sasih in Pejeng *(siehe S. 97)* bei Ubud an Vollmond.

Hindus beten bei einem Tempelfest am Pura Taman Pule in Mas

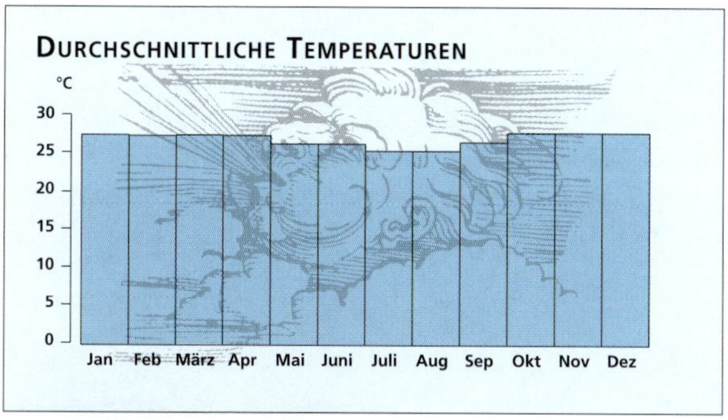

Temperaturen
Auf Bali ist die Durchschnittstemperatur um etwa ein Grad Celsius höher als auf Lombok. Die Temperaturen auf Bali und Lombok ändern sich nur geringfügig übers Jahr, aber in den Hügelregionen ist es generell kühler als in den Küstengebieten.

Transport eines Gongs in Vorbereitung der Galungan-Feiern in Ubud

S. 39). Die wichtigste dieser Feierlichkeiten ist Galungan in der elften Woche. Ganz Bali ist dann festlich dekoriert, und die Balinesen ziehen ihre beste Kleidung an. Kuningan folgt zehn Tage darauf an einem Samstag und markiert das Ende dieser Feiertagsperiode.

Der Tag nach Kuningan ist Manis Kuningan, ein großer Tag für Tempelfeste bei Pura Sakenan auf Pulau Serangan und Pura Taman Pule in Mas.

Balis Feiertage

Zwischen den größeren religiösen Feiertagen und jährlichen Tempelfesten ist der zwölfmonatige Mondkalender das Gerüst für regelmäßige rituelle Feiern und religiöse Anlässe.

Jeden Monat bei *tilem* (Neumond) und *purnama* (Vollmond) werden besondere Opfergaben bereitet und in Haushalten und öffentlichen Tempeln dargebracht.

Die monatliche Feier *purnama* ist besonders lebhaft bei bestimmten »Staats«-Tempeln wie Pura Jagatnatha in Denpasar und Pura Kehen in Bangli. Sie ist gekennzeichnet von Schattenpuppentheater und Lesungen heiliger Dichtung.

Andere Feste basieren auf dem 210-tägigen balinesischen Kalender *(siehe*

Ramadan – muslimischer Fastenmonat

Während des Ramadan, dem neunten Monat des islamischen Kalenders, essen, trinken und rauchen Moslems von Sonnenauf- bis -untergang nicht. Besucher auf Lombok sollten dies bei Ramadan in der Öffentlichkeit auch vermeiden. Am Ende des Ramadan findet **Idul Fitri**, ein zweitägiges Fest, statt. Die Moslems kehren in ihre Dörfer zurück und blockieren die Verkehrswege.

Grußkarten für das Moslemfest Idul Fitri

Feiertage

Neujahr (1. Jan)
Nyepi (Hindu-Neujahr; 21. März 2008)
Hari Paskah (Karfreitag/Ostern; 21. März 2008; 10. Apr 2009)
Hari Waisak (Heiliger Tag der Buddhisten; 20. Mai 2008)
Christi Himmelfahrt (1. Mai 2008)
Hari Proklamasi Kemerdekaan (Unabhängigkeitstag; 17. Aug)
Erster Weihnachtstag (25. Dez)

Hindu-Feiertage nach dem balinesischen 210-Tage-Kalender:

Galungan (23. Jan, 20. Aug 2008)
Kuningan (2. Feb, 30. Aug 2008)
Saraswati (7. Juni 2008)

Moslem-Feiertage nach dem islamischen 354- oder 355-Tage-Kalender:

Idul Adha (8. Dez 2008, 28. Nov 2009)
Maulid Nabi Muhammed (20. März 2008, 9. März 2009)
Isra Miraj Nabi Muhammed (31. Juli 2008)
Idul Fitri (1./2. Okt 2008, 20./21. Sep 2009)

Die Geschichte von Bali und Lombok

Gipfel und Berggötter spielen in der balinesischen Sagenwelt bedeutende Rollen. Die Landschaft der Inseln beeinflusst ihr kulturelles, politisches und wirtschaftliches Leben seit Tausenden von Jahren. Alte Traditionen haben trotz des Kolonialismus, politischer Unruhen und des Fremdenverkehrs überdauert.

Die Balinesen und die Sasak (Bewohner Lomboks) sollen von Einwanderern aus Südchina, die um 2000 v. Chr. hierher kamen, abstammen. Ihre Hinterlassenschaft sind Reis als Hauptanbaugut, das Handwerk der Metallbearbeitung und die weite Verbreitung des Bergkults. Diese kulturellen Merkmale, die im traditionellen Leben auf Bali zu beobachten sind, deuten auf Verwandtschaften mit anderen Völkern in Südostasien und im Pazifik hin.

***Keris*(Dolch)-Griff**

Frühe Königreiche

Es gibt wenige schriftliche Aufzeichnungen aus Bali und Lombok vor dem 20. Jahrhundert, über Lombok keine vor 1365, aber alte Kunstgegenstände erzählen von Königreichen der Hindus und dem ständigen Einfluss von Java. Eine beschriftete Säule in Belanjong, Sanur, datiert auf 914 n. Chr., gibt zu verstehen, dass zwischen Bali und der buddhistischen Sanjaya-Dynastie von Zentraljava schon vorher Beziehungen bestanden. In Zentralbali gibt es Relikte eines hindu-buddhistischen Königreiches aus dem 10. bis 13. Jahrhundert, mit Sitz beim heutigen Pejeng und Bedulu. Während des 11. Jahrhunderts wurden die Königlichen Denkmäler Gunung Kawi *(siehe S. 99)* gebaut, um König Anak Wungsu und seiner Königin Betari Mandul zu gedenken. Diese Erlasse des Königs wurden in Sangsit an der Nordküste und weit im Süden bei Klungkung gefunden, was voraussetzt, dass er der Herrscher der Insel war. Pura Tegeh Koripan *(siehe S. 115)* wurde wohl gebaut, um ihn zu ehren. Anak Wungsus Herrschaft, die um 1025 begann, war eine Zeit engen Kontakts mit Java. Seine Mutter war eine javanische Prinzessin, sein Vater der balinesische König Udayana, und sein älterer Bruder war der große Airlangga, der ein Königreich in Ostjava regierte.

Ein Zeitgenosse Anak Wungsus, Mpu Kuturan, soll das in balinesischen Dörfern übliche Dreitempelsystem etabliert haben *(siehe S. 28)*: mit *pura puseh* (Tempel der Ursprünge), *pura desa* (Dorftempel) und *pura dalem* (Tempel der Toten).

Chinas Einfluss auf das frühe Bali war beträchtlich. *Kepeng* (chinesische Münzen) waren vom 7. Jahrhundert an in Umlauf; das drachen-

Zeitskala

250 000–10 000 v. Chr. Jüngeres Eiszeitalter

Antike Säule in Pura Belanjong, Sanur

914 n. Chr. Erste Inschrift eines balinesischen Königsnamens auf einer Säule in Pura Belanjong

250 000 v. Chr.	10 000 v. Chr.	2000 v. Chr.	1000 v. Chr	1 n. Chr	1000

2000 v. Chr. Immigration von China nach Indonesien

Prähistorische bronzene Speerspitzen

960 n. Chr Errichtung des heiligen Quellentempels Pura Tirta Empul

◁ ***Abhimayus Tod*, aus dem Epos *Mahabharata* (spätes 19. Jh.), Kamasan-Stil (Detail; Künstler unbekannt)**

Schrein in Denpasars Pura Maospahit, einem Tempel aus der Majapahit-Ära *(siehe S. 61)*

ähnliche Barong-Abbild *(siehe S. 25)* ist wohl chinesischen Ursprungs, und König Jayapangus von Bali heiratete im 12. Jahrhundert eine chinesische Prinzessin.

Bali zur Zeit der Majapahit

Bali hielt seine Unabhängigkeit von den Königreichen Ostjavas bis 1284. In diesem Jahr sandte der Singasari-König Kertanegara eine Expedition nach Bali, und als Folge brachte er die Insel in den Einflussbereich Javas.

Kertanegaras Vorgänger in Ostjava, Raden Wijaya, gründete das Königreich Majapahit, das das größte Königreich in Südostasien wurde. Bali war nicht wirklich von Majapahit unterworfen, bis der javanische Premierminister Gajah Mada 1343 den König in Bedulu schlug. Die Majapahit-Regierung wurde in Gelgel festgesetzt.

Zeremonienschale aus dem 15. Jahrhundert

Die Gelgel-Könige regierten mithilfe der lokalen Häuptlinge unter einem Majapahit-Herrn. Einige balinesische Dörfer lehnten die religiösen und sozialen Sitten Majapahits ab. Diese Leute, Bali Aga (»Original-Balinesen«), blieben isoliert und wurden eine kulturelle Minderheit *(siehe S. 121)*. Majapahit formte die Kultur, die in Bali bis heute überlebt hat. Mit der Zeit übernahm die eingeführte Kultur allmählich auch Merkmale des bäuerlichen Bali.

Majapahit regierte auch Lombok. Eine javanische Chronik von 1365 erwähnt Lombok als Kolonie. Lombok-Geschichten erzählen von nach Bali, Lombok und Bima (heutiges Sumbawa) gesandten Majapahit-Prinzen. Die alten hindu-buddhistischen Elemente der Kultur Lomboks können so weit zurückverfolgt werden.

Balis goldenes Zeitalter

Ende des 15. Jahrhunderts hatte Bali seine Unabhängigkeit wiedererlangt. Der Untergang Majapahits wurde vom Aufkommen des Islam in Java beschleunigt. Das balinesische Königreich Gelgel blühte Mitte des 16. Jahrhunderts unter König Waturenggong, der es westwärts nach Java und über Lombok bis Bima vergrößerte. Einige hindu-javanische Adelige kamen nach Gelgel. Waturenggongs Herrschaft war eine Zeit der Wiedergeburt der Hindu-Künste, -Literatur und -Religion. Um 1540 breiteten sich östlich von Java zwei neue Religionsströme aus: der Islam, der sich in Bali nie recht etablieren konnte, und eine Hindu-Reformationsbewegung unter Waturenggongs Priester Dang Hyang Nirartha. Der javanische Brahmane war Dichter, Architekt und religiöser Lehrer. Er führte den *Pad-*

Zeitskala

1050–78 Herrschaft des Anak Wungsua

1284 König Kertanegara von Kediri; Java greift Bali an

Münze (14. Jahrhundert) aus dem Majapahit-Reich

1100 | 1200 | 1300 | 1400

Ein in Altbalinesisch geschriebener Erlass, 10. bis 11. Jahrhundert

1294 Raden Wijaya gründet Majapahit-Königreich in Ostjava

1343 Majapahit-Invasion von Gajah Mada in Bali

masana-Schrein *(siehe S. 26)*, einen Altar für den höchsten Gott, ein. Er stiftete, inspirierte und renovierte viele Tempel, auch Pura Tanah Lot *(siehe S. 128)*. Er predigte in Lombok und gilt als Ahne von Balis Brahmana-Siwa-Klan, der größten Priestergruppe der Insel.

Währendessen wurde auf Lombok der Islam eingeführt. Wichtig waren dabei Sunan Prapen, ein Schüler des islamischen Heiligen Sunan Giri, und der möglicherweise mythische javanische Prinz Pangeran Sangupati, der als Gründer der islamischen Sekte Wetu Telu *(siehe S. 23)* gilt.

***Kulkul*-Turm von Pura Taman Ayun in Mengwi (um 1740)**

Aufstieg neuer Mächte

1597, zur Zeit der ersten Besuche von Europäern auf Bali, war der Hof in Gelgel dekadent. Die Dynastie war bald durch einen neuen Zweig ersetzt, der 1650 in Klungkung gegründet wurde. Die Könige nahmen den Titel Dewa Agung (»Großer Herr«) an. Bald brach die Klungkung-Dynastie in kleinere Königreiche ein. In den folgenden 250 Jahren schufen Kriege und Mischehen eine komplizierte politische Landschaft.

Das 18. und 19. Jahrhundert erlebten den Aufstieg anderer Königreiche, die die Regentschaft im heutigen Bali ankündigten: Klungkung, Karangasem, Buleleng, Jembrana, Bangli, Badung, Gianyar, Tabanan und Mengwi. Buleleng wurde unter Panji Sakti (1660–1704) zur Großmacht; im 18. Jahrhundert waren Mengwi und Karangasem Rivalen. Mengwi wurde Ende der 1890er Jahre unter seinen Feinden aufgeteilt, aber eine Spur seines früheren Ruhms blieb mit dem königlichen Tempelkomplex Pura Taman Ayun *(siehe S. 130f)*. Obwohl das von Klungkung regierte Gebiet kleiner war als die anderen Königreiche, behielten die Dewa Agungs ihr Ansehen, weil in ihrem Gebiet der wichtige Besakih-Tempel *(siehe S. 116f)* lag.

Das Königreich Karangasems in Südbali besetzte 1740 Lombok; balinesische Siedler lebten im westlichen Teil der Insel. Es gab Widerstand von Sasak-Adel und Bugis-Einwanderern *(siehe S. 135)* im Zentrum und im Osten. Umgekehrt nahmen die Kontakte zum Islam zu. Ende des 18. Jahrhunderts hatten alle Könige auf Bali Moslemsöldner verpflichtet.

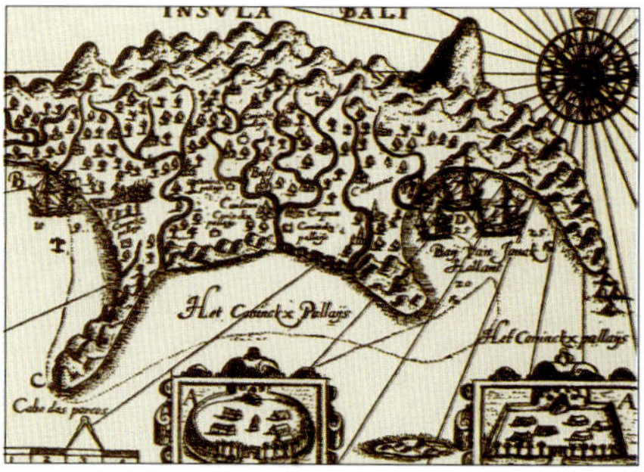

Holländische Karte von Bali (ca. 1597)

Ankunft der Europäer

Im 17. Jahrhundert erschienen neue Spieler auf dem Plan. Die Niederländer gründeten 1602 die Vereinigte Ostindien-Kompanie

ca. 1540 Sunan Prapen als Moslem-Missionar nach Bali und Lombok gesandt

ca. 1550–70 Herrschaft von Waturenggong in Gelgel – Balis Goldenes Zeitalter

1619 Gründung von Batavia in Westjava

ca. 1650 Errichtung der Klungkung-Dynastie

1740 Karangasem erobert Lombok

Puri Agung, großer Palast der Karangasem-Dynastie (18. Jh.)

1500 | **1600** | **1700** | **1800**

ca. 1540 Der Hindu-Reformer Nirartha erreicht Bali

1597 Erste schriftlich nachweisbare Besuche von Europäern auf Bali

1602 Gründung der Vereinigten Ostindien-Kompanie (VOC)

ca. 1660–1704 Aufstieg Bulelengs

ca. 1680 Aufstieg Karangasems

ca. 1700 Aufstieg Mengwis

1800 VOC wird aufgelöst; eine holländische Kolonialverwaltung wird eingesetzt

(VOC), eine Handelsgesellschaft, der 1800 die Niederländisch-Ostindien-Kolonialverwaltung folgte.

Bis Mitte des 19. Jahrhunderts war die holländische Kolonialverwaltung in Batavia (jetzt Jakarta) auf Java konzentriert. Bali hatte wenig Kontakt mit Holländern, außer über den Handel mit Opium und Sklaven. Die balinesischen Könige verkauften Schuldner und Kriegsgefangene, die Holländer Opium.

Der Raja von Buleleng (Mitte 19. Jh.)

Ein turbulentes Jahrhundert

Das 19. Jahrhundert brachte viel Leid für Bali und Lombok: einen Vulkanausbruch, Hungersnot, Krankheiten und Krieg. Es gab militärische Streifzüge der Niederländer und kleinere Kriege zwischen den Königreichen. Thomas Stamford Raffles (der spätere Gründer von Singapur) zeigte Interesse an Bali während der britischen Interimsregierung in Java (1811–16), eine Folge der Napoleonischen Kriege – dies erregte Besorgnis bei den Holländern. Sie wurden nach ihrem Sieg über die Javaner, die von Prinz Dipanagara im Java-Krieg (1825–30) angeführt wurden, weitaus militanter. Sie stritten mit balinesischen Königen über die Bergung von Schiffswracks: Die Könige betrachteten die Ladung als gerechten Lohn für die Rettung von Schiff und Mannschaft. Ein solcher Streit mit König Buleleng 1845 führte zur Landung holländischer Truppen auf balinesischem Boden. Die von dem brillanten Taktiker Gusti Jelantik angeführten Balinesen widersetzten sich drei Militärfeldzügen, bis sie 1849 in Jagaraga besiegt wurden; Jelantik floh nach Karangasem, wo er bei einer Palastintrige getötet wurde.

Die Holländer hatten jetzt direkte Kontrolle über die nördlichen Königreiche Buleleng und Jembrana. Rivalitäten verhinderten eine längere Allianz der anderen Königreiche – meist

Blick auf den Hafen von Ampenan, Lombok (ca. 1850)

Zeitskala

1808–18 Französische und britische Interimsregierung

1815 Ausbruch des Gunung Tambora in Sumbawa

Amtsantritt von Raja Ratu Ketut Ngurah Karangasem, Herrscher über Lombok, 1855

1810 | **1820** | **1830** | **1840** | **1850**

1811–16 T. S. Raffles ist Gouverneur von Java

1825–30 Java-Krieg

Mayura-Wasserpalast, erbaut von der balinesischen Dynastie, die Lombok bis 1843 regierte

1843 Lombok akzeptiert holländische Oberhoheit

1846–49 Buleleng-Feldzüge; *puputan* in Jagaraga

Holländische Kavallerie in Lombok, 1894

ersehnt, um den Holländern gegen ihre Nachbarn zu helfen. Der balinesische Herrscher Lomboks akzeptierte 1843 die holländische Staatsgewalt. 1849 war er auf Seiten der Holländer gegen Buleleng und griff dessen Alliierten Karangasem an. So wurde Karangasem ein Vasall Lomboks.

Niedergang der alten Königreiche

Hollands Kontrolle über Lombok war bis zum Ende des 19. Jahrhunderts nicht ganz durchgesetzt. 1894 griffen die Holländer unter dem Vorwand einer Sasak-Revolte gegen die balinesischen Herren die ganze Insel an und unterwarfen sie. 1900 stellte sich Gianyar selbst unter holländische Kontrolle, während Bangli zögerte. Drei Königreiche blieben unabhängig – Badung, Tabanan und Klungkung.

Die Gelegenheit für die nächste und entscheidende holländische Attacke war wieder ein Streit über ein Schiffswrack – der Raub eines kleinen holländischen Schiffes, das vor Sanur auf Grund gelaufen war. Die Angelegenheit ergab ein politisches Unentschieden. Im September 1906 kam eine große holländische Flotte an. In Denpasar kleideten sich Könige, Prinzen und Brahmanen in Weiß und ließen ihre rituellen Waffen segnen. Als die Holländer anrückten, kamen ihnen Hunderte Männer, Frauen und Kinder aus dem Denpasar-Palast entgegen. Sie wurden von den holländischen Gewehren niedergemetzelt. Die Überlebenden richteten die Waffen gegen sich selbst. Eine ähnliche Tragödie fand im nahen Pemecutan-Palast statt: Der König von Tabanan und sein Sohn ergaben sich; zwei Tage später begingen sie Selbstmord. In Klungkung wurden 1908 der Dewa Agung und sein Hofstaat erschossen. Bali war nun ganz der holländischen Kolonialmacht einverleibt.

Kolonialherrschaft

Königshäusern wurden Macht und Besitz entzogen, indem die Holländer die überlebenden »Rajas« als Personal einstellten. Sie wollten Bali zum »lebenden Museum« klassischer Kultur und aufgeklärten Kolonialismus machen. Die Wiederherstellung der Rolle

Im Königspalast Karangasem, erbaut um 1900

1860–88 Epidemien und Seuchen auf Bali

Die Ruinen von Denpasar *(1906)* *von W. O. J. Nieuwenkamp*

1860	1870	1880	1890	1900

1882–1900 Kriege zwischen den Königreichen auf Bali

1888 Großes Erdbeben auf Bali und Lombok

1894 Holländer erobern Lombok

1906 Holländischer Feldzug gegen Badung; *puputan* in Denpasar; Tabanan fällt

Der König mit einem Gast vor Puri Gianyar, 1910

der Rajas in rituellen Angelegenheiten gab den Anschein kultureller Kontinuität. Die Holländer setzten Zwangsarbeiter ein, um die Bewässerung zu verbessern und Straßen zu bauen. Sie modernisierten Dorfgesetze und Klassenstrukturen; Steuern belohnten den loyalen Adel, die Bauern verarmten. Die entstandenen Spannungen entluden sich, als nachkoloniale Regierungen hohe Erwartungen weckten, aber die sozialen Probleme nicht lösen konnten.

Das letzte Paradies

Bilder des holländischen Illustrators W. O. J. Nieuwenkamp und des deutschen Fotografen Gregor Krause lockten Westeuropäer an. Die Holländer regten vorsichtig den Tourismus an. Manche Besucher blieben länger, ließen sich in Ubud oder Sanur nieder und präsentierten der Außenwelt ein Bild von Bali als »Insel der Götter«, wo »ein jeder ein Künstler ist«.

Koloriertes Foto zweier Balinesen, von G. P. Lewis um 1920 aufgenommen

Währenddessen wuchsen eine moderne Bürokratie und eine Ökonomie mit chinesischen, arabischen und muslimischen Händlern – Kern einer neuen städtischen Intelligenz. Zusammen mit anderen Indonesiern aus Java, Sumatra und den östlichen Inseln gestalteten sie politische Netzwerke, die später zum indonesischen Nationalismus führten. 1928 wurde die Lingua franca des Archipels, Malayisch, zur offiziellen Landessprache der holländischen Kolonie, Bahasa Indonesia, erklärt.

Krieg und Unabhängigkeit

1942 besetzte Japan Niederländisch-Ostindien. Die Inanspruchnahme der Ernte führte zu Entbehrungen. Nichtindonesier wurden interniert oder deportiert. Die Besatzung förderte die Kräfte des Nationalismus unter dem javanischen Intellektuellen Sukarno, der am 17. August 1945, zwei Tage nach der japanischen Kapitulation, die Unabhängigkeit erklärte.

Doch die Holländer forderten ihre Kolonien zurück. Sie trafen auf heftigen Widerstand. Auf Bali fassten sie unter dem früheren Adel Fuß. Die prorepublikanische Jugend führte einen Guerillakrieg, bis im November 1946 eine Gruppe von 94 Freiheitskämpfern unter Gusti Ngurah Rai bei

Zeitskala

1908 Klungkung-*puputan*; Bali unter holländischer Kontrolle

Klungkungs König 1908, Dewa Agung Semarabhawa

1928 Eröffnung des Hotels Bali in Denpasar

1936 Gründung der Kunstbewegung Pita Maha *(siehe S. 35)*

1942 Japanische Invasion; die Holländer werden verdrängt

1949 Übertragung der Staatsgewalt an die Republik von Indonesien

1910 | 1920 | 1930 | 1940 | 1950

1914 Öffnung Balis für Touristen

1917 Erdbeben; Ausbruch des Gunung Batur

Die Titelseite von Island of Bali

1937 *Island of Bali*, ein klassisches Reisewerk von Miguel Covarrubias, erscheint

1945 Indonesien erklärt Unabhängigkeit; Sukarno wird Präsident

1946 Rückkehr Hollands; *puputan* in Marga

Balinesische Richter des Kolonialregimes, 1935

einem *puputan* in Marga umkam *(siehe S. 132)*. Trotzdem befanden sich die Holländer in einer unhaltbaren Position. 1949 zogen sie sich aus Indonesien zurück und übergaben die Staatsgewalt am 27. Dezember.

Das von der Unabhängigkeit versprochene Glück verwirklichte sich lange nicht. Guerillas zogen über die Inseln. Häufig wechselnde Regierungen schreckten Investoren ab. 1963 brach Balis erloschen geglaubter höchster Vulkan Gunung Agung aus. Er tötete Tausende von Menschen, verwüstete Ostbali und verursachte eine Hungersnot.

Autokratie und Reform

Am 30. September 1965 fand in Jakarta ein Putschversuch statt. Sukarno wurde durch General Suharto ersetzt, der nun eine »Säuberungs«-Kampagne durchführte, in deren Verlauf Tausende von Kommunisten und Sympathisanten ermordet wurden. Suhartos »Neue Ordnung« brachte jedoch mit dem Wiederaufleben des Tourismus Wohlstand nach Bali.

Suharto in Bali, 1979

Die ersten modernen Touristen waren Reisende auf dem *»hippie trail«* der 1960er und 1970er Jahre. Australier entdeckten Bali als nahes Urlaubsziel. Die Kokosnusshaine wurden nach und nach durch »Artshops« und kleine Hotels ersetzt. In den 1980er und 1990er Jahren veränderte ein Bauboom Südbali. 1965 gab es gerade mal ein paar hundert Hotelzimmer, 1999 über 30 000.

In der Suharto-Ära wurden viele Baumaßnahmen auf Kosten der Zivilrechte durchgesetzt – die finanzielle Krise von 1997 setzte dem ein Ende. Im Mai 1998 musste Suharto zurücktreten. Unterdrückte soziale Spannungen brachen auf.

Pro-Demokratie-Banner, 1999

In Bali wurden nach den Wahlen 1999 einige öffentliche Gebäude in Brand gesetzt. Später gab es Unruhen in Lombok, offensichtlich von Außenstehenden provoziert; Touristen kamen nicht zu Schaden. Megawati Sukarnoputri, von der Mehrheit der Balinesen als Präsidentschaftskandidat favorisiert, wurde Vizepräsident.

Im Oktober 2002 kamen bei Bombenexplosionen vor Diskotheken im balinesischen Ferienort Kuta Beach mehr als 180 Personen – die meisten davon Urlauber – ums Leben. Die Anschläge dämpften die aufkeimenden Hoffnungen auf echte wirtschaftliche Fortschritte.

1963 Ausbruch des Gunung Agung

1965 30. September Putschversuch; anti-kommunistische Säuberungen beginnen

1966 Bali Beach Hotel wird eröffnet

1967–98 Suhartos neuer Erlass; Aufschwung des Tourismus

Nusa Dua Beach Hotel

1970 | **1980** | **1990** | **2000** | **2010**

1983 Eröffnung des Nusa Dua Beach Hotel, Teil eines 5-Sterne-Komplexes

1998 Wirtschaftskrise führt zu Aufständen in Jakarta; Suharto tritt zurück

1999 Die von Megawati Sukarnoputri geführte Partei PDI-P gewinnt 80 Prozent der Stimmen in Bali; Abdurrahman Wahid wird Präsident in Indonesien

2002 Am 12. Oktober sterben bei Bombenanschlägen in Kuta über 200 Menschen

Die Regionen von Bali und Lombok

Bali und Lombok im Überblick

Die Attraktionen von Bali und Lombok sind vielfältig und ziehen Besucher an, die Interesse an kulturellem Erbe, schöner Natur und Sport haben. Südbali hat die größte Konzentration an Strandferienorten und Nachtleben; Zentral- und Ostbali sind in historischer und künstlerischer Hinsicht besonders reich. Sowohl Bali als auch Lombok bieten wundervolle Landschaften, von Vulkangipfeln und Seen bis hin zu Reisterrassen und einer schönen Küste. Viele Gebiete sind nahezu unberührt.

Pura Meduwe Karang (siehe S. 148f) *ist ein für seine Steinskulpturen und Reliefs berühmter Tempel.*

Bali Bird Park (siehe S. 84f) *beheimatet an die 1000 Vögel aus über 250 Arten in einem großartigen tropischen Garten.*

Singaraja *(siehe S. 144–146)* hat das Flair einer alten Hafen- und Kolonialhauptstadt.

Ubud *(siehe S. 88–91)* und die umliegen-den Dörfer bilden Balis kulturelles Herz.

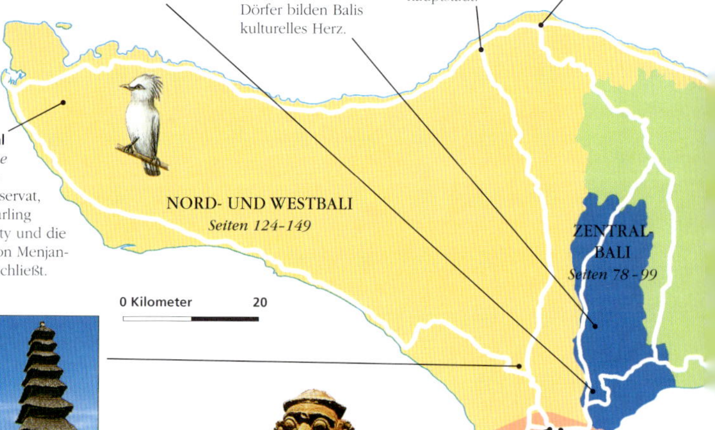

Taman Nasional Bali Barat *(siehe S. 136f)* ist ein großes Naturreservat, das die Bali Starling Breeding Facility und die Korallenriffe von Menjangan Island einschließt.

Pura Taman Ayun (siehe S. 130f) *ist ein Königstempel mit einem inneren und einem äußeren Graben.*

Bali Museum (siehe S. 62f) *ist sowohl für seine Kunstsammlung als auch für seine Architektur bekannt.*

Denpasar *(siehe S. 60f)* ist Balis Verwaltungshauptstadt und Wirtschaftszentrum.

Pura Luhur Uluwatu (siehe S. 76f) *liegt hoch auf dem Felsenrand am Ende von Südbalis Bukit-Halbinsel.*

Kuta *(siehe S. 66–69)*, das modernste Ferienzentrum auf Bali, ist voller Hotels, Läden, Bars und Restaurants.

◁ **Ruine des Wasserpalasts Puri Taman Ujun**

Taman Nasional Gunung Rinjani (siehe S. 158f) *ist ein Nationalpark und Wanderrevier im Gebiet von Lomboks höchsten Vulkanen und dem Kratersee Danau Segara Anak.*

Gunung Batur (siehe S. 120f), *ein aktiver Vulkan, und der Batur-See sind neben mehreren historischen Tempeln und Wanderrouten in eine eindrucksvolle Caldera eingebettet.*

Der Besakih-Tempelkomplex *(siehe S. 116f)* besteht aus 22 Tempeln, die auf den niedrigeren Hängen des heiligen Vulkans Gunung Agung gebaut wurden.

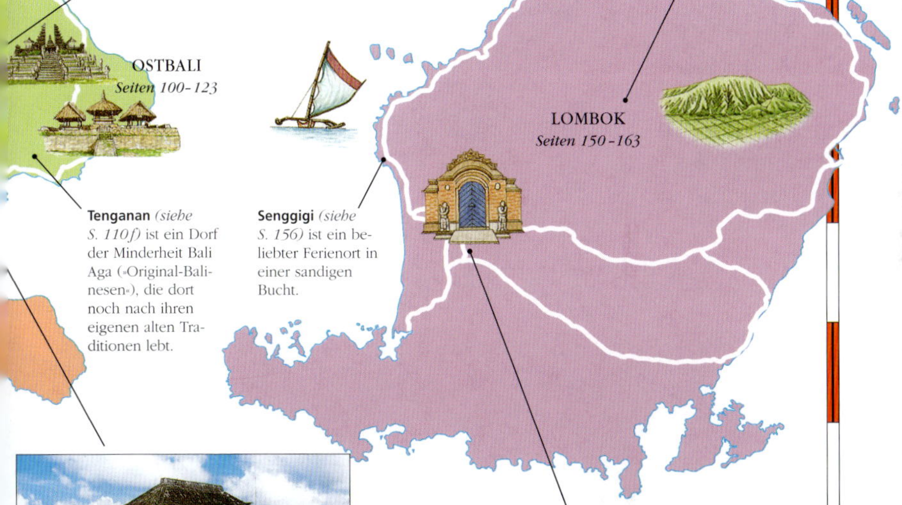

Tenganan *(siehe S. 110f)* ist ein Dorf der Minderheit Bali Aga (»Original-Balinesen«), die dort noch nach ihren eigenen alten Traditionen lebt.

Senggigi *(siehe S. 156)* ist ein beliebter Ferienort in einer sandigen Bucht.

Taman Gili (siehe S. 106f) *ist ein Komplex mit schönen Deckenmalereien in den zwei Hauptpavillons.*

Pura Lingsar (siehe S. 154) *in Sweta ist ein Tempel mit 300-jähriger Geschichte. Neben der Bedeutung für die Gläubigen bieten die Lotusteiche in der Umgebung viel Vergnügen für die Kinder.*

SÜDBALI

Eine Mischung aus Geschichte, Kultur und Fremdenverkehr: Südbali ist kontrastreich. Preisbewusste Reisende bevölkern die Strände, seit die ersten Surfer vor Jahrzehnten hierher kamen; das andere Extrem sind Luxushotels, die eine bezaubernde und exotische Version von Bali schufen. Trotz des Tourismus und des Fortschritts erhalten sich die Dorfgemeinschaften ihre kulturellen Traditionen.

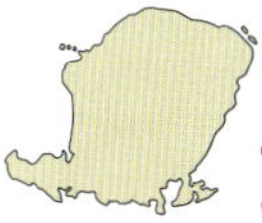

Im Herzen Südbalis liegt Denpasar, seit 1958 Provinzhauptstadt der Insel und heute eine geschäftige Metropole, Balis administrative und kommerzielle Nabe. Denpasar war einst Königsstadt: Das Reich von Badung beherrschte den südlichen Teil Balis vom späten 18. bis zum frühen 20. Jahrhundert; dieses Erbe sieht man in mehreren alten Gebäuden. Zwei wichtige Kulturzentren befinden sich hier: das Bali Museum *(siehe S. 62f)* und Taman Werdhi Budaya (Bali Arts Centre; *siehe S. 61*).

Die Stadt liegt in Balis wichtigstem Feriengebiet, einem Dreieck aus den Orten Kuta, Legian, Seminyak und Canggu an der Westküste, Sanur an der Ostküste und Nusa Dua im Süden. Kuta ist Balis führendes Ferienzentrum mit berühmten Stränden. Es gibt Hotels jeder Preisklasse, unterhaltsame Restaurants und Clubs, Wassersport, ein pulsierendes Nachtleben und Läden für jeden Geldbeutel. Sanur hat ebenfalls viele Attraktionen, aber in einem sanfteren, weniger lauten Stil. Nusa Dua, ein Projekt speziell für Urlauber, bietet den manikürten Garten eines 5-Sterne-Hotelkomplexes samt Golfplatz.

Die Hochland-Halbinsel Bukit im tiefen Süden ist trocken und steht in starkem Kontrast zu den grünen Gärten und Reisterrassen, die die Rajas von einst bereicherten. Einer von Balis heiligsten Tempeln, Pura Luhur Uluwatu, liegt hoch auf einem Felsen auf Bukits südwestlichstem Ausläufer und bietet eine hervorragende Sicht auf den Ozean.

Das Meer ist nie weit weg in Südbali. Die Surfer kommen wegen der Wellen, Taucher und Schnorchler wegen der Riffe und der spannenden Unterwasserwelt.

Fischer vor der Küste Südbalis in ihrem leichten Auslegerboot

◁ **Ein aus Holz geschnitzter Garuda (mythischer Vogel), typisches Beispiel für Handwerk aus Südbali**

Überblick: Südbali

Die meisten Besucher kommen auf dem Flughafen von Denpasar im Zentrum Südbalis an. Die wichtigsten Urlaubsgebiete, mit Stränden und Nachtleben, sind nur eine kurze Taxifahrt entfernt. Mancher mag sich nicht weiter umschauen, aber die Verbindungen zu anderen Teilen von Bali und Lombok sind gut. Südbali ist deshalb eine gute Basis für weitere Erkundungen; die Vorbereitungen sind hier leicht zu treffen. Dies ist der am wenigsten bergige Teil der Insel, es gibt viele Gärten und Reisfelder. Die Bukit-Halbinsel im Süden bietet einen raueren Kontrast. Vor der Küste im Osten liegen die Inseln Nusa Lembongan und Nusa Penida, die man von Benoa Harbour aus ansteuert.

Sehenswürdigkeiten auf einen Blick

Benoa Harbour 7
Canggu 2
Denpasar S. 60–63 1
Jimbaran 11
Kuta und Legian S. 66–69 4
Nusa Dua 10
Nusa Lembongan 13
Nusa Penida 14
Pulau Serangan 8
Pura Luhur Uluwatu S. 76f 12
Sanur S. 64f 3
Seminyak 5
Tanjung Benoa 9
Tuban 6

Kuta Beach, beliebt zum Sonnenbaden, Surfen und für anderen Wassersport

In Südbali unterwegs

Alle Flüge nach Bali landen auf dem Ngurah Rai International Airport südlich von Tuban. Balis erste zweispurige Autobahn, Jalan Bypass Ngurah Rai, führt von Nusa Dua nach Kuta (über den Flughafen) bis nach Tohpati (über Sanur), dann an der Küste bis nach Kusamba. Öffentliche Verkehrsmittel sind *bemo*, Taxis und Touristen-Shuttlebusse. Busse fahren von Denpasar zu anderen Teilen der Insel und zu den Fähranlegestellen bei Gilimanuk und Padang Bai. Diese werden eher von Einheimischen benutzt.

Steinstatue in Puri Pemecutan, einem Palast in Denpasar

LEGENDE

- Autobahn
- Hauptstraße
- Nebenstraße
- Provinzgrenze

SIEHE AUCH

- ***Übernachten*** S. 170–174
- ***Restaurants*** S. 184–188

Einheimisches Handwerk zum Verkauf in Sanur

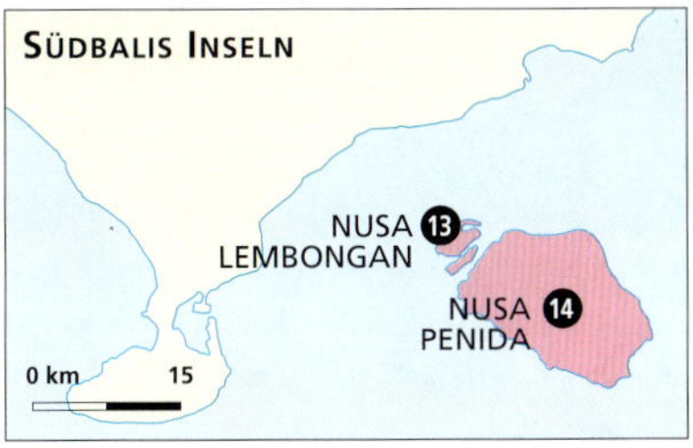

Denpasar ❶

Detail eines Reliefs

Denpasar ist Balis rührige Provinzhauptstadt. Manche älteren Gebäude stammen aus der Zeit vor der holländischen Invasion von 1906 *(siehe S. 49)*, und es gibt immer noch weiße Bauten mit roten Dächern aus den Kolonialzeiten. Auf den Straßen kann man immer wieder Statuen sehen, die an Helden des indonesischen Unabhängigkeitskampfes erinnern. Um die Hauptstraße, Jalan Gajah Mada, findet man Läden von chinesischen, arabischen und indischen Händlern.

Bronzestatuen in Taman Puputan erinnern an die *Puputan*-Helden von 1906

Pasar Badung

Jalan Gajah Mada. *tägl.*

Die Blumenstände des bunten, aufregenden Freiluftmarkts sollte man nicht auslassen, denn exotische und duftende Blüten für religiöse Opfergaben *(siehe S. 38f)* haben große Bedeutung auf Bali. Verkäufer aus ganz Bali machen hier gute Geschäfte.

Der Obst-, Gemüse- und Fischmarkt ist voller tropischer Spezialitäten. Schnäppchen können Sie bei Textilien, Körben und traditionellen Tanzkostümen machen.

Jalan Hasanudin

Hier gibt es Goldschmuck in Designs aus Bali, Indonesien und dem Westen.

Jalan Sulawesi

In dieser Straße wimmelt es nur so von Stoffen und Textilien. Man findet alles von billiger Batik bis importierter Seide und Brokat. Hier kaufen die Balinesen ihre Tempelkleidung und die feine Spitze für *kebaya* (eine traditionelle, eng sitzende Damenbluse).

Farbenfrohe Textilien auf der Jalan Sulawesi

Jalan Gajah Mada

An dieser geschäftigen Straße findet man interessante chinesische Apotheken mit Sortimenten von Kräutermedizin. Eine der größten ist Toko Saudara. Andere Läden verkaufen Elektrogeräte, Sportartikel, Handwerk, Batik und *Ikat*-Textilien. Viele Händler arabischer und indischer Herkunft haben hier ihre Läden.

Hotels und Restaurants in Südbali *siehe Seiten 170–174 und Seiten 184–188*

Taman Puputan

Jalan Udayana und Jalan Surapati.

Puputan bedeutet »ritueller Kampf bis zum Tod«, und auf diesem großen Platz mitten in der Stadt (einst stand hier Denpasars Palast) steht eine riesige Bronzestatue, die an den *puputan* des Jahres 1906 *(siehe S. 49)* erinnert. Heute ist der Platz friedlicher – er bildet eine grüne Oase inmitten des Lärms und der Hektik von Denpasar.

Statue des Ngurah Rai *(siehe S. 50)*

Bali Hotel

Jalan Veteran 3. *(0361) 225 681.*

Das 1928 erbaute Haus war einst das einzige Luxushotel in Bali. Charlie Chaplin und Noël Coward gehörten zu den berühmten Gästen. Im offenen Pavillon auf der gegenüberliegenden Seite des Jalan Veteran fanden Tanzaufführungen für Hotelgäste statt. Man sah hier viele große Darsteller, die den balinesischen Tanz weltberühmt machten.

Infobox

Straßenkarte C4. *von Kuta, Sanur und Nusa Dua.* *Jalan Surapati 7, (0361) 234 569.* *Bali Arts Festival: Taman Werdhi Budaya, Juni–Juli* (siehe S. 41).

Pura Maospahit

Jalan Sutomo, Grenceng.

für die Öffentlichkeit.

Der Tempel stammt aus der Zeit zwischen dem 13. und dem 15. Jahrhundert, als die Majapahit *(siehe S. 46)* über Bali herrschten. Bildhauer- und Ziegelarbeiten kamen in dieser Periode auf. Das verhaltene Dekor ist entzückend. Der Tempel ist für Besucher geschlossen, die Architektur sieht man aber von außen.

Pura Maospahit, einer der ältesten Tempel Balis

Zeichenerklärung *siehe hintere Umschlagklappe*

Zentrum von Denpasar

Bali Hotel ⑦
Bali Museum ⑨
Catur Muka ⑥
Jalan Gajah Mada ④
Jalan Hasanudin ②
Jalan Sulawesi ③
Pasar Badung ①
Pasar Burung ⑩
Pura Jagatnatha ⑧
Pura Maospahit ⑪
Taman Puputan ⑤
Taman Werdhi Budaya ⑫

Catur Muka

Nordwestliche Ecke von Taman Puputan.

Auf der Verkehrsinsel neben Taman Puputan steht eine 20 Meter hohe Statue des vierköpfigen Hindugottes Vishnu aus den 1970er Jahren. Der Name bedeutet »vier Gesichter«.

Pura Jagatnatha

Taman Puputan, Jalan Letkol Wisnu.

tägl. *Spende.*

Der Tempel wurde in den 1970er Jahren zur Anbetung von Sang Hyang Widhi Wasa, dem höchsten Gott, gebaut. Er ist bei Voll- und Neumond sowie an Kajeng Kliwon, das alle 15 Tage stattfindet, stark frequentiert. Im Tempel steht ein sehr hoher *Padmasana*-Schrein *(siehe S. 26)*.

Bali Museum

Jalan Letkol Wisnu. *Siehe S. 62 f.*

Pasar Burung

An der Jalan Veteran. *tägl.*

Dieser lebhafte Markt bietet viele Vogelarten und andere Tiere. Die Balinesen lieben Singvögel, und solche mit ausgefallenen Stimmen bringen viel Geld. Man handelt hier auch mit tropischen Fischen, Hunden, Kampfzikaden und Kampfhähnen.

Taman Werdhi Budaya

Jalan Nusa Indah. *(0361) 227 176.* FAX *(0361) 247 722.* *tägl.* *Feiertage.*

Auch als Bali Arts Centre bekannter attraktiver Komplex mit ausgedehnten Gärten, einem Kunstmuseum, mehreren Theatern und einem Amphitheater. Es gibt häufige Tanz- und Konzertvorstellungen, aber kein festes Programm. Das Zentrum ist ein guter Ort, um der Hitze des Tages zu entkommen.

Die Dauerausstellung mit Skulpturen und Gemälden illustriert die Kunstwelt der 1970er und 1980er Jahre. Modernere Werke werden in Wechselausstellungen präsentiert. Informationen kann man der *Bali Post* und Touristenmagazinen entnehmen.

Denpasar: Bali Museum

Rituelle Axt des Bronzezeitalters

Das Bali Museum, das 1931 vom Architekten P. J. Moojen fertiggestellt und eröffnet wurde, präsentiert eine der besten Sammlungen balinesischer Kunst. Der Reiz liegt nicht nur in den Exponaten, sondern auch im Gebäude und in der Lage. Die Außenmauern, Tore und Höfe sind nach Manier eines alten Denpasar-Königspalasts ausgeführt, während die *gedung* (Pavillons) über Tabanan, Karangasem und Buleleng jeweils im Stil der Region gebaut sind.

Zeremonientor
Feine Ziegelarbeit ohne Mörtel ist kombiniert mit Vulkansteinreliefs.

Geschnitzte Palasttüren
Diese vergoldeten Türen sind aus dem 19. Jahrhundert.

★ Steinskulpturen
Die Veranda wird gesäumt von Steinstatuen des 16. bis 19. Jahrhunderts. Dies ist ein Abbild der Mutterschaft.

Masken
Ritualmasken wie diese aus Südbali (19. Jh.) werden mit Puppen und Musikinstrumenten gezeigt.

Bronzekanonen
Im 17. Jahrhundert fertigte man diese Kanone für einen Denpasar-Prinzen.

Der Aussichtsturm ist an der Basis mit Steinmotiven verziert.

★ Grabungsfunde
Die Sammlung reicht von der Bronzezeit bis ins 19. Jahrhundert. Diese prasasti *(beschriebene Bronzeplatten) loben Prinzen des 10. Jahrhunderts.*

INFOBOX

Jalan Letkol Wisnu, auf der Ostseite von Taman Puputan.
und FAX *(0361) 222 680.*
Mo–Do 8–15, Fr 8–12.30 Uhr. *Feiertage.*

Der Torbogen ist reich mit Steinreliefs dekoriert.

Haupteingang

Der *kulkul* ist ein Turm mit mehreren Etagen und einer Alarmtrommel aus einem geschlitzten Stamm.

Eingang des Timur-Pavillons
Vor dem Pavillon befindet sich ein Zierhof mit einem dekorativen Wasserbecken.

★ Textilien
Die Sammlung enthält Stücke aus den Aga-Dörfern (siehe S. 110f), *wie diesen Goldbrokat aus Nordbali, und Exemplare von* Geringsing *aus Tenganan.*

KURZFÜHRER

Die Sammlungen sind in vier Pavillons untergebracht: Tabanan ist bekannt für seine Masken und Musikinstrumente, Karangasem zeigt Skulpturen, Holzschnitzereien und Gemälde, Buleleng hat eine Textiliensammlung, Timur prähistorische Fundstücke und oben antike Holzschnitzereien.

LEGENDE

- Tabanan-Pavillon
- Karangasem-Pavillon
- Buleleng-Pavillon
- Timur-Pavillon
- Bibliothek

NICHT VERSÄUMEN

- ★ Steinskulpturen
- ★ Grabungsfunde
- ★ Textilien

Canggu ❷

Straßenkarte C4. *Denpasar (0361) 756 176.*

Da es keine Restaurants und Nachtclub gibt, ist Canggu im Gegensatz zu Kuta *(siehe S. 66–69)* sehr ruhig. Dies ist der Ort für Spaziergänge am windigen, leeren Strand vor einer Landschaft mit Kokospalmen und Reisfeldern. Man kann den ganzen Weg von Canggu nach Seminyak am Strand gehen.

Das Gebiet wurde Anfang der 1970er Jahre von Surfern entdeckt und ist nach wie vor ein beliebter Ort für diesen Sport. Zum Schwimmen sind die Wellen zu hoch.

Wenn Sie an traditionellen Elementen in der Architektur interessiert sind, werden Ihnen die Ferienhäuser gefallen, die balinesischen mit modernem Stil verbinden.

Ein Reisbauer in Canggu, im Hintergrund Ferienhäuser

Es gibt mehrere »Boutique-Hotels« *(siehe S. 166)*, z. B. das Tugu Bali *(siehe S. 170)*, ein selbst kreiertes, mit Antiquitäten möbliertes »Museumshotel«. So gibt es von Dayak-Kopfjägern aus Borneo gefertigte Drachentüren und koloniale Art-déco-Möbel. Die Villen haben Künstler, die auf Bali lebten, zum Thema, wie Walter Spies und Adrien Le Mayeur. Das Hotel ist einen Besuch wert, um im China-Restaurant in einem chinesischen Holztempel (18. Jh.) aus Nordbali zu speisen.

Sanur ❸

Skulptur des Hindugottes Ganesha, Pura Segara

Sanur, Balis ältester Urlaubsort, hat einen stillen Charme. In seinem Herzen liegt eine alte balinesische Gemeinde. Die einfache Anlage von Sanurs Straßen und seine friedliche Atmosphäre sprechen Familien und jene an, die entspannende Ferien mit den Bequemlichkeiten eines Badeortes suchen, aber ohne die Aufdringlichkeit der Straßenhändler und des Verkehrs Kutas. Die Läden sind hübsch und verkaufen Waren aus Bali und dem restlichen Indonesien. Viele der schlichten Cafés und Pubs haben Besucher einer bestimmten Nationalität oder Liebhaber einer bestimmten Sportart als Zielpublikum.

Überblick: Sanur

Jalan Danau Tamblingan, Sanurs Hauptstraße, ist gesäumt von Restaurants und Läden, die einheimische Mode und Handwerk verkaufen. Sie führt vom alten Dorf Sanur etwa fünf Kilometer parallel zum Strand zu den früher separaten Dörfern Blanjong und Mertasari. Auf halbem Weg ist Bale Banjar Batu Jimbar, ein Gemeindezentrum, in dem Musiker üben und Frauen Opfergaben aus Blumen und Palmblättern bereiten. In Pasar Sindhu kann man schon frühmorgens günstig Sarongs und andere Produkte kaufen.

Pura Desa

Jalan Hang Tuah. *tägl.*

Der schöne Dorftempel wurde wohl im frühen 19. Jahrhundert gebaut, die Ziegel sind seitdem restauriert worden. Er liegt in Sanurs ältestem Teil, der berühmt ist für die spirituelle Kraft seiner Priester.

Museum Le Mayeur

Jalan Hang Tuah, via Grand Bali Beach Hotel. *(0361) 286 201.* *tägl.*

In den 1930er Jahren baute der beligische Maler Adrien Jean Le Mayeur, einer der ersten in Sanur ansässigen Europäer, das Haus. Nach seinem Tod 1958 wurde es zum Museum. Einige der inzwischen etwas verwitterten Gebäude sind aus Holz, mit interessantem geschnitztem Dekor. Im Hofgarten befinden sich Werke Le Mayeurs. Seine Frau, die berühmte balinesische Tänzerin Ni Polok, ist auf einigen Gemälden zu sehen.

Jalan Danau Tamblingan, gesäumt von Läden und Lokalen

Grand Bali Beach Hotel

Jalan Hang Tuah. *(0361) 288 511.*
www.grand-balibeach.com

Balis einziges Hochhaus-Hotel wurde nach einem Feuer 1992 renoviert und ist mit Statuen in balinesischem Stil geschmückt. Nach der Errichtung 1964 erließen die religiösen Behörden eine Verordnung, die Bauten untersagte, die höher als die Kokospalmen sind, denen spirituelle Kraft zugesprochen wird.

Blick vom Grand Bali Beach Hotel

An Land gezogene Fischerboote am Sanur Beach

Sanur Beach

Der Strand erstreckt sich über die volle Länge der Stadt. Über weite Flächen gibt es einen gepflasterten Weg, von dem einige Teile durch Stürme oder Fluten zerstört wurden. Vor der Küste krachen riesige Brecher auf ein Riff. Das ruhige Wasser zwischen Riff und Strand eignet sich außer bei Ebbe zum Schwimmen. Hinter dem Riff ist die Strömung sehr stark. Sanur bietet Möglichkeiten zum Tauchen, zur Hochseefischerei und zum abendlichen Segeltörn auf einer *jukung*, einem traditionellen Ausleger. Vom Strand aus kann man das Meeresleben erkunden: z. B. Seegras, -sterne, -gurken, *Fungia*-Korallen und Seeigel.

Pura Segara

Jalan Segara Ayu, oder von Sanur Beach. *tägl.* *Spende.*

Einer der besten Korallen-Strandtempel, der zwar auf dem Anwesen des Segara Village Hotel steht, aber für jedermann offen ist. Die Pyramidenform der Opferhäuser gibt es so nur in Sanur und deutet auf einen Ursprung in prähistorischen Zeiten hin.

Infobox

Straßenkarte C5. *Denpasar (0361) 756 176.* *nach Nusa Penida und Nusa Lembongan.* *traditioneller Tanz in einigen Restaurants.*

The Bali Hyatt Hotel

Jalan Danau Tamblingan.
(0361) 281 234.
www.bali-resort.hyatt.com

Wenn Sie hier nicht übernachten, sollten Sie das Bali Hyatt *(siehe S. 173)* zum Essen oder wegen des Gartens besuchen. Der australische Landschaftsarchitekt Made Wijaya entwickelte einen balinesischen Gartenstil, der Designer weltweit beeinflusste.

Pura Belanjong

Jalan Danau Poso. *tägl.* *Spende.*

In dem schlichten Tempel steht eine antike Steinsäule, Prasasti Blanjong, auf der der älteste in Bali gefundene Erlass (914 n. Chr.) gemeißelt ist. Die Inschrift in einer Art Sanskrit (nicht alles ist zu entziffern) ist ein Hinweis darauf, dass Sanur vor 1000 Jahren lebhafter Handelshafen war.

Kuta und Legian ❹

Der Strand in Kuta ist lang und sandig. Die Ein-Dollar-pro-Nacht-Unterkünfte, die in den 1970er Jahren junge Rucksackreisende und Surfer anzogen, sind einem weltberühmten Urlaubsort *(siehe S. 68f)* gewichen. Neben Strand und Wassersport sind die Hauptattraktionen Shopping und das Nachtleben. Die Bebauung breitete sich über den früheren Kuta Beach einschließlich Legian aus und hat nun Tuban im Süden und Seminyak im Norden erreicht.

Überblick: Kuta und Legian
Als Balis größtes Ferienzentrum eignet sich Kuta gut zum Entspannen und zum Organisieren von Ausflügen zu anderen Teilen Balis. Abseits des Strandes ist Shopping vielleicht die reizvollste Aktivität; es gibt keine großen kulturellen oder historischen Sehenswürdigkeiten in Kuta und Legian. **Made's Warung I** *(siehe S. 185)* ist zwanglos, kühl und eines von Kutas berühmtesten Restaurants. Legian und Seminyak sind heute so modern wie Kuta, in den Labyrinthen aus Nebenstraßen findet man zahlreiche günstige Unterkünfte.

Der Kuta Beach ist ideal für Surf-Profis wie -Anfänger

Einheimische und Urlauber entspannen sich abends am Kuta Beach

Kuta Beach

Der etwa drei Kilometer lange Strand ist flach und sandig – mit einigen ansehnlichen Hotels. Straßenhändler verkaufen ihre Waren, und Erfrischungen sind den ganzen Tag zu haben. Man kann Surfbretter mieten – dies ist ein guter Platz für Anfänger, doch sollte man auf die Strömung achten. Beim Schwimmen sollte man immer zwischen den Sicherheitsflaggen bleiben. Kuta Beach wird nörd-

lich von Jalan Melasti zu Legian Beach mit den berühmten Nachtbars **Kama Sutra**, Gado Gado und Club Double Six.

Poppies Lane I / II
Die zwei schmalen Gassen sind mit Läden, Ständen, Hotels und Bars gesäumt. Eines der ersten Hotels war Poppies, von dem die Gassen ihren Namen haben. Die Gassen bilden eine Zuflucht vor dem Verkehr und dem Lärm der Hauptstraßen.

Jalan Legian
Die kommerzielle Schlagader Kutas verläuft parallel zum Strand. Am Südende ist **Bemo Corner**, eine verkehrsreiche Kreuzung. Die Jalan Legian ist von Banken, Reisebüros und Autovermietern gesäumt. Bars und Nachtclubs vermehren sich – einige, wie **The Bounty** und **The Bounty II**, sind Wahrzeichen für sich selbst. Ebenfalls an der Jalan Legian steht das Ground Zero Monument, ein Denkmal für die Opfer der Bombenanschläge vom Oktober 2002.

Bhima-Denkmal am Jalan Bypass

Umgebung: Am Jalan Bypass Ngurah Rai, beim Simpang-Siur-Kreisverkehr, steht eine Statue von Bima, Held des hinduistischen *Mahabharata*-Epos.

Shop an Jalan Legian mit Kunstgewerbe – nicht nur aus Bali

Pool-Volleyball im Waterbom Park & Spa, Tuban

Seminyak ❺

Straßenkarte C5. *von Kuta.*
Kuta, (0361) 756 176.

Seminyak erstreckt sich nördlich von Kuta und Legian. Je weiter nördlich man kommt, desto geruhsamer wird die Atmosphäre, obwohl Seminyak nun ein wichtiges Ferienzentrum ist. Modeboutiquen verkaufen hier günstige Kleidung aus der Region.

Das luxuriöse **Oberoi Hotel** *(siehe S. 173)* hat sehr schöne Gärten, von denen man den Strand überblickt. Weiter nördlich ist die Bebauung am Palmenstrand weniger »aggressiv« – was sich wohl ändern wird.

Bunter Schal aus Seminyak

Umgebung: Einen kurzen Strandspaziergang nördlich von Seminyak liegt der acht Meter hohe Tempel **Pura Peti Tenget** (»Magische Kiste«), gegründet von einem Priester aus dem 16. Jahrhundert, Dang Hyang Nirartha *(siehe S. 46f)*. Er gilt als einer der mystischsten Tempel Balis.

Zwischen Seminyak und Kerobokan, fünf Kilometer nördlich, stehen Möbelfabriken *(siehe S. 194)*. Kunstgalerien säumen die Hauptstraße.

Pura Peti Tengat
Jalan Kayu Aya. *tägl.* *Spende.*

Tuban ❻

Straßenkarte C5. *von Kuta.*
Kuta, (0361) 756 176.

Es ist schwer zu sagen, wo Kuta endet und Tuban beginnt. Doch die Straßen von Tuban sind etwas breiter angelegt. Die Folge ist eine größere Ordnung als in Kuta. Am Strand stehen mehrere große Luxushotels mit weitläufigen Gärten. Shopping in Tuban hat ein internationales Flair. Manche empfinden dies als eine willkommene Abwechslung zum sonst in Bali üblichen Gewühl. Am Nordrand von Tuban ist eine Matahari-Kaufhausfiliale, in der es praktische Dinge, Shirts und Kunstgewerbe zu kaufen gibt. In der Nähe kann man ein *dokar* besteigen, einen farbenfrohen, von kleinen, robusten Pferden von der Insel Sumba gezogenen Karren.

Eine sehr beliebte Attraktion für Besucher ist **Waterbom Park & Spa** *(siehe S. 201)* mit mehreren Wasserrutschen und Schwimmbecken. Man kann dort auch gut entspannen und essen.

Von Tuban aus fahren Surfer zur Brandung von Kuta Riff vor Jimbaran *(siehe S. 74)*. Fischer mit motorisierten Auslegerbooten können für die Fahrt angeheuert werden.

Im Detail: Kuta

Drachen-verkauf am Strand

Kuta ist der am dichtesten bebaute Ferienort auf Bali. Vor 30 Jahren gab es hinter dem Strand nur Kokosnusshaine und Bananenplantagen. Ein paar Schritte vom Strand weg findet man heute Bars, Restaurants, Hotels, Nachtclubs und Kaufhäuser. Dicht gedrängt in den engen Gassen sind Läden und Stände, die viele Arten von Waren verkaufen, wahrscheinlich um Reisende aus der ganzen Welt anzusprechen, sowie die *losmen,* die preiswerte Unterkünfte anbieten *(siehe S. 166).* Kommerzialisiert mag Kuta sein, aber es ist ein pulsierender, lebhafter Ort und bietet für jeden Geldbeutel etwas.

Schilder an der Jalan Legian *(siehe S. 67)* werben für Pubs und Cafés

★ Poppies Lane II

Entlang dieser engen Gasse sind Läden, Stände, Restaurants und Unterkünfte zu vernünftigen Preisen.

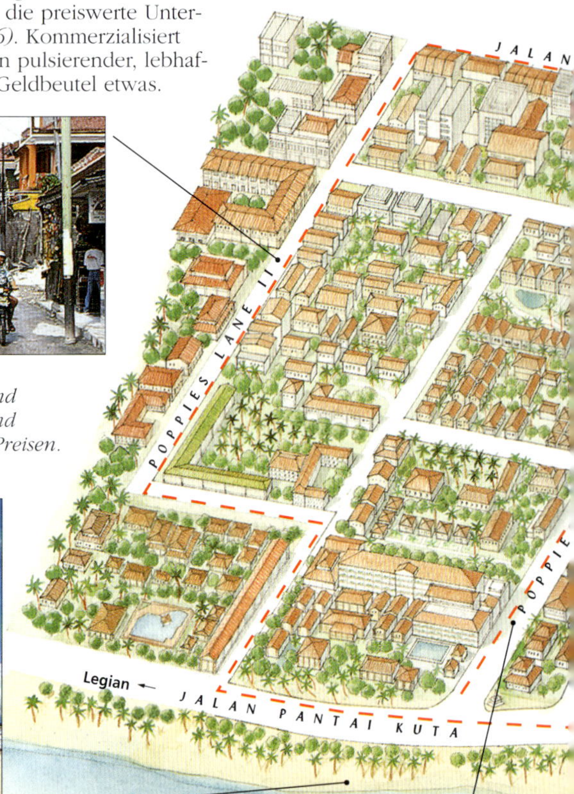

★ Kuta Beach

Der Sandstrand, der sich nördlich nach Seminyak und weiter erstreckt, ist ein Platz zum Surfen, Schwimmen und Sonnenbaden.

Nicht versäumen

- ★ Poppies Lane I / II
- ★ Kuta Beach
- ★ Kuta Square

★ Poppies Lane I

Dies ist eine gute Gegend für preisbewusste Urlauber, mit günstigen Unterkünften und zwanglosen Restaurants.

Infobox

Straßenkarte C5.
Jalan Raya Kuta, (0361) 756 176, dipardabadung@go.id **www**.badung.go.id; *Jalan Pantai Kuta 2, (0361) 756 176.*

Bemo Corner
Lebhafte Einkaufsstraßen gehen von dieser Kreuzung, Kutas zentraler Nabe, aus.

★ Kuta Square
Großer Einkaufskomplex mit Hunderten kleinerer Händler, dem großen Matahari-Kaufhaus und der Kuta Galleria (siehe S. 192).

Made's Warung I
(siehe S. 185) ist eines von Kutas ersten und bekanntesten Restaurants.

Legende

Routenempfehlung

Kuta Art Market
Hier kann man Körbe und andere Handwerkswaren aus Bali und den nahen Inseln des Indonesischen Archipels kaufen.

Hard Rock Café und Hotel
Das einzige Hard Rock Hotel in Asien hat den größten Swimmingpool in Bali.

Kreuzfahrtschiffe in Benoa Harbour

Benoa Harbour ❼

Straßenkarte C5. *von Denpasar (Shuttlebus-Service nach Benoa von den Hotels). nach Lembar auf Lombok.*

Benoa Harbour zieht Bootliebhaber an. Unter den kommerziellen und privaten Schiffen findet man oft traditionelle Exemplare des Indonesischen Archipels, z. B. *pinisi*, breite Frachtsegler aus Südsulawesi und leuchtend farbige Fischerboote der Insel Madura nördöstlich von Java. Charterboote und Touren werden angeboten. Tagesreisen nach Nusa Lembongan *(siehe S. 74)* sind zu empfehlen. Eine Yacht oder ein Bugis-Schiff können für einen Tagestrip gemietet werden; längere Ausflüge gehen bis Komodo, manche Gesellschaften bieten Touren zu den Kleinen Sunda-Inseln.

In der Nähe, Jalan Bypass Ngurah Rai, kümmert sich das Mangrove Information Centre (0361 728 966) um den Erhalt der 15 Küstenmangroven-Arten in seinem Wald.

Pulau Serangan ❽

Straßenkarte C5.

Die Insel Serangan ist von der Südkurve des Sanur-Strands durch ein Mangrovengebiet, bekannt als Suwungwas, getrennt. Manchmal wird der Name »Turtle Island« benutzt, wegen der Schildkröten, die hier einst ihre Eier ablegten. Die Insel wurde bei der Nutzbarmachung für ein Hotelprojekt vergrößert. Eine Brücke verbindet sie nun mit Bali. Die Bewohner unterhalten einen inoffiziellen Wachtposten und erheben eine kleine Gebühr für den Zugang zur Insel. Neben der balinesischen gibt es hier eine alte Bugis-Gemeinde *(siehe S. 135)*; ihre Vorfahren kamen aus Südsulawesi, vermutlich um 1600.

Hier steht auch einer der sechs heiligsten Tempel Balis, **Pura Sakenan**, von dem manche glauben, er sei von dem Reformpriester Dang Hyang Nirartha *(siehe S. 46f)* im 16. Jahrhundert gegründet worden. Andere schreiben ihn dem javanischen Buddhisten-Priester Mpu Kuturan (11. Jh.) zu. Im Innenhof erinnert eine Stufenpyramide aus weißen Korallen an die Tempel in Polynesien. Während Manis Kuningan *(siehe S. 43)* wird am Jahrestag des Tempels ein lebhaftes Fest gefeiert.

Die Insel ist ein guter Platz, um abends die nach Benoa Harbour zurückkehrenden Schiffe zu beobachten. Man hat Ausblick auf die Inseln im Osten und großartige Sonnenuntergänge.

Pura Sakenan
Pulau Serangan. *tägl.*
Spende. *Manis Kuningan.*

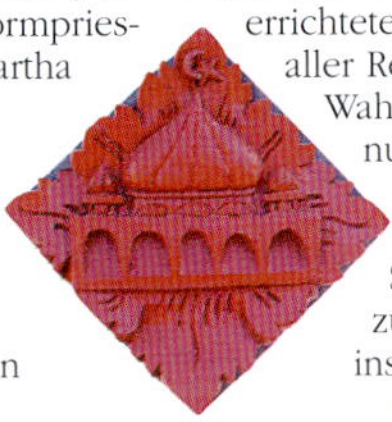

Wandmotiv in einer Moschee in Tanjung Benoa

Tanjung Benoa ❾

Straßenkarte C5. *von Nusa Dua.* *Badung, (0361) 756 176.*

Tanjung (»Kap«) Benoa ist eine lange, dünne, sandige Landzunge mit einem kleinen Fischerdorf. Das Kap ist durch eine schmale Wasserfläche von Benoa Harbour getrennt. Das Dorf war einst ein Handelshafen, und einige Chinesen und Bugis sowie Balinesen leben noch hier. Es gibt ein paar balinesische Tempel aus gemeißeltem Kalkstein und eine Moschee. In einem antiken chinesischen Tempel, den Seeleute und Händler errichteten, suchen Fischer aller Religionen den Wahrsager in der Hoffnung auf einen guten Fang auf. Eine moderne Straße führt nun zur Spitze der Halbinsel Nusa Dua. Hotels, Bäder und Seafood-Restaurants entstanden entlang der Straße. Ein eigenartiges Wahrzeichen ist die steinerne Ananas, die den Eingang zum Novotel markiert.

Trotz des Ausbaus zieht Tanjung Benoa immer noch diejenigen an, die einen Strand abseits der ausgetretenen Pfade suchen. Es wird Wassersport angeboten wie Bananenbootfahrten, Wasserski, Fischen und Parasailing. Sie können sich zum Schnorcheln in korallen- und fischreichen Gewässern mit Booten hinausfahren lassen.

Ein antiker chinesischer Tempel auf Tanjung Benoa

◁ **Der *Kecak*-Tanz, bei dem ein Männerchor zur Begleitung der aufgeführten *Ramayana*-Geschichte singt**

Der weltbekannte Bali Golf and Country Club, im Hintergrund der Urlaubsort Nusa Dua und das Meer

Nusa Dua ⑩

Straßenkarte C5.
Denpasar (0361) 223 602.

Das Gebiet Nusa Dua (»zwei Inseln«) ist nach den zwei Halbinseln an seiner Küste benannt. Es besteht hauptsächlich aus Luxusherbergen, die von großen Hotelketten geführt werden.

Das geteilte Tor am Eingangsgarten des Nusa Dua Beach Hotel

Die Sandstrände sind sauber. Der mit Statuen gesäumte Eingangsweg des Nusa Dua Beach Hotel führt durch ein großes *candi bentar* (geteiltes Tor), mit geschnitzten Fröschen als Wachfigurent.

Innen herrscht eine vornehme und aufgeräumte Atmosphäre. Der Stil der grandiosen Eingänge wird als »Bali-Barock« oder »erweitert traditionell« bezeichnet – für Architektur-Enthusiasten sehr interessant. Junge Besucher werden die Fischteiche mit leuchtend farbigen *koi* (eine Karpfenzucht aus Japan) des Hilton Hotel mögen.

Der Bali Golf and Country Club *(siehe S. 204)* hat einen Wettkampfplatz mit drei Geländearten (Hochland, Kokoshain und Küste). Andere Einrichtungen in Nusa Dua sind das Bali International Convention Centre und der Galerienkomplex. Letzterer hat Läden, Restaurants, Kunstgalerien, einen Supermarkt und ein Theater für Tanz- und andere Aufführungen.

Umgebung: Bualu ist ein geschäftiges Dorf vor den Toren des Nusa-Dua-Komplexes. Mehrere Straßen sind gesäumt mit Restaurants, die frischen Fisch anbieten, und Läden, die Kunstgewerbe verkaufen.

Zwischen dem Sheraton und dem Grand Hyatt Hotel reicht eine grün bewachsene Landzunge mit balinesischen Schreinen ins Meer. Hier hat man eine schöne Sicht.

Kamelsafaris durch die rauen, trockenen Hügel werden vom Nikko Hotel angeboten. Ein Strand neben dem Nikko ist bei Surfern beliebt.

Schöne Strände gibt es an der Nordküste. Meist muss man laufen oder klettern, um sie zu erreichen; viele eignen sich zum Surfen, können aber mit ihren hohen Wellen und starken Strömungen für Anfänger gefährlich sein.

Westlich von Nusa Dua, an der Straße nach Uluwatu, befindet sich das Kulturzentrum **GWK** (Garuda Wisnu Kencana oder »Golden Garuda Vishnu«) mit Ausstellungen und Theater. Eine Statue des mythologischen Vogels Garuda und des Hindugotts Vishnu ist das Wahrzeichen des Kulturzentrums. Die Statue ist höher als New Yorks Freiheitsstatue.

GWK
Jalan Raya Uluwatu, Bukit Ungasan, Jimbaran. *(0361) 703 603.*
tägl.
www.gwk-bali.com

Das Boutique-Hotel Amanusa überblickt den Golfplatz von Nusa Dua

Frisch zubereitete Meeresfrüchte am Strand von Jimbaran sind köstlich

Jimbaran ⓫

Straßenkarte C5. *Kuta, (0361) 756 176.*
www.badung.go.id

Jimbaran ist ein großes Dorf aus vielen Familienhäusern, die nach traditionellem Muster ausgelegt sind *(siehe S. 28f)*. Es gibt keine interessanten Einzelgebäude zu besuchen, aber Jimbaran ist ein guter Platz, um den Alltag der Einheimischen zu erleben. Einige der luxuriösesten Hotels von Bali wurden nebenan gebaut. Das berühmteste ist das Four Seasons Resort *(siehe S. 170)*.

Es gibt einen schönen Strand, von dem man spektakuläre Sonnenuntergänge beobachten kann. An einem klaren Tag kann man die Silhouetten von allen Vulkanen und Hügeln Balis sehen, z.B. der drei Gipfel des Gunung Batukau im Westen *(siehe S. 133)*, des Gunung Batur *(siehe S. 120f)*, des Gunung Agung *(siehe S. 114)*, des Gunung Abang *(siehe S. 121)* und des Gunung Seraya im Osten. Am Strand kann man Segelboote mieten und anderen Wasseraktivitäten nachgehen.

Am Strand reiht sich ein strohgedeckter Imbiss an den anderen, in denen man Fisch und Schalentiere wählen kann, die über Kokosnussschalen gegrillt und an den Tisch gebracht werden.

Es gibt ein großes Fischerdorf aus einfachen Hütten am Ufer. Viele der Fischer sind nicht balinesischer Herkunft, sondern Einwanderer von den Inseln Java und Madura. Die bunten Boote liegen den ganzen Tag in der Dünung vor Anker. Wenn die Sonne untergeht, fahren die Fischer mit brennenden Lampen in der Dämmerung auf das offene Meer hinaus – ein unvergesslicher Anblick.

Surfer am Kuta Reef vor der Westküste Südbalis

Umgebung: Kuta Reef ist ein berühmter Platz zum Surfen. Wo sich die Wellen am Riff vor Tuban brechen, lässt es sich im Meer um den Ngurah Rai International Airport gut surfen. Man erreicht die Stelle durch Paddeln, oder man chartert ein Auslegerboot in Tuban *(siehe S. 67)* oder Jimbaran.

Die **Bukit-Halbinsel** ist der südlichste Punkt Balis und bildet den größten Teil des Gebiets südlich von Jimbaran. Die Küste dort besteht fast nur aus Kalksteinklippen. Bukit ist ein trockener entlegener Ort – ideal, wenn Sie die Einsamkeit suchen.

Pura Luhur Uluwatu ⓬

Siehe S. 76f.

Nusa Lembongan ⓭

Straßenkarte E4. *von Sanur, Kusamba und Padang Bai. Klungkung, Jalan Untung Surapati 3, (0366) 21 448.*

Die kleine Insel bietet unverfälschte Strände für Sonnenanbeter und Korallenriffe für Schnorchler und Taucher. Vogelbeobachter finden verschiedene Arten vor.

Tagesreisen zu den Inseln sind seit Anfang der 1990er Jahre möglich. Jet-Katamarane fahren nun die Strecke, z.B. der *Bali Hai (siehe S. 207)*; deshalb ist die Insel heute stärker besucht. Trips zur Insel werden ebenso von örtlichen Bootseignern angeboten. Unter den Booten sind auch *pinisi*, eine Art indonesisches Segelschiff, ursprünglich von der Insel Sulawesi im Nordosten. Bootsbetreiber vermieten auch Wassersport-, Tauch- und Schnorchelgeräte.

Auf der Insel befindet sich ein ausgedehntes unterirdisches Haus, das **Höhlenhaus**. Es wurde einst von einem balinesischen Priester gegraben, nachdem er in Träumen angewiesen wurde, im Bauch von Mutter Erde zu leben. Heute ist die Höhle eine beliebte Kuriosität.

Wer unberührte Inseln ohne Autos mag, für den ist Nusa Lembongan ein guter Ort, um eine Nacht oder zwei zu bleiben. Es gibt einige gute Unterkünfte für preisbewusste Reisende. Sind die Tagesausflügler weg, regiert die Stille.

Ideale Bedingungen zum Schnorcheln vor Nusa Lembongan

Legende

- Fähre
- Surfen
- Tauchen oder Schnorcheln

Der Küstentempel Pura Batu Kuning auf Nusa Penida

Nusa Penida ⓮

Straßenkarte E5 und F5. *von Sanur, Kusamba und Padang Bai.*

Klungkung, (0366) 21 448.

Die ruhige, fast unbebaute Insel, einst die Strafkolonie des Raja von Klungkung, spricht eher robuste Abenteurer an. Hier sind balinesische Sprache und Kunst noch ursprünglicher als auf der Hauptinsel. Nusa Penida ist die legendäre Heimat von Ratu Gede Mecaling, dem balinesischen »König der magischen Kräfte«, und wird von manchen Balinesen ein wenig gefürchtet.

Die Landschaft ist im Allgemeinen trocken, ähnlich der Kalksteinhügel der Bukit-Halbinsel. Zur Südküste hin, mit ihren hohen weißen Klippen, gibt es ein paar üppigere Hügel. Etwas Baumwolle wird auf der Insel angebaut. Aus ihr wird *cepuk*, eine Form von *ikat*, gewebt *(siehe S. 37)*, dem man nachsagt, magische, schützende Kräfte zu haben. Außerdem gibt es hier Seetang-Farmen.

Auf der Insel stehen mehrere interessante Tempel. Einer ist der **Pura Ped** im Dorf Toyapakeh. Er steht auf einer Insel in einem großen Lotusteich. Unter den Schnitzereien des **Pura Batu Kuning** bei Semaya befinden sich deutlich erotische Reliefs. Der *pura desa* oder Dorftempel des im Inneren der Insel liegenden Dorfes **Batumadeg** hat auch einige interessante dekorative Reliefs. Sie zeigen Meerestiere wie Krabben und eine Art Schellfisch. Das Haupttor des Tempels ist besonders eindrucksvoll.

Steinskulptur am Pura Ped

Etwas südlich von Suana befindet sich die heilige Kalksteinhöhle **Goa Karangsari**.

Auf Nusa Penida gibt es nur wenige Einrichtungen für Besucher. Sie sollten Ihren Grundbedarf selbst mitbringen. Die Straßen sind nicht gut, am besten kommt man zu Fuß oder mit dem Motorrad voran. Man kann auch einen Wagen mit Fahrer mieten oder ein *bemo* nehmen.

Das Wasser vor der Küste Nusa Penidas ist kristallklar, obwohl die Strömung oft stark ist. Hier können erfahrene Taucher viele große und seltene Arten von Meerestieren entdecken. Es gibt sehr schöne Korallenformationen, besonders an der Südküste, die berühmt ist für die seltenen spektakulär großen Mondfische *(siehe S. 210f)*; Dezember und Januar stehen sie wie große Heißluftballons im Wasser. Auch Segelfische und Walhaie kann man gelegentlich sehen. Vor der nördlichen Hälfte der Insel ist das Wasser ebenfalls klar, aber flacher und ruhiger, besonders in der Meerenge zwischen Nusa Penida und Nusa Lembongan. Die meisten Leute, die hier vor den Inseln tauchen, treffen ihre Vorbereitungen bei Betreibern in Sanur.

Wenn Sie Nusa Lembongan erkunden wollen, nehmen Sie die Fähre von Toyapakeh aus.

Tauchen vor der Küste von Nusa Penida

Pura Luhur Uluwatu ⓬

»Tempel-Affe«

Pura Luhur Uluwatu ist nicht nur einer von Balis heiligsten Tempeln, sondern auch eines der schönsten Beispiele klassischer balinesischer Architektur. Er wird in der Legende mit zwei sehr wichtigen Figuren der balinesischen Religionsgeschichte verknüpft: Mpu Kuturan, der ihn im 11. Jahrhundert erbaut haben soll, und dem Reformpriester Dang Hyang Nirartha (später als Betara Sakti Wawu Rauh verehrt, *siehe S. 46f*), der ihn 500 Jahre später wiedererbaute. Bis Anfang des 20. Jahrhunderts durften nur die Prinzen von Denpasar hier beten. Am schönsten ist es hier am Spätnachmittag, wenn der Wind von der See kommt, oder dann bei Sonnenuntergang.

★ Dreistöckiger Meru
Die Pagode ist Nirartha gewidmet, dem hier Erleuchtung widerfuhr.

Dieser Hof ist für Betende reserviert.

Blick auf den Tempel
Von mehreren Punkten kann man den Tempel in seiner ganzen Pracht sehen, samt der gegen die Felsen krachenden Wellen. Manchmal erspäht man Schildkröten oder Delfine im Meer.

Treppen
Die gestuften Wege an den Klippen liegen 200 Meter über dem Meer.

Nicht versäumen

- ★ Dreistöckiger Meru
- ★ Haupttor
- ★ Candi Bentar

★ Haupttor
Dieser ungewöhnlich gebogene Torweg hat die Form von Meru, dem kosmischen Berg des Hinduismus. Er wird überragt von drei Zinnen und einem Kala-*Kopf – einem langzähnigen Dämon mit hervorstehenden Augen, der böse Geister fern halten soll.*

Wächterstatuen
Diese Ganesha-Statuen, elefantenköpfige Wächter mit Gürtelschließen in Form von Zyklopenn sind Meisterwerke balinesischer Steinmetzarbeit.

INFOBOX

Ende von Jalan Uluwatu.
Straßenkarte B5.
tägl. 6–19 Uhr. *bei Festen.*
Kecak-*Tanz: tägl. 18 Uhr.*
Jahrestag des Tempels (nach balinesischem Kalender).

★ Candi Bentar
Am oberen Ende der Treppe, die zum Tempel führt, steht ein candi bentar *(geteiltes Tor), verziert mit ausgearbeiteten Schnitzereien.*

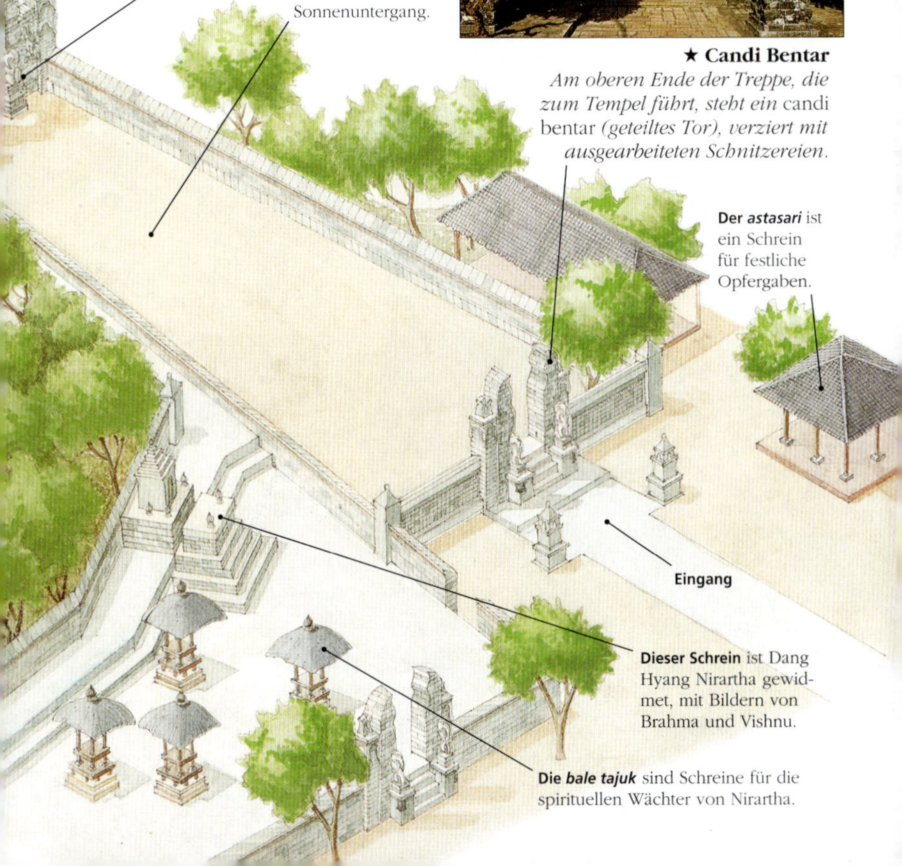

Der *jero tengah*, der zentrale Hof, bietet eine prima Sicht auf den Sonnenuntergang.

Der *astasari* ist ein Schrein für festliche Opfergaben.

Eingang

Dieser Schrein ist Dang Hyang Nirartha gewidmet, mit Bildern von Brahma und Vishnu.

Die *bale tajuk* sind Schreine für die spirituellen Wächter von Nirartha.

ZENTRALBALI

Balis weite südliche Hänge mit ihren Reisterrassen und Hunderten von Dörfern waren die Wiege der traditionellen balinesischen Gesellschaft. Dies ist das Gebiet des einstigen Königreichs von Gianyar, gebildet von vielen puri *(Adelshäusern), deren früherer Glanz weiterlebt in den höfischen Künsten Bildhauerei, Malerei, Gold- und Silberschmieden, Musik, Tanz und Theater.*

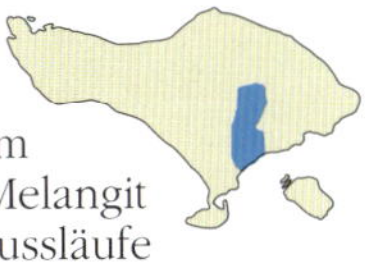

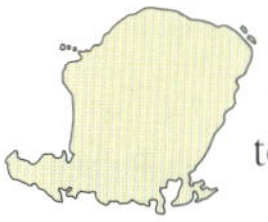

Gianyar wird im Westen vom wilden Fluss Ayung und im Osten vom Fluss Melangit begrenzt. Viele Flussläufe durchschneiden die Landschaft dazwischen. Von den Flüssen Petanu und Pakrisan eingegrenzt sind die Reste einer der ältesten Zivilisationen Balis. Hier liegt das Dorf Ubud, Kulturzentrum und früheres Königreich.

Vom 9. bis 11. Jahrhundert wurde Bali von hindu-buddhistischen Königreichen nahe Pejeng und Bedulu regiert, unweit Ubud. Nach der Eroberung durch die Majapahit im 14. Jahrhundert wechselte die Macht nach Klungkung, kehrte aber im 18. Jahrhundert hierher zurück. Zu jener Zeit wuchsen Zweige der Klungkung-Dynastie zu rivalisierenden Königreichen heran, zwei von ihnen in Sukawati und Gianyar. Trabanten-*puri* wetteiferten in architektonischer und ritueller Entfaltung. In den Kriegen zwischen den Königreichen Ende des 19. Jahrhunderts erbeutete Ubud viel von Gianyars Land. Politisch blieb das Haus Gianyar führend, auch weil es sich früh dem holländischen Kolonialregime anschloss.

Ubud wurde als Zugang zu Balis Kulturlandschaft international berühmt, als westliche Künstler und Intellektuelle sich in den 1930er Jahren hier niederließen. Heute haben sich viele Bauern dem Tourismus zugewandt und betreiben traditionelles Kunstgewerbe.

Auf den Hügeln Zentralbalis ist es merklich kühler als an der Küste – nördlich von Tegallalang sogar kalt.

Blick vom Hotel Chedi bei Ubud über das Flusstal des Ayung

◁ **Reich verziertes Tempeltor am *pura desa* (Dorftempel) in Peliatan**

Überblick: Zentralbali

Das geschichtsträchtige Zentralbali ist berühmt für sein Handwerk und seine darstellenden Künste. Ubud ist ein wichtiges Künstlerzentrum und eine gute Basis, um die Region zu erkunden. Viele andere Dörfer und Denkmäler von geschichtlichem und kulturellem Interesse liegen an den Straßen zwischen der Küstenebene und den Hängen von Gunung Batur. Die Flussschluchten, geteilt von Kämmen und Reisterrassen, bieten schöne Landschaften und aufregende Wildwasserfahrten. Bei Singapadu befinden sich Bali Bird Park und Bali Reptile Park.

Pura Pengastulan, ein Tempel in Bedulu

In Zentralbali unterwegs

Die Hauptroute durch Zentralbali führt durch mehrere Kunsthandwerksdörfer: Batubulan, Celuk, Sukawati, Batuan, Mas und Ubud. Eine parallel verlaufende Straße weiter westlich führt durch Singapadu. Die meisten dieser Straßen kann man per *bemo* befahren. Taxis sind nicht so häufig wie in Südbali. Nördlich von Ubud steigen drei parallele Straßen über die Dörfer Payangan, Tegallalang und Tampaksiring nach Gunung Batur und Kintamani. Fahr- und Motorräder sind wegen der Dichte des Verkehrs keine bequeme Art, auf den Hauptstraßen südlich von Ubud zu reisen, nördlich davon und auf Nebenstraßen schon eher. Öffentliche Busse zwischen Denpasar und Singaraja befahren die wichtigste Nord-Süd-Route; viele – bei weitem komfortablere – Touristen-Shuttlebusse sind zwischen Südbalis Hotels und Ubud unterwegs.

Die Galerie Tilem mit Holzschnitzereien im Dorf Mas

Sehenswürdigkeiten auf einen Blick

- Ayung-Schlucht 15
- *Bali Bird Park S. 84f* 2
- Bali Reptile Park 3
- Batuan 6
- Batubulan 1
- Bedulu 10
- Blahbatuh 7
- Celuk 4
- Gianyar 8
- Goa Gajah 11
- Königliche Denkmäler Gunung Kawi 21
- Mas 9
- Pejeng 16
- Peliatan 13
- Petulu 17
- Pura Tirta Empul 22
- Sanggingan 14
- Sebatu 19
- Sukawati 5
- Taro 20
- Tegallalang 18
- *Ubud S. 88–95* 12

Siehe auch

- ***Übernachten*** S. 174–176
- ***Restaurants*** S. 188f

0 Kilometer 3

Legende

- Autobahn
- Hauptstraße
- Nebenstraße
- Provinzgrenze

Kokosnusspflücker bei Ubud

Keris-Trance, einer der energischen Ritualtänze, die man in Batubulan sehen kann

Batubulan ❶

Straßenkarte C4.
Gianyar, (0361) 943 401.

Obwohl Denpasars Ausläufer Batubulan schlucken und die Hauptstraße mit Läden, die »antike« Möbel verkaufen, gesäumt ist, ist das große Dorf immer noch ein Zentrum der traditionellen Steinmetzkunst. In zahllosen Werkstätten kann man die Handwerker an den mythologischen und religiösen Figuren oder höchst fantasievollen modernen Skulpturen arbeiten sehen, sichtlich uninteressiert an dem vorbeieilenden Verkehr auf der Hauptstraße.

Der Dorftempel, **Pura Puseh**, ist ein gutes Beispiel für den Gebrauch von *paras*, Balis allgegenwärtigem grauem Stein, vulkanischem Tuff, der aus den Schluchten gewonnen wird. *Paras* wird als Skulptur- und Baumaterial verwendet. Durch seine weiche Beschaffenheit ist er leicht zu bearbeiten.

Batubulan ist auch Heimat mehrerer ehrwürdiger Barong- und Keris-Tanzgruppen. Alle zwei Wochen finden im Pura Puseh bei Tage Barong- und Keris-Tanzaufführungen der gefeierten **Denjalan**-Truppe statt; dazwischen ist er Batubulans *bale banjar* oder Gemeindepavillon. Einige andere Ensembles treten zur gleichen Zeit auf. Vorstellungen bei Tag kamen in den 1930er Jahren auf, aufgrund des Wunsches von Besuchern, Fotos zu machen.

Pura Puseh
Hauptstraße, Batubulan. *tägl.*
Spende.

Denjalan
(0361) 298 038 oder (0361) 298 282. Shows: tägl. 9.30 Uhr

Bali Bird Park ❷

Siehe S. 84 f.

Bali Reptile Park ❸

Jalan Serma Cok Ngurah Gambir, Singapadu. Neben Bali Bird Park.
Straßenkarte D4. *(0361) 299 344.* *tägl.* *Nyepi.*

Ein Besuch im Bali Reptile Park (Rimba Reptil) ist leicht mit einem Besuch des Bali Bird Park nebenan zu kombinieren. Die beiden sind in ähnlichem Stil gehalten. Obgleich etwas kleiner als der Bird Park, ist der Reptile Park auch in üppigen, botanisch interessanten Gärten untergebracht. Die Anlage beruht auf einer antiken archäologischen Stätte, die ausgegraben und zu ihrem früheren Glanz restauriert wurde. Alle Reptilienarten Indonesiens kann man hier sehen, z. B. Komodowarane, drei verschiedene Krokodilspezies und den angeblich größten bekannten Python in Gefangenschaft. Viele Giftschlangen aus der ganzen Welt werden in Glasterrarien gezeigt, darunter eine Königskobra und eine malaysische Grubenotter.

Celuk ❹

Straßenkarte D4.
Gianyar, (0361) 943 401.
(eingeschränkt).

Das Dorf Celuk widmet sich fast ganz der Gold- und Silberschmiedekunst. Viel Schmuck, der in Bali verkauft wird, stammt von hier. Die Arbeiter gehören zur Stammeskaste der Pande Mas, den traditionellen Metallhandwerkern. Große Schmuckläden stehen an der Hauptstraße; kleinere mit preiswerteren Waren findet man in Seitenstraßen. Mehrere Werkstätten produzieren sowohl traditionellen und modernen ornamentalen Schmuck als auch *Keris*-Dolche und religiöse Objekte. Man kann auf Auftrag arbeiten lassen. Kunden sollten beachten, dass die Preise oft eine Kommission für den Tourführer enthalten (oftmals 40 bis 60 Prozent).

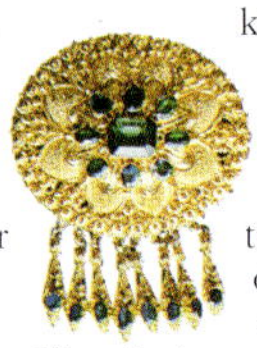

Silberohrringe aus Celuk

Sukawati 5

Straßenkarte D4.
Gianyar, (0361) 943 401.
(eingeschränkt).

Das Handwerkszentrum Sukawati ist einen Besuch wert. Gegenüber dem Bauernmarkt auf der Ostseite der Hauptstraße ist der **Pasar Seni** (»Kunstmarkt«) in einem Komplex zweistöckiger Gebäude voller Verkaufsstände untergebracht. Dahinter verkauft ein Markt täglich bis 10 Uhr vormittags Holzschnitzereien.

Für die Balinesen ist Sukawati als Ahnensitz vieler *puri* (Adelshäuser) der Region sowie als Zentrum des heiligen Schattenpuppentheaters, *wayang kulit (siehe S. 31)*, von Bedeutung. Im frühen 17. Jahrhundert war ein Seitenspross des Königshauses von Klungkung hier ansässig. Der Palast, an der nordöstlichen Ecke der Hauptkreuzung, ist nun sehr verkleinert, und die Tempel weiter nördlich an der Hauptstraße und in den Seitenstraßen östlich davon sind nicht generell für Besucher geöffnet.

Steinskulpturen mythologischer Figuren in einem Laden in Sukawati

Batuan 6

Straßenkarte D4. *Gianyar, (0361) 943 401.*
(eingeschränkt).

Die Geschichte von Batuan reicht fast 1000 Jahre zurück. Die Bevölkerung besteht aus mehr Adeligen als Bürgerlichen und ist berühmt für künstlerische Talente, nicht nur im Tanz, sondern auch in Malerei und Architektur. Malerateliers sind im Dorf vorherrschend. Die Batuan-Schule der Malerei ist bekannt für die dichte Grafik, spannende Einschränkung der Farbpalette und kluge Beobachtung des menschlichen Lebens *(siehe S. 34f)*.

Riesige Babystatue bei Blahbatuh

Pura Puseh, der herrliche Dorftempel, heißt Besucher willkommen. Die prächtigen Schreine und Schnitzereien des 1992 umfassend renovierten Tempels beweisen, dass Balis traditionelle Baukünste gedeihen. *Gambuh*-Vorstellungen finden hier zweimal im Monat statt – seltene Gelegenheiten, diesen uralten Hoftanz zu sehen. Unter den Tanztruppen von Batuan sind auch *Topeng*- und *Wayang-wong*-Ensembles *(siehe S. 31)*, die ebenfalls bei Tempelfesten zu traditioneller Musik tanzen.

Pura Puseh
tägl. *Spende.* Gam-buh-*Tanz: 1. und 15. Tag im Monat 19–21 Uhr.*

Blahbatuh 7

Straßenkarte D4.
Gianyar, (0361) 943 401.
(eingeschränkt).

Dieses Dorf wird von einer Anfang der 1990er Jahre aufgestellten riesigen Babystatue überragt. Manche sagen, es sei der Dorfriese Kebo Iwo als Kind; andere flüstern, eine Frau aus einem Nachbardorf drängte ihren Mann, die Statue zu errichten, um einen Dämon zu besänftigen, der das Leben ihrer Kinder forderte.

Vihara Amurva Bhumi Blahbatuh, ein großer chinesischer Tempel (*klenteng*) mit buddhistischen und hinduistischen Elementen, der 1999 erweitert wurde, ist ein immer bekannter und beliebter werdendes Zentrum für die chinesischen Buddhisten Südbalis.

Umgebung: An der größten Nord-Süd-Straße zwischen Blahbatuh und der Bedulu-Straße steht der große Workshop und Showroom der **Sidha Karya Gong Foundry** des bekannten Gongschmieds I Made Gableran. Hier kann man alle möglichen traditionelle Musikinstrumente und Tanzkostüme kaufen.

Bei **Kutri**, drei Kilometer nördlich von Blahbatuh, befindet sich am Fuße eines Hügels der Tempelkomplex **Pura Bukit Dharma Kutri**. Oben steht ein Schrein mit einem teils gesichtslosen, aber immer noch schönen Relief der einen Bullen tötenden Göttin Durga. Es soll eine balinesische Königin aus dem 11. Jahrhundert darstellen.

Kemenuh, eineinhalb Kilometer westlich von Blahbatuh, ist ein Zentrum der Holzschnitzerei. Hier kann man den Schnitzern bei der Arbeit zusehen und rituelle oder dekorative Objekte erstehen, darunter Porträts, Masken und Statuen.

Vihara Amurva Bhumi Blahbatuh
Blahbatuh. *tägl.*

Sidha Karya
Jalan Raya Getas-Buruan, Blahbatuh. *(0361) 942 798.*

Pura Bukit Dharma Kutri
Kutri. *tägl.*

Der Pura Bukit Dharma Kutri ist nach einem Hügel bei Blahbatuh benannt

Bali Bird Park ❷

Edwards Zwergpapagei

Auf früheren ausgedehnten Reisfeldern baute man 1995 den Bali Bird Park oder Taman Burung, in dem eine Fülle exotischer Tiere aus der Nähe zu sehen ist. Es gibt an die 1000 Vögel hier, viele von ihnen in großen begehbaren Vogelhäusern. Die 250 Arten sind nicht nur aus Bali und Lombok, sondern auch aus dem restlichen Indonesien, Afrika, Australien und Amerika. Viele sind selten und bedroht, einige von ihnen werden hier gezüchtet. Zu den Einwohnern gehört auch Balis einziger endemischer Vogel, der Bali-Star *(siehe S. 137)*. Neben den Vögeln sind mehr als 300 exotische Bäume und Pflanzen in einer schönen Landschaft zu sehen.

★ Paradiesvogel
Der kleinere Paradiesvogel aus Neuguinea wurde fast bis zum Aussterben gejagt.

Bali-Vogelhaus

★ Papua-Regenwald-Vogelhaus
Dieses große Vogelhaus hat einen erhöhten Gehweg. Hier sehen Sie viele Paradiesvögel, den Riesentukan und Sonnensittiche aus Südamerika.

Australischer Pelikan
Er kommt manchmal bis Indonesien.

Victoria-Krontaube
In diesem Vogelhaus sieht man eine der drei Krontaubenarten aus Neuguinea; daneben Nicorbar-Taube, rosa Taube und Argusfasan.

Indonesische Eulen

Sunda-Fischuhu

Diese Nachtvögel kann man sehr selten in der Wildnis sehen. Deshalb sind Sunda-Fischuhu und Sumatra-Uhu Glanzlichter des Bali Bird Park. Sie sind beide groß und ernähren sich von Nagetieren. Insgesamt gibt es hier 38 bekannte Arten der Indonesischen Eule – viele von ihnen findet man nur auf kleinen Inseln. Ihre Vorliebe für abgeschiedene und, in einigen Fällen, unwirtliche Gegenden sind Gründe für das geringe Wissen über sie.

Legende

- P Parken
- Souvenirladen
- Behindertengerecht
- Café
- Damen- und Herrentoiletten

Infobox

Jalan Serma Cok Ngurah Gambir, Singapadu, Batubulan. **Straßenkarte** D4. ☎ *(0361) 299 352.* ◯ *tägl. 9–17 Uhr.* ● *Nyepi.*

Keine Haustiere.

www.bali-bird-park.com

Komodowaran
Dieser Fleischfresser ist die größte Eidechse der Welt und kommt nur auf Komodo in Indonesien vor.

Hornschnabel
Der bunte asiatische Hornschnabel hat einen sehr ausgeprägten, lauten, rauen Ruf.

★ Toraja-Haus
Dieses typische Haus aus Sulawesi ist fast 100 Jahre alt. Es wurde dort ab- und hier wieder aufgebaut.

Rosa Kakadu
Neben dieser Art aus Australien werden im Park mehrere in Indonesien heimische Papageien und Kakadus (von denen hier über 75 Arten leben) gezüchtet.

Afrikanischer Graupapagei
Diese Art kann nachahmen.

Nicht versäumen

★ Papua-Regenwald-Vogelhaus

★ Paradiesvögel

★ Toraja-Haus

Puri Gianyar, ein Königspalast des Reiches von Gianyar, wurde zu früherem Glanz restauriert

Gianyar 8

Straßenkarte D4.
Jalan Ngurah Rai 21, (0361) 943 401. *(eingeschränkt).*

Diese Stadt ist eher Verwaltungs- denn Tourismuszentrum. Balinesen kaufen hier Agrarprodukte, Haushaltswaren und Zubehör für Zeremonien; es gibt einen großen Markt. Ein guter Ort, um Schmuck und handgewebte und -gefärbte Textilien zu kaufen. Tagsüber gibt es Imbissstände an der Bale Banjar Teges (Gemeindehalle) im Zentrum; *babi guling* (Schweinebraten) ist berühmt.

Auf der Nordseite des Stadtplatzes ist das eindrucksvolle **Puri Gianyar**. Obwohl der Palast für Besucher geschlossen ist, geben seine großen Mauern und Tore einen Eindruck der Macht des früheren Königreiches. Nach einem Erdbeben im Jahr 1917 wurde der Palast als Replik der Originalkonstruktion aus dem 17. Jahrhundert restauriert.

Imbissstand auf dem Abendmarkt in Gianyar

Umgebung: Südwestlich von Gianyar liegen mehrere Dörfer, die ihren Lebensunterhalt zunehmend mit Handwerksprodukten aus Pflanzen bestreiten. Sie werden exportiert und in Läden in ganz Bali verkauft, aber Besucher können sie direkt an der Quelle zu besseren Preisen erstehen. **Bona**, drei Kilometer südwestlich von Gianyar, ist auf handgewebte Gegenstände aus den Blättern der Lontarpalme spezialisiert. Etwa zwei Kilometer südwestlich von Bona liegt das Dorf **Blega**, ein Zentrum der Bambusmöbel-Herstellung.

Mas 9

Straßenkarte D4. *Gianyar, (0361) 943 401.* *(eingeschränkt).*

Das Dorf Mas ist berühmt für seine Teakholzmöbel, die in vielen Läden entlang den Straßen verkauft werden, aber auch für schöne Holzskulpturen und *Topeng*-Masken *(siehe S. 31)*. Die Brahmanen von Mas sind seit Generationen Meisterschnitzer; Skulpturen werden seit den 1930er Jahren für den Kunsthandwerksmarkt produziert *(siehe S. 36f)*. Zu den etabliertesten Studio-Galerien gehören Siadja & Son, Njana Tilem Gallery und Adil Artshop. Tantra Gallery und I B Anom (für Masken) sind ebenfalls bekannt.

Kunstvoll geschnitztes Tor des Pura Taman Pule, Mas

Brahmanen kommen zu jedem Manis-Kuningan-Fest *(siehe S. 43)* aus ganz Bali nach Mas, um im Tempel **Pura Taman Pule** ihren Vorfahren zu ehren, den Hindupriester Dang Hyang Nirartha (auch bekannt als Dwijendra). Der große alte Baum im Tempel gilt als heilig. Nach örtlichem Glauben wuchs einst eine goldene Blume aus ihm. Der Baum wird während des Fests mit zeremoniellen Farben geschmückt. Am Abend findet während der Festivitäten zumeist eine Ritualvorführung von *wayang wong (siehe S. 31)* statt.

Pura Taman Pule
tägl. Wayang wong*: bei Festen.* *Kuningan* (siehe S. 43).

Bedulu ⑩

Straßenkarte D3.
Gianyar, (0361) 943 401.
(eingeschränkt).

Dieses große, ruhige Dorf war einst Zentrum des Pejeng-Königreichs (10. bis 13. Jh.). Die monumentalen Reliefs auf der Felswand an der Quelle **Yeh Pulu** südlich des Dorfes sollen aus der Zeit der Majapahit-Eroberung *(siehe S. 46)* im 14. Jahrhundert stammen. Die Reliefs – über 25 Meter lang mit einer Durchschnittshöhe von zwei Metern – sind wohl das Werk eines einzigen Künstlers. Mythen dichten das Werk dem sagenhaften Riesen des 14. Jahrhunderts Kebo Iwo zu. Die Geschichten lassen sich aus den lebendig herausgearbeiteten Bildern von links nach rechts lesen, darunter heldenhafte Szenen von Menschen, die Dämonen bekämpfen.

Der Tempel **Pura Pengastulan** *(siehe S. 80)* hat Tore im Art-déco-Stil, der durch den Künstler I Gusti Nyoman Lempad *(siehe S. 34)*, der in Bedulu zur Welt kam, in Mode kam. Lempads Stil sieht man auch im **Pura Samuan Tiga**. Der Name entstammt einer Sage: Im 11. Jahrhundert soll hier ein Treffen (*samuan*) von den Göttern der drei (*tiga*) streitenden religiösen Sekten stattgefunden haben, nachdem sie den Dämonenkönig Mayadanawa geschlagen hatten.

Das jährliche, farbenfrohe Fest um Purnama Kedasa *(siehe S. 40)* dauert elf Tage; sonst strahlt Pura Samuan Tiga eine ruhige Kraft aus. Das große innere Tor von Lempad ist besonders eindrucksvoll, wie auch die Hahnenkampfgrube auf der Ostseite des ersten Hofs.

Das für das Galungan-Fest dekorierte Dorf Bedulu

Skulpturen am Eingang von Goa Gajah, der »Elefantenhöhle«

Yeh Pulu
tägl. Spende.

Pura Pengastulan
tägl.

Pura Samuan Tiga
tägl. Spende. Perang Sampian: 13 Uhr bei Festen.
Purnama Kedasa (Apr, variabel).

Goa Gajah ⑪

Bedulu. **Straßenkarte** D3.
Gianyar, (0361) 943 401.
tägl.

Die Goa Gajah (»Elefantenhöhle«) wurde dem Westen erst 1923 bekannt. Man glaubt, dass sie aus dem 11. Jahrhundert stammt. Stufen führen 15 Meter unter die Erde zum Tempel und anderen Denkmälern. Die großen Quellen, die 1954 ausgegraben wurden, dienten wahrscheinlich zur Entnahme heiligen Wassers und zum Baden. Die Höhle selbst, in einem reich behauenen Felsen, ist eine kleine, stickige, T-förmige Kammer mit schiwitischen und buddhistischen Statuen.

Vor der Höhle steht ein Schrein für den buddhistischen Kinderschützer Hariti, abgebildet als die Balinesin Men Brayut, eine arme Frau mit vielen Kindern. Südlich in einer Bergschlucht liegen Schreine und eine Quelle.

Die Sage von Bedaulu

Der Name Bedulu kommt vom Zauberkönig Bedaulu (14. Jh.), von dem man erzählt, er habe seinen Kopf *(hulu)* für wirksamere Meditation abgelegt. Eines Tages wurde er gestört und nahm hastig den Kopf eines vorbeilaufenden Schweins (*beda* bedeutet »anders«). Danach war es verboten, den König anzusehen, damit sein hässliches Geheimnis nicht entdeckt würde, und er regierte von einem hohen Turm aus. Doch der Majapahit-General Gajah Mada trickste ihn bei einem Festmahl aus. Als Gajah Mada trank und den Kopf in den Nacken legte, sah er des Königs wahre Natur und konnte ihn überwältigen.

***Der König von Bedulu in seinem Turm* (1934) von I Tomblos**

Im Detail: Ubud ⓬

Fast überall in Ubud wird man sich der künstlerischen Tradition der Stadt bewusst. Seit die meisten Läden bis 21 Uhr geöffnet haben, ist die beste Zeit für einen Bummel der frühe Abend. Dann hat der Verkehr nachgelassen, die Cafés und Restaurants sind einladend beleuchtet, und die kühle Luft ist erfüllt mit *Gamelan*-Musik. Die Hauptstraße, Jalan Raya Ubud, ist Kulisse für mehrere architektonisch interessante Gebäude. Die Straßen, die nach Norden und Süden zu Nachbardörfern führen, sind voller Läden in Familienhand, kleinen Restaurants und Kunstgalerien.

★ Museum Puri Lukisan
Eine Sammlung schöner balinesischer Kunst (siehe S. 92f).

Ary's Warung
Eine niedrigere Familie des Ubud-Hofes führt dieses Restaurant.

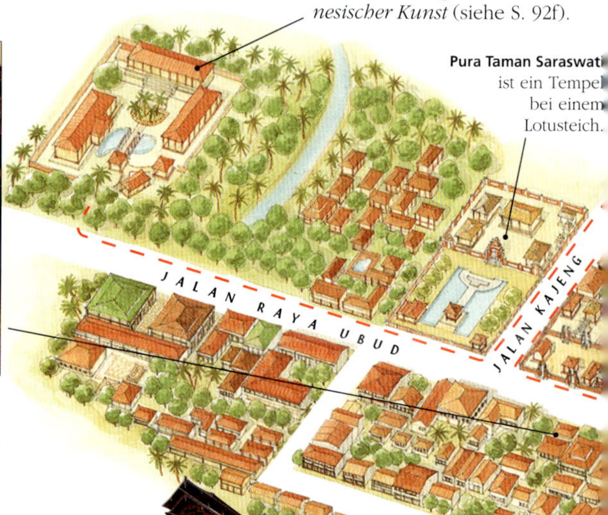

Pura Taman Saraswati ist ein Tempel bei einem Lotusteich.

Monkey Forest Road (Jalan Wanara Wana)
Diese Straße ist von Galerien, Restaurants und Hotels gesäumt.

Monkey Forest Sanctuary ↙

0 Meter 100

Legende

- – – Routenempfehlung

Einflussreiche Besucher

Bali verdankt viel von seinem Ruhm ausländischen Gästen der königlichen Familie Ubuds in den 1920er und 1930er Jahren. Durch ihre Filme, Bücher und Fotografien entwarfen sie ein exotisches Bild von Bali. Zu den einflussreichsten gehörten der deutsche Maler und Musiker Walter Spies, der holländische Maler Rudolf Bonnet, Mitbegründer der Pita-Maha-Künstlervereinigung *(siehe S. 35)*, sowie der mexikanische Künstler Miguel Covarrubias, Autor des Klassikers *Island of Bali* (1937). Die Anthropologen Margaret Mead und Gregory Bateson lebten in Sayan bei Ubud; ihre Nachbarn waren der Komponist Colin McPhee und seine Frau, die Ethnografin Jane Belo.

Walter Spies ließ sich 1927 in Ubud nieder

Nicht versäumen

- ★ Museum Puri Lukisan
- ★ Puri Saren
- ★ Pasar Ubud

Infobox

Straßenkarte C3. *von Denpasar und Kuta.* *Ubud Tourist Information, Jalan Raya Ubud, (0361) 973 285.* *Balinesische Vorführungen: tägl., Details hängen im Informationsbüro aus.*

★ Puri Saren
Ubuds Palast hat einen schattigen Vorhof, in dem Besucher sich entspannen und jeden Abend Traditionstänze sehen können.

Informationszentrum

Die *wantilan* ist eine Kunst- und Gemeindehalle.

★ Pasar Ubud
Morgens findet hier ein Bauernmarkt statt. Läden und Stände verkaufen tagsüber Handwerkswaren und Snacks.

Seniwati Art Gallery

Peliatan und Bedulu

Lempad-Haus, einst ein Künstlerhaus und Atelier *(siehe S. 90)*.

Pengosekan, Batubulan und Denpasar

Jalan Dewi Sita ist eine Straße, an der sich viele beliebte Boutiquen, Kunstgalerien und Restaurants niedergelassen haben.

Jalan Hanoman
Tempel, Läden, Kunstateliers und Unterkunft kann man hier finden.

Überblick: Ubud

Heilige Maske

Ubud war lange bekannt als das »Dorf der Maler«. In den 1930er Jahren förderte die *puri* (königliche Familie) ausländische Künstler und Intellektuelle, die das »wirkliche Bali« suchten, und so entstand sein internationaler Ruf. Ubud war ein ruhiges Fleckchen, bis es sich um 1980 in ein Dorf für »Kulturtourismus« entwickelte. Nun ist es eine kleine Stadt, voll mit Galerien, Handwerksläden, Restaurants, Bars und Hotels. Ubud gibt viel seines neuen Reichtums für rituelle Zeremonien und die Erhaltung der traditionellen Künste aus.

Ubud Tourist Information Centre

Jalan Raya Ubud. *(0361) 973 285.* *tägl.* **www**.ubudvillage.com

Das Zentrum ist eine gute Quelle für Tipps über Touren, Verkehrsmittel und Kulturereignisse. Es liefert Informationen über Zeremonien und ermahnt Ausländer, auf die Kleidungsetikette zu achten, wenn sie Tempel oder Rituale *(siehe S. 219)* besuchen.

Museum Puri Lukisan

Siehe S. 92 f.

Pura Taman Saraswati

Jalan Raya Ubud. *tägl.*

Der Tempel, um 1950 von I Gusti Nyoman Lempad auf Order von Ubuds Prinz zu Ehren von Saraswati, Gottheit des Wissens, Lernens und der Kunst, errichtet, steht in einem Wassergarten mit einem Lotusteich als Zentrum. Der Tempel hat Arbeiten von Lempad selbst: eine drei Meter hohe Statue des Dämonen Jero Gede Mecaling und den *Padmasana*-Schrein, dem höchsten Gott gewidmet *(siehe S. 26)*. Meist ist der Tempel geschlossen, aber auf Nachfrage im Café Lotus bekommt man Zutritt.

Puri Saren

Jalan Raya Ubud. *(0361) 975 057.* *Traditionelle Tänze: tägl. 19.30 Uhr.*

Die Pracht von Ubuds Königspalast stammt von 1890, der Zeit des Kriegsherrn Cokorda Gede Sukawati. Die Mauern und prächtigen Tore sind hauptsächlich Arbeiten des Meisterkünstlers I Gusti Nyoman Lempad *(siehe S. 34)*. Die *puri*, das mehrere Hotels besitzt, beeinflusst Ubuds religiöses und kulturelles Leben und beteiligt sich an Zeremonien.

Pasar Ubud

Jalan Raya Ubud. *tägl.*

Auf dem riesigen Pasar Ubud (Ubud-Markt) werden im Erdgeschoss und zwischen den Gebäuden Agrarprodukte und Kurzwaren verkauft. Die Hauptattraktion für Besucher ist der ganztägige Kunstgewerbemarkt. Ein Lebensmittelmarkt wird alle drei Tage abgehalten.

Pura Taman Saraswati gegenüber Café Lotus an einem Zierteich

Ein Palasttor des Puri Saren

Lempad-Haus

Jalan Raya Ubud. *(0361) 975 052.* *tägl.*

Dies ist der Familienverband von I Gusti Nyoman Lempad *(siehe S. 34)*, vielleicht Balis berühmtestem Künstler. Einige Werke Lempads kann man im Hof sehen, das Neka Art Museum *(siehe S. 96)* zeigt jedoch eine bessere Auswahl seiner Werke. Lempad war auch Architekt und Bauherr im traditionellen Stil, die stattlichen Pavillons im Osten und Norden des Hauses sind von ihm entworfen.

Schnitzer beim Lempad-Haus

Seniwati Gallery Art by Women

Jalan Sriwedari 2B. *(0361) 975 485.* *tägl.* **www**.seniwatigallery.com

Pondok Pekak Jalan Monkey Forest. *(0361) 976194.* *Mo–Sa.*

Dies ist eine der wenigen Galerien für Kunst von Frauen in Asien. Sie arbeitet mit 72 zumeist balinesischen Künstlerinnen zusammen, die in modernen wie traditionellen Stilen malen. Das **Pondok Pekak Library and Learning Centre** bietet Sprach- und Kunstkurse.

Pura Gunung Lebah

Campuhan. ◯ tägl.
Im Westen führt die Jalan Raya ins Tal **Campuhan**, in dem sich zwei Flüsse treffen *(campuh)*. Eine von Kolonial-Holländern gebaute Brücke steht noch neben der Brücke für den heutigen Verkehr. Von ihr kann man den Quellentempel **Pura Gunung Lebah** (Pura Campuhan) aus dem 8. Jahrhundert sehen. Hier wohnen seit den 1930er Jahren Ausländer, nachdem Walter Spies *(siehe S. 88)* hier sein Haus baute, das heutige Tjampuhan Hotel.

Kokospalmen umgeben Reisfelder in einem Tal westlich von Ubud

Umgebung: Am Ende der Monkey Forest Road liegt das **Monkey Forest Sanctuary**, ein Schutzgehege für Langschwanzmakaken *(Macaca fascicularis)*. Die Warnung, die Affen nicht zu füttern, sollte man beachten – sie können boshaft werden. Im Wald liegen ein Tempelkomplex und ein Friedhof. Der große Tempel, **Pura Dalem Agung**, ist ein »Tempel der Toten«; seine gemeißelten Dekorationen sind entsprechend düster. Nahebei steht zwischen den Wurzeln eines großen Baums ein Quellentempel, der in den 1990er Jahren renoviert wurde, wobei Reliefs hinzugefügt wurden.

Ein Langschwanzmakak im Monkey Forest Sanctuary

Padang Tegal, am südlichen Rand von Ubud, östlich der Jalan Hanoman, ist ein großes Dorf, bekannt für viele Maler und Intellektuelle sowie für seine Unterkünfte. Im Süden von Padang Tegal liegt das Dorf **Pengosekan**, Heimat vieler Maler und Holzschnitzer. In **Tebesaya**, östlich von Padang Tegal, kann man gut essen, einkaufen und übernachten. Westlich von Pengosekan liegt das Holzschnitzerzentrum **Nyuh Kuning**.

Monkey Forest Sanctuary

Monkey Forest Road, Jalan Wana Wanara. ◯ tägl.

Zentrum von Ubud

Lempad-Haus ⑤
Museum Puri Lukisan ①
Pasar Ubud ④
Pura Gunung Lebah (Pura Campuhan) ⑦
Pura Taman Saraswati ②
Puri Saren ③
Seniwati Gallery ⑥

0 Meter 300

Legende

Im Detail *S. 88f*

Zeichenerklärung *siehe hintere Umschlagklappe*

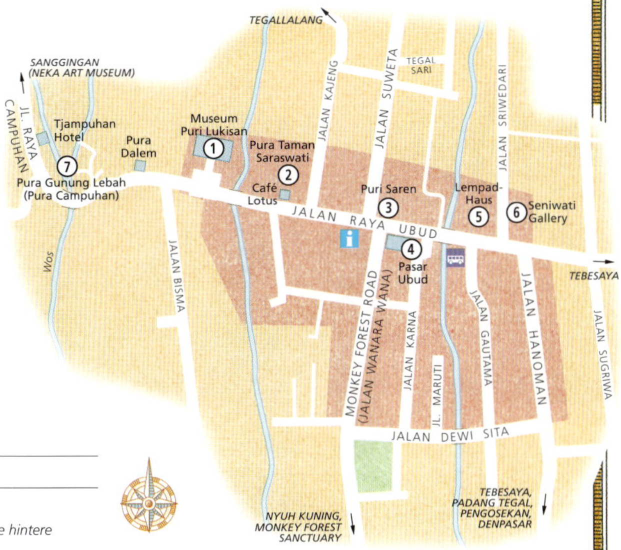

Museum Puri Lukisan

Museum Puri Lukisan (»Palast der Malerei«) war das Geistesprodukt von Ubuds Prinz Cokorda Gede Agung Sukawati und dem holländischen Maler Rudolf Bonnet *(siehe S. 88)*. Es entstand 1953 in der Sorge, dass Balis beste Kunstwerke in Privatsammlungen auf der ganzen Welt verschwinden. Hauptsächlich balinesische Malerei und Holzskulpturen des 20. Jahrhunderts sieht man hier, darunter wichtige Sammlungen aus den 1930er Jahren. Die Anlage mit Gärten und Teichen ist eine schattige, ruhige Oase im Zentrum von Ubud.

★ **Octopus** *(1955)*
I Gusti Made Deblog ist bekannt für seine Tintenwaschtechnik.

Dharmaswami *(1935)*
Dieses Werk von Ida Bagus Gelgel steht in der balinesischen Tradition der Fabel- und Sagenmalerei.

★ **Dewi Sri** *(1960)*
Der Holzschnitzer Ketut Djedeng stellte die Reisgöttin mit einem Reiskorn in der Hand dar.

Vögel tanzen den Gambuh *(1940)*
Ein Basrelief, das den Gambuh-*Tanz zeigt, inspirierte das Gemälde von Ida Bagus Sali.*

Das Betrachten balinesischer Gemälde

Die Dichte balinesischer Bilder ist außergewöhnlich. Selbst mit wenig Kunstwissen kann der Betrachter in die Fantasiewelt der von modernen und traditionellen Gemälden repräsentierten balinesischen Kultur eintreten. Es empfiehlt sich, die balinesischen Werke zunächst aus der Distanz zu betrachten, um die Gesamtkomposition zu erfassen, bevor man die Details aus der Nähe inspiziert. Dabei entdeckt man winzige Szenen, die sich auf der Leinwand abspielen.

***Tiger und Affe* (undatiert), unbekannter Künstler**

Infobox

Jalan Raya Ubud.
(0361) 975 136.
tägl. 8–16 Uhr.
Feiertage.
www.mpl-ubud.com

Kurzführer

Gebäude I zeigt Holzschnitzereien und Gemälde von vor dem Zweiten Weltkrieg, darunter aus Pita-Maha- und Lempad-Sammlung (siehe S. 34f). *Haus II enthält zeitgenössische balinesische Kunst. Wechselausstellungen zeigt Haus III.*

★ Balinesischer Markt *(Detail, 1955)*
Anak Agung Gede Sobrat, ein führender Maler der Ubud-Schule, stellte hier ein modernes Thema dar.

★ Kala Rau *(1974)*
I Ketut Budiana aus Padang Tegal, Ubud, malte die Mondfinsternis der balinesischen Mythen.

Nicht versäumen

- ★ Dewi Sri
- ★ Octopus
- ★ Balinesischer Markt
- ★ Kala Rau

Zu Fuß in der Umgebung Ubuds

Lacewing-Schmetterling

Die Reisfelder und Bergkämme um Ubud eignen sich gut zum Wandern. Zwei Routen sind hier gezeigt. Man kann sie einzeln unternehmen am Stück für einen längeren Marsch. Der Weg durch die Reisfelder ist sechs Kilometer lang, kann aber auf vier Kilometer verkürzt werden, wenn man die Nordschleife auslässt. Die fünf Kilometer lange Bergroute verläuft zwischen zwei Flüssen, dem Wos Timur und dem Wos Barat. Wanderer können Reisfelder überqueren – vorausgesetzt, sie tun es rücksichtsvoll. Man kann viele Tiere sehen, wie den schillernd blauen Java-Eisvogel, die Goldene Kugelnetzspinne und eine farbige Vielfalt an Schmetterlingen.

Blick von Pura Ulun Sui

Jalan Raya Sanggingan ⑫
Auf dieser belebten Straße kann man per *bemo* zurück nach Ubud fahren.

Brücke ⑪
Tief im Grund der Schlucht überquert eine Brücke den Fluss, eine steile Straße führt zum Dorf Payogan hinauf.

Warung in der Künstlersiedlung ⑩
Hier lebt eine kleine, abgeschiedene Malergemeinde. Vom Dorf aus hat man atemberaubende Blicke über die Flussschluchten. Weiter nördlich öffnet sich die Landschaft zu den Reisfeldern hin.

***Alang-alang*-Gras ⑨**
Nach Pura Campuhan, einer Stätte für einige wichtige religiöse Zeremonien, führt der Weg durch *alang alang*, ein Gras, mit dem man Häuser deckt.

Großer Banyan-Baum ⑧
Die Bergroute beginnt bei den Ibah-Luxusvillen, führt vorbei an einem alten Banyan-Baum zu einem Steg, der über die Schlucht führt.

Reisfelder ⑤
Je nach Saison pflanzen oder ernten die Reisbauern *(siehe S. 20f)*. Über eine enge Bewässerungsbrücke gelangt man zu einem schönen *Subak*-Tempel.

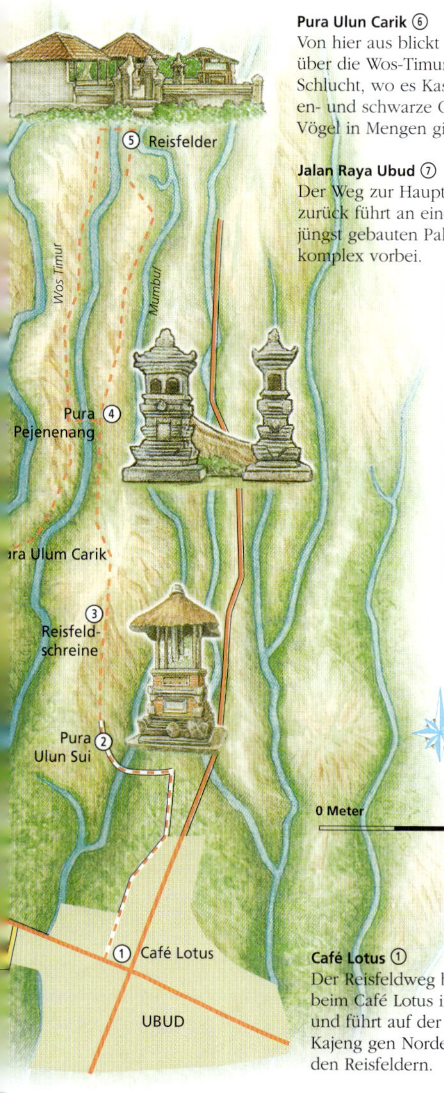

Pura Ulun Carik ⑥
Von hier aus blickt man über die Wos-Timur-Schlucht, wo es Kastanien- und schwarze Coucal-Vögel in Mengen gibt.

Jalan Raya Ubud ⑦
Der Weg zur Hauptstraße zurück führt an einem jüngst gebauten Palastkomplex vorbei.

Café Lotus ①
Der Reisfeldweg beginnt beim Café Lotus in Ubud und führt auf der Jalan Kajeng gen Norden zu den Reisfeldern.

Pura Pejenenang ④
Die Überquerung des Wos Timur zu diesem Tempel verkürzt die Route um den nördlichen Teil der Wanderung.

Reisfeldschreine ③
Opfergaben an die Reisgöttin werden hier niedergelegt, damit sie die Ernte segnet.

Pura Ulun Sui ②
Auch bekannt als Juwukmanis-Tempel. Daneben ist ein *Subak*-Büro mit einer Karte des Bewässerungssystems von Bali.

Routeninfos

Start: *Café Lotus in Ubud.*
Ziel: *Jalan Raya Sanggingan.*
Beste Zeit: *Das ganze Jahr, aber in der Regenzeit sind die Wege meistens rutschig.*
Vorsicht: *Wegen plötzlich auftretender Sturzfluten sollten Sie Brücken zur Überquerung der Schluchten benutzen. Es ist nicht ratsam, ohne erfahrenen Führer in die Schluchten hinabzusteigen. Man sollte auch die kleinen Wege zu den Steinbrüchen in der Wos-Schlucht meiden – sie sind glitschig, und hin und wieder gibt es einen Erdrutsch.*

Der südliche Pavillon des Agung Rai Museum of Art in Peliatan

Peliatan ⓭

Straßenkarte D3. *von Ubud.* *Ubud, (0361) 973 285.* Kecak-, Legong- *und* Barong-*Tanz; Frauen*-Gamelan.

Peliatan, einst der Sitz eines Seitenzweigs des Königshauses Sukawati, ist für künstlerische Aktivitäten bekannt. Man kannte es im Ausland schon vor Ubud. Heute reisen Peliatans *Gamelan-* und Tanzensembles *(siehe S. 30–34)* als kulturelle Botschafter ins Ausland und spielen daheim bei traditionellen Ritualen wie auch für Besucher.

Peliatan ist auch Zentrum der Malerei und der Holzschnitzerei. Viele Ateliers findet man an der Hauptstraße und in den Nebenstraßen. Der Sammler Agung Rai gründete die erfolgreiche Agung Rai Gallery und das eindrucksvolle **Agung Rai Museum of Art (ARMA)** im Südwesten Peliatans. Hier sieht man sowohl Sammlungen klassischer und zeitgenössischer balinesischer und indonesischer Malerei als auch Wanderausstellungen.

Das **Rudana Museum** präsentiert eine umfangreiche Gemäldesammlung.

Im Nordteil von Peliatan, Andong genannt, gibt es interessante Handwerksläden.

ARMA
Jalan Pengosekan. *(0361) 975 742.* *tägl.*
www.armamuseum.com

Rudana Museum
Jalan Cok Rai Pudak 44. *(0361) 975 779.* *tägl.*

Sanggingan ⓮

Straßenkarte C3. *von Ubud.* *Ubud, (0361) 973 285.*

Die Straße durch das Dorf Sanggingan säumen Läden, Kunstgalerien, Restaurants und kleine Hotels.

Das exzellente **Neka Art Museum**, gegründet 1976 vom einheimischen Sammler und früheren Lehrer Sutéja Neka, beherbergt eine der besten Sammlungen balinesischer und indonesischer Malerei. Die Sammlung ist auf mehrere Gebäude verteilt, nummeriert nach der chronologischen Abfolge der Werke. Man bekommt hier einen guten Überblick über balinesische Kunstgeschichte und ihren heutigen indonesischen Kontext. Einige Werke sind käuflich. Von besonderem Interesse für Besucher sind die klassischen Gemälde im *Wayang*-Stil, anonyme Arbeiten großer grafischer Kunstfertigkeit, und die Lempad-Sammlung *(siehe S. 34)* mit Tuschezeichnungen.

Neka Art Museum
Jalan Raya Campuhan. (0361) 975 074. *tägl.* *Feiertage.*
www.museumneka.com

Porträt von Sutéja Neka **(1991), Arie Smit, Neka Art Museum**

Ayung-Schlucht ⓯

Straßenkarte C3. *von Ubud.* *Ubud, (0361) 973 285.*

Das Ostufer der spektakulär-schönen Ayung-Schlucht zwischen Kedewatan und Sayan, flankiert von Reisterrassen, ist unaufdring-

Die Ayung-Schlucht, vom Bergkamm des Dorfes Sayan aus gesehen

Hotels und Restaurants in Zentralbali *siehe Seiten 174–176 und Seiten 188f*

Wildwasserfahrt in den Stromschnellen des Ayung

lich durchsetzt mit attraktiven Luxushotels und Privathäusern. Mehrere Unternehmen bieten Wildwasserfahrten von Plätzen beiderseits des Flusses aus *(siehe S. 203)* an.

Umgebung: Im Dorf **Penestanan** östlich der Schlucht gibt es Werkstätten, die Batiken und Perlenarbeiten herstellen. Dies ist auch das Zentrum der Young-Artists-Bewegung *(siehe S. 35)*, die in den 1960er Jahren entstand.

Holzschnitzerei in Bali

Die überraschende Vielfalt balinesischer Holzschnitzerei reflektiert nicht nur eine starke dekorative Tradition, sondern auch die Tatsache, dass Balis Wildnis aus (noch immer von Tigern bewohntem) Wald besteht. Bäume werden zu Jahrestagen geehrt, vor dem Fällen werden ihnen Opfer dargebracht. Es gibt zwei Arten traditioneller Schnitzerei: Ritualobjekte (wie Bildnisse und Masken) und Ornamente, v. a. als architektonische Elemente. Nach der Liberalisierungsbewegung in den 1930er Jahren *(siehe S. 34f)* konnten Schnitzer für den Auslandsmarkt arbeiten. Zu den Hauptzentren der Schnitzerei gehören Peliatan und andere Dörfer in der Gianyar-Region, wie Tegallalang *(siehe S. 98)* und Mas *(siehe S. 86)*.

***Schlafende Frau* (1956) von Ida Bagus Njana**

Pejeng ⓰

Straßenkarte D3. *von Ubud und Gianyar.* *Ubud, (0361) 973 285.*

Pejeng, ein Dorf an der Straße von Bedulu nach Tampaksiring, liegt im Herzen des antiken Pejeng-Bedulu-Königreichs. Es gibt viele Relikte aus dieser Zeit. Das **Museum Purbakala** (Archäologisches Museum) zeigt prähistorische Objekte aus Bronze, Stein und Keramik, z. B. mehrere schildkrötenförmige Steinsarkophage.

In der Nähe stehen drei Tempel mit heiligen Steinskulpturen. **Pura Arjuna Metapa** (»Arjuna-Meditations«-Tempel) ist ein kleiner Pavillon in den Reisfeldern, mit einer Reihe von Steinskulpturen, die wahrscheinlich Teil eines Quellentempels waren. Entsprechend der *Wayang*-Tradition, die Geschichten des *Mahabharata* erzählt, wird Arjuna von einem Diener in einem Steinrelief bewacht. Etwa 100 Meter nördlich steht **Pura Kebo Edan** (»Verrückter-Riese«-Tempel). Eine dämonische Statue zeigt, dass dies ein Tempel des Bhairava-Buddhismus war. Hauptfigur ist ein maskierter, 3,60 Meter hoher Riese, der auf einem Leichnam tanzt. Der wohlproportionierte **Pura Pusering Jagat** (»Nabel-der-Welt«-Tempel) hat zahlreiche Pavillons mit ähnlichen tantrischen Steinfiguren. Das »Pejeng-Gefäß«, eine zylindrische Steinurne, in die Figuren aus der Kosmologie gemeißelt sind, steht in einem Schrein in der Südostecke des Tempels.

Zwei Kilometer nördlich von Pejeng steht der **Pura Penataran Sasih** mit dem »Pejeng-Mond« (*sasih* bedeutet Mond), einer Bronzetrommel (186 cm) von unbekanntem Alter. Sie gilt als heilig und ist in einem hohen Pavillon untergebracht. Tempelführer fordern Besucher manchmal auf, am Fuß des nächsten Schreins stehen zu bleiben; von hier aus kann man das feine geometrische Muster der Trommel sehen. Das Muster wird mit der Dong-Son-Kultur Südchinas und Nordvietnams um 1500 v. Chr. in Verbindung gebracht.

Museum Purbakala
Pejeng. *(0361) 942 347.*
Mo–Fr. *Spende.*

Pura Arjuna Metapa
Gegenüber dem Museum.
tägl. *Spende.*

Pura Kebo Edan
Pejeng. *tägl.* *Spende.*

Pura Pusering Jagat
Pejeng. *tägl.* *Spende.*

Pura Penataran Sasih
Pejeng. *tägl.* *Spende.*

Prähistorische schildkrötenförmige Sarkophage beim Museum Purbakala in Pejeng

Petulu ⓱

Straßenkarte D3. *von Ubud und Pujung.* *Ubud, (0361) 973 285.*

Das Dorf ist bekannt für seine weißen Reiher und Java-Tümpelreiher, auf Balinesisch *kokokan*. Sie suchen auf der Insel Futter und kehren am Spätnachmittag hierher zurück in die Bäume entlang der Straße. Man weiß nicht, warum die Vögel sich 1965 in Petulu niederließen. Am besten sieht man sie auf der Straße von Junungan durch die Reisfelder. Die V-Formationen der in den Sonnenuntergang fliegenden Vögel sind beeindruckend.

Schnitzer bei der Arbeit im Dorf Kenderan bei Tegallalang

Tegallalang 18

Straßenkarte D3. *von Ubud.* *Ubud, (0361) 973 285.*

Das einfache Dorf Tegallalang, einst Sitz eines Königreichs, ist ein interessantes Zentrum der Holzschnitzerei. Wie in den meisten Dörfern fertigen viele Leute entlang der Straße in Heimarbeit Holzprodukte für den Groß- oder Einzelhandel, »antik« und auf Bestellung.

Umgebung: Kebon ist ein Dorf auf einer abschüssigen Seitenstraße drei Kilometer nördlich von Tegallalang. An der Kreuzung mit der Hauptstraße liegt das exzellente Kampung Café *(siehe S. 189)*. **Kenderan**, auch an einer Nebenstraße, ist ein früheres kleines Königtum mit kleinen *puri* (Adelshäusern).

Das Dorf **Manuaba**, vier Kilometer nördlich von Kenderan, ist bekannt für den wichtigen Brahmanen-Tempel **Pura Griya Sakti**, modernisiert in den späten 1990er Jahren, mit einem renovierten *Wantilan*-Aufführungspavillon. Um einen Blick auf die verschlungenen Bäume hinter dem Innenhof zu werfen, bedarf es der Erlaubnis des Tempelwärters.

Es gibt eine heilige Quelle, **Telaga Waja**, in Kapitu, einen Kilometer südlich von Kenderan. Zugang erlangt man über einen Pfad und eine lange, steile Treppe. Die Meditationsnischen zeugen davon, dass Telaga Waja von Buddhisten aufgesucht wurde; die Quelle ist vielleicht über 100 Jahre alt.

Pura Griya Sakti
Manuaba. *tägl.* *Spende.*

Steinskulptur im Pura Gunung Kawi

Sebatu 19

Straßenkarte D3. *von Ubud.* *Ubud, (0361) 973 285.*

Sebatu, Teil eines größeren Gebiets selben Namens, ist hoch angesehen bei den Balinesen, nicht nur wegen der bemalten Holzskulpturen, sondern auch für Tanz, Musik und klassische Tanzkostüme. Das Dorf ist leicht zu Fuß zu erkunden, mit einem Netz von drei Nord-Süd-Straßen, Tempeln und dem *bale banjar* (Gemeindepavillon) am Nordende. An der westlichsten Straße liegen die Ateliers, die Holzschnitzereien an Besucher verkaufen.

In einem kleinen Tal am westlichen Rand von Sebatu befindet sich der hübsche Quellentempel **Pura Gunung Kawi**, nicht zu verwechseln mit den königlichen Denkmälern selben Namens bei Tampaksiring *(siehe S. 99)*. Die Badequellen sind einen Besuch wert (sollten aber nicht fotografiert werden, wenn gerade jemand darin badet), auch der mit Karpfen gefüllte Quellenteich in der Nordwestecke. In dessen Mitte steht ein schöner Schrein. Es gibt einige interessante Skulpturen, einige neu, einige alt, in den kleinen, bunt bemalten Pavillons im zentralen Hof.

Pura Gunung Kawi
tägl.

Pura Gunung Kawi, Sebatus friedlicher Quellentempel

Taro ⓴

Straßenkarte D3. *Ubud, (0361) 973 285*

An einer gut markierten (aber schlechten) Straße von Pujung nach Westen liegt Taro, wohl eine der ältesten Siedlungen auf Bali.

Im Dorfzentrum steht der große Tempel **Pura Gunung Raung**. Über seine Mauern kann man den langen *Bale-agung*-Pavillon und eine finstere dreistöckige *Meru*-Pagode bewundern. Sie repräsentiert den ostjavanischen Berg Gunung Raung; von dort aus brachen der legendäre Weise Rsi Markandya und sein Gefolge im 8. Jahrhundert zu einer Mission nach Bali auf.

Eine Albinokuh, verehrt in Bali

Taro ist die Herkunft von Balis Albinorindern; diese Tiere werden geschätzt für ihre Bedeutung in großen Ritualen. Früher wurden sie geopfert, heute werden sie für die Zeremonie nur ausgeliehen und dann zurückgebracht. Die Herde hat sich in den letzten Jahren stark vergrößert und läuft frei im Wald südlich des Dorfs herum.

In dem gut geführten **Elephant Safari Park** *(siehe S. 206)*, der Ende der 1990er Jahre entstand, können Sie die Landschaft vom Rücken eines Sumatra-Elefanten aus betrachten. Weitere Attraktionen sind malende Elefanten, ein Museum über Elefanten und ein großes Restaurant.

Königliche Denkmäler Gunung Kawi ㉑

Tampaksiring. **Straßenkarte** D3. *von Bedulu und Gianyar.* *Ubud, (0361) 973 285.* *tägl.*

Im Osten der kleinen Stadt Tampaksiring am Fluss Pakrisan liegt ein Tal, in dessen Wände neun beeindruckende Denkmäler gehauen sind. Sie haben die Form von *candi* (buddhistisch-hinduistischen Schreinen) und sind in die Nischen einer Felswand gemeißelt. In ihrer Mitte befinden sich ein Tempel und eine heilige Quelle. Treppen führen zu dem Denkmalkomplex. Die Gedenkschreine, gemeinhin »Gräber« genannt, wurden für den legendären König des 11. Jahrhunderts Anak Wungsu *(siehe S. 45)* und seine Frauen angefertigt. Im Süden des Komplexes sind die »zweiten Klöster« am Ostufer und die »dritten Klöster«, die Denkmäler für die Königinnen von Anak Wungsu oder Nachfahren sein sollen. Das »zehnte Grab« im Westen erreicht man über ein paar Reisfelder.

Auf den Stufen zu den Gräbern verkaufen Handwerker aus Tampaksiring ihre Waren, darunter einige exquisite Knochenschnitzereien.

Königliche Denkmäler Gunung Kawi, *Candi*-Schreine in Felswänden

Pura Tirta Empul ㉒

Manukaya. **Straßenkarte** D3. *von Bedulu und Gianyar.* *Ubud, (0361) 973 285.* *tägl.*

Dieser heilige Quellentempel an der Quelle des Flusses Pakrisan ist ein Besuchermagnet, aber ein angenehmer Ort. Er besteht aus einer Reihe von Höfen mit rechteckigen Badebecken. Die Fontänen spenden eine besondere Art heiliges Wasser, um das Gläubige mit besonderen rituellen Opfergaben bitten. Man glaubt, der Tempel stammt aus dem 10. Jahrhundert; die Mauern sind aber jünger. Die Pavillons werden fast unentwegt restauriert, ein Hinweis auf die Bedeutung des Tempels. Menschen kommen von der ganzen Insel für heiliges Wasser und rituelle Waschungen, besonders bei Vollmond *(purnama)*.

Pura Tirta Empul, Quellentempel und Brunnen für heiliges Wasser

Ostbali

Die alten Königreiche Ostbalis hatten Einfluss und Macht über ihre hohen Berge und grünen Täler hinaus. Was von den Palästen und Tempeln blieb, gibt Einblick in eine Welt von Zeremonien und Traditionen, versammelt um Gunung Agung, das Zentrum des balinesischen Universums, und, hoch auf steilen vulkanischen Hängen, Besakih, einen der wichtigsten Tempel auf Bali.

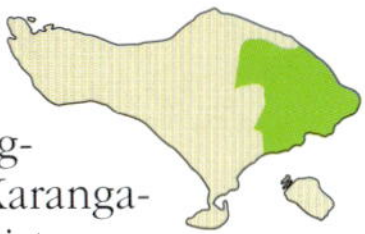

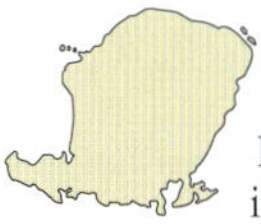

Die Region Ostbali bestand einst aus den Reichen Klungkung, Bangli und Karangasem. Das Gebiet ist von natürlicher Schönheit und voller Kontraste. Nicht weit von den hohen Vulkangipfeln findet man einige von Balis schönsten Stränden. Der aktive, 3000 Meter hohe Vulkan Gunung Agung beherrscht die Landschaft, seine Ausläufer bedecken grüne Reisfelder. Ostbali wurde 1963 von Gunung Agungs Ausbruch *(siehe S. 115)* und 1974 von einem Erdbeben verwüstet. Vielerorts veränderten Lavaströme die Landschaft.

In Ostbali stehen einige der bedeutendsten Paläste und Tempel der Insel. Extravagante Tempelkomplexe findet man an Orten mit mystischer Bedeutung, z.B. in Besakih und um den Vulkansee im Krater des Gunung Batur. Bei Tirtagangga nördlich von Amlapura bauten Nachfahren des letzten Königs in den 1940er Jahren einen luxuriösen Wasserpalast. Die Tradition königlicher Pracht geht zurück bis ins 15. Jahrhundert, als der Hof des ersten Königs von Gelgel gegründet wurde. Um die Höfe und Paläste dieser Region blühten die Künste und entstanden Dörfer talentierter Handwerker. Diese Tradition lebt vielerorts noch heute fort.

Im 14. Jahrhundert brachte das javanische Königreich Majapahit eine neue soziale Ordnung und ein Kastensystem nach Bali. Manche Gemeinden widersetzten sich dem, und ihre Nachfahren, bekannt als Bali Aga (Original-Balinesen), leben immer noch in kulturell einzigartigen Dörfern wie Tenganan und Trunyan.

Klungkungs Königshaus verlor seine Macht, als der König und sein Hof 1908 *puputan (siehe S. 49)* begingen, um nicht unter die Kontrolle der niederländischen Kolonialmacht zu geraten.

Ostbalinesische Reisfelder, vom heiligen Vulkan Gunung Agung überragt

◁ **Traditionelle Salzproduktion durch Verdampfung an Balis Ostküste**

Überblick: Ostbali

Ostbali wird dominiert vom mächtigen Vulkan Gunung Agung, an dessen Hängen der Besakih-Tempelkomplex steht. Im Westen befindet sich der Gunung Batur mit seinen Tempeln und einem Kratersee. Im Süden liegen das historische Klungkung und die königlichen Pavillons von Taman Gili. Von hier führt die Straße ostwärts zu einer reizvollen Wanderregion bei Manggis und Tirtagangga und zu den Tauchgebieten von Amed und Tulamben an der Küste. Die dürren, lavabedeckten Osthänge des Gunung Agung haben eine herbe Schönheit. Tenganan, nicht weit landeinwärts vom Feriengebiet Candi Dasa, ist eines der Dörfer der Bali Aga (Original-Balinesen) mit einer anderen Kultur als im Rest Balis.

Sehenswürdigkeiten auf einen Blick

Amed 15
Amlapura 12
Bali-Aga-Dorf Tenganan S. 110f 10
Bangli 1
Besakih-Tempelkomplex S. 116f 18
Candi Dasa 8
Gelgel 5
Goa-Lawah-Fledermaushöhle 6
Gunung Agung 17
Gunung Batur S. 120f 19
Gunung Lempuyang 14
Iseh 2
Kintamani 20
Klungkung S. 105–107 4
Padang Bai 7
Pura Tegeh Koripan 22
Pura Ulun Danu Batur S. 122f 21
Sidemen 3
Tirtagangga 13
Tulamben 16
Ujung 11

Tour

Von Tenganan nach Tirtagangga 9

Siehe auch

• ***Übernachten*** S. 176f

• ***Restaurants*** S. 189f

Üppig grüne Reisfelder um Tirtagangga

In Ostbali unterwegs

Ein Mietwagen, mit oder ohne Fahrer, ist die beste Möglichkeit, die Gegend zu erkunden. Die Straßen sind meist gut, doch wenig beschildert. Wegen der vielen Kurven dauern die Fahrten oft länger, als man erwartet. *Bemo* fahren zwischen den Dörfern, aber Taxis sind rar. Öffentliche Busse befahren zwar die Küstenstraßen, doch Touristen-Shuttlebusse sind bequemer. Nachts gibt es keinen öffentlichen Verkehr. Padang Bai an der Südküste ist der Hafen für die Fähren nach Lombok.

Der Gunung Agung beherrscht die Landschaft Ostbalis

Bangli ❶

Straßenkarte D3. *Jalan Brigjen Ngurah Rai 30, (0366) 91 537.*

Als königliche Hofstadt aus dem 14. bis 19. Jahrhundert ist Bangli eine der ältesten Städte Balis, eine kleine, nette Gemeinde. Ein Stück den Hügel hinauf in Richtung Gunung Batur ist die Stadt ideal für einen Spaziergang in der kühlen Bergluft.

Pura Kehen, eine Gebetsstätte aus dem 12. Jahrhundert, liegt eindrucksvoll an der Seite eines Hügels in einer Reihe von acht Terrassen, mit einem riesigen Banyan-Baum im ersten Hof des Komplexes. Hoch oben in den Zweigen des Baums ist ein fast unsichtbarer *kulkul* mit Alarmtrommel. Schöne Statuen stehen an den Treppen zum *Padmasana*-Schrein *(siehe S. 26)* mit mehrstöckigem *Meru*-Dach im inneren Heiligtum. Der Schrein ist bedeckt von kunstvollem Dekor. Die golden bemalten Türen des Tempels sind sehr schön.

Pura Penyimpenan (»Tempel zur Aufbewahrung«) enthält drei antike bronzene Inschriften, was die Vermutung nahelegt, dass der Ort vor dem Bau des Tempelkomplexes als heilig galt.

Bilder von Himmel und Hölle, Letztere fantasievoll grimmig, bedecken die Wände des den Toten gewidmeten **Pura Dalem Pengungekan** mit Schreinen für Brahma, Shiva und Vishnu.

Figur im Pura Dalem Penungekan, einem Tempel der Toten

Pura Kehen
Jalan Sri Wijaya. *tägl.*
Spende. *Pagerwesi (11. Juni 2008).*

Pura Penyimpenan
Jalan Sri Wijaya. *tägl.*
bei Zeremonien.
Spende.

Pura Dalem Pengungekan
Jalan Merdeka. *tägl.*
bei Zeremonien.

Umgebung: Vom bewaldeten **Bukit Demulih**, etwa vier Kilometer westlich von Bangli, hat man eine prächtige Sicht auf den Gunung Agung und an klaren Tagen bis Nusa Penida und Sanur. In Bunutin, sieben Kilometer südlich, steht **Pura Penataran Agung** mit zwei Schreinen auf Inseln in einem Wasserliliensee.

Iseh ❷

Straßenkarte E3. *von Bangli und Klungkung.* *Amlapura, (0363) 21 196.*

Das Gebiet um Iseh ist bemerkenswert für seine prächtige Landschaft, vor allem an der Straße östlich von Bangli nach Muncan und Duda, die ihren Weg nach Osten durch vulkanische Täler sucht. Die Reisterrassen sind üppig grün. Iseh selbst ist ein kleines Dorf mit wenig Einrichtungen für Besucher. Walter Spies *(siehe S. 88)* hatte hier ein Haus, und es war diese Gegend, die ihn zu einigen seiner schönsten Bilder inspirierte.

Umgebung: Bei **Putung**, sechs Kilometer östlich von Iseh, findet man gute Aussichtsplätze und einige Unterkünfte. Weitere vier Kilometer östlich liegt das Dorf **Sibetan**, der beste Platz, um *salak (siehe S. 197)* zu kaufen, eine kleine, knusprige, herbe Frucht mit einer schuppigen Schale, die fast wie Schlangenhaut aussieht.

Reisfelder und Kokosnusshaine in Iseh, eine gute Wanderregion

Hotels und Restaurants in Ostbali *siehe Seiten 176f und Seiten 189f*

Sidemen ❸

Straßenkarte E3. *von Bangli und Klungkung.* *Amlapura, (0363) 21 196.*

Sidemen liegt in einer der schönsten Gegenden Ostbalis. Der Blick von den Hängen des Gunung Agung erstreckt sich über ein grünes Flickwerk mit eindrucksvoller Bergkulisse. Die Stadt ist Zufluchtsort vor dem hektischen Treiben andernorts, und es gibt hier einige gute Unterkünfte mit Blick auf die Reisfelder.

Im Ort kann man Werkstätten besichtigen, die *songket* herstellen. Diese Arbeit war früher das Vorrecht höherer Kasten und bedeutet immer noch einen hohen Status.

Straßenecke im Stadtzentrum von Klungkung

Klungkung ❹

Straßenkarte D4. *Jalan Untung Surapati 3, (0366) 21 448.* *(eingeschränkt).*

Klungkung, auch bekannt als Semarapura, ist Bezirkshauptstadt und wichtiger Handelspunkt.

Wichtigste historische Stätte in Klungkung ist ein Pavillonpaar in einem ornamentalen Graben, bekannt als **Taman Gili** *(siehe S. 106f)*. Nebenan steht das **Museum Daerah Semarapura** mit Bronze- und Marmorskulpturen, Gemälden des italienischen Modernisten Emilio Ambron und Fotografien der königlichen Familie und des Palasts vom Anfang des 20. Jahrhunderts.

Gemälde im *Wayang*-Stil, von einem Künstler aus dem Dorf Kamasan

Auf der Südseite von Taman Gili steht ein großes Tor, von dem man sagt, es sei der Eingang zum inneren Hof des alten Palasts gewesen. Nach der Legende sitzen die massiven Holztore fest seit dem *puputan* von 1908, als 200 Mitglieder des Königshofs von Klungkung rituellen Selbstmord begingen *(siehe S. 49)*. Diesem Vorfall wird mit dem **Puputan-Denkmal** auf der anderen Straßenseite gedacht. An der gleichen Kreuzung gibt es in einer Markthalle Tempel- und Ritualzubehör, einheimische Handwerkserzeugnisse und Lebensmittel zu kaufen. Dies ist auch einer der besten Märkte Balis für Textilien.

Umgebung: Einen Kilometer südlich von Klungkung liegt das Künstlerdorf **Kamasan**; hier kann man Malern bei der Arbeit zusehen. Die Künstler von Kamasan haben viel zum Stil der traditionellen balinesischen Kunst beigetragen *(siehe S. 34f)*. An der Straße von Klungkung nach Kamasan führt eine Abzweigung nach links zu **UD Kamasan Bali** (Tel. 0366 24 781), wo *kereng* (chinesische Münzen) geprägt werden. Ein Laden verkauft heilige Münzen und Accessoires. In der gleichen Entfernung Richtung Nordosten steht der Tempel **Pura Taman Sari**. Teil des großen Tempelverbands ist ein elfstöckiger *Meru*-Turm auf einer Steinschildkröte. Sie ist von einem Graben umgeben.

Das Puputan-Denkmal in Klungkung

Textilien aus Ostbali

Auf Bali kommt Textilien und ihrer Herstellung große Bedeutung zu, und nirgendwo mehr als in Ostbali. Die Region ist berühmt für ein Doppel-*ikat*-Gewebe namens *geringsing*, das nur im Bali-Aga-Dorf Tenganan *(siehe S. 110f)* gefertigt wird. Dem *Geringsing* sagen die Balinesen schützende spirituelle Kräfte nach. In Sidemen werden komplizierte dekorative Motive mit Gold- und Silberfäden ins Tuch gewebt, um einen prächtigen Brokat, *songket,* zu schaffen. Dieser wird von den Balinesen bei religiösen oder sozialen Anlässen getragen und gehört zum Kostüm der traditionellen Tänzer.

***Songket*-Stoff aus einer Werkstatt in Sidemen**

Klungkung: Taman Gili

Das im frühen 18. Jahrhundert erbaute Taman Gili (»mit einem Wassergraben umgebener Garten«) ist alles, was von Klungkungs Königspalast übrig blieb. Der größte Teil wurde 1908 während der holländischen Eroberung zerstört. Am auffälligsten sind zwei hohe, offene Hallen, *bale*, mit kompliziert bemalten Decken. Die Gemälde sind in den letzten 100 Jahren mehrfach übermalt und restauriert worden, blieben aber besonders schöne Exemplare des *Wayang*-Stils *(siehe S. 34)*, in denen die Figuren Schattenpuppen ähneln. Die Kerta Gosa war einst Sitz des königlichen »hohen Gerichts«. Die jetzige Konstruktion der Bale Kambang stammt aus den 1940er Jahren.

Der Graben
Der Graben gab dem Bale Kambang seinen Namen – »schwimmender Pavillon«.

★ Kerta-Gosa-Deckengemälde
267 bemalte Tafeln wurden hier in mehreren Reihen angebracht. An der Spitze ist eine geschnitzte Lotusblume, umgeben von goldenen Tauben, die Erleuchtung und Erlösung repräsentieren.

Kerta-Gosa-Deckengemälde

Die Hauptreihe zeigt Teile der *Bhima-Swarga*-Erzählung, die aus dem indischen *Mahabharata*-Epos in die balinesische Tradition aufgenommen wurde. Es gibt auch Szenen der *Tantri*-Geschichten (balinesische Version indischer Moralmythen); einige basieren auf einem astronomischen Kalender und zeigen Vulkanausbrüche und Erdbeben.

Der Dämon Wirosa verfolgt Sünder

Eine Szene aus den Tantri-Geschichten

Ein Stadium im Aufstieg zu Erleuchtung und Erlösung

INFOBOX

Puri Semarapura, Ecke Jalan Surapati und Jalan Puputan, Klungkung. ◯ *tägl. 7–18 Uhr.* ● *Feiertage.*

★ Bale-Kambang-Deckengemälde
Diese zeigen Szenen aus balinesischen Mythen, z. B. die Geschichte des Sutasoma, eines heiligen Buddhisten, der Stärke ohne Aggression symbolisiert.

Steinernes Wandrelief
Das Gebäude ist dekoriert mit gemeißelten Reliefs mythischer Kreaturen.

Museum Daerah Semarapura
Das Museum (siehe S. 105) *westlich des Bale Kambang zeigt Zeitdokumente der Dynastien Klungkung und Gelgel.*

NICHT VERSÄUMEN

- ★ Kerta-Gosa-Deckengemälde
- ★ Bale-Kambang-Deckengemälde

Tempeleingang an der Fledermaushöhle Goa Lawah

Gelgel 5

Straßenkarte E4. *von Klungkung.* *Klungkung, (0366) 21 448.* *Purnama Kapat (Okt).*

Der königliche Hof des Majapahit-Herrschers von Bali *(siehe S. 46)* wurde in Gelgel im 14. Jahrhundert von Dewa Ketut Ngulesir gegründet, dem Sohn des ersten Majapahit-Königs von Bali. Eine Erinnerung an das frühere Königreich ist Gelgels sehr alter Königstempel **Pura Dasar** mit großem äußeren Hof und einigen *Meru*-Türmen.

Der **Pura Penataran** ist einer von mehreren Tempeln, die man an den breiten Dorfstraßen sehen kann.

Fledermaushöhle Goa Lawah 6

Straßenkarte E4. *Klungkung, (0366) 21 448.* *tägl.* *Jahrestag des Tempels (12. Feb und 9. Sep 2008).*

Goah Lawah, wohl über 1000 Jahre alt, ist für das Jenseits betreffende Tempelrituale wichtig. Das Hauptmerkmal ist eine Höhle, die von Tausenden von Fledermäusen bewohnt wird. Nach der Legende reicht die Höhle 30 Kilometer in die Berge bis Besakih *(siehe S. 116f)* und beherbergt eine riesige, drachenähnliche Schlange, Basuki genannt, die sich von Fledermäusen ernährt. Für Besucher gibt es bei der Höhle gute Lokale mit schöner Aussicht übers Meer nach Nusa Penida und Lombok. Hier trifft man aber auch auf viele Straßenhändler.

Umgebung: Kusamba, vier Kilometer südwestlich von Goa Lawah, ist ein geschäftiges kleines Fischerdorf mit einem schwarzen Sandstrand. *Jukung* (Fischerboote mit Ausleger) säumen den Strand und sind für Tagesausflüge zu den Inseln zu mieten. Pfannen für die Salzproduktion kann man auch an dieser Küste sehen.

Farbenfrohe *jukung* (Auslegerboote) auf dem schwarzen Sandstrand Kusambas

Padang Bai 7

Straßenkarte E4. *nach Nusa Lembongan, Nusa Penida und Lembar, Lombok.* *Amlapura, (0363) 21 196.*

Dies ist ein zwangloses Feriendorf und eine gute Basis für die Erkundung Ostbalis. Hier ist auch der Haupthafen für Fähren nach Lombok, deshalb ist der Verkehr von Denpasar ziemlich stark. Im Dorf gibt es mehrere Restaurants, Hotels, Pensionen, Bars, Tourführer und Läden für Tauchausrüstung.

Umgebung: In Gehweite, westlich von Padang Bai, liegt **Biastugal**, eine unverfälschte weiße Sandbucht, auf der sich Sonnenanbeter treffen. Ein wenig weiter die Küste entlang kann man Auslegerboote für Schnorchel- und Tauchausflüge mieten. Am östlichen Ende der Bucht, etwa 20 Minuten zu Fuß, stehen mehrere Tempel, z. B. **Pura Silayukti**, Mpu Kuturan zugesprochen, der im 11. Jahrhundert das Dreitempelsystem einführte *(siehe S. 45)*.

Pura Silayukti
tägl. *Jahrestag des Tempels (27. Feb 2008).*

Candi Dasa 8

Straßenkarte E4. *Jalan Candi Dasa, (0366) 41 204.*

Ursprünglich ein Fischerdorf, ist Candi Dasa nun ein beliebter Urlaubsort. Seitdem das Riff vor der Küste zerstört wurde, zum größten Teil durch Ausnutzung als Rohmaterial, ist der Strand fast völlig erodiert. Candi Dasa ist dennoch ein guter Ort zum Tauchen und Schnorcheln und um die Gegend zu erkunden. Es gibt angesehene Tauchschulen und gute Tauchgründe vor der Küste. Man kann unter mehreren *losmen* und anderen Unterkünften, Restaurants und Bars wählen. Die Lokalspezialität ist *bebek betutu*, saftige Ente mit Kräutern und Gewürzen *(siehe S. 183)*.

Der Name Candi Dasa soll vom balinesischen Begriff »Cilidasa«, »zehn Kinder«, abstammen. In der Mitte des Dorfes, oberhalb einer Lagune mit Wasserlilien, steht der Tempel **Pura Candi Dasa**, der Hariti, der Göttin der Fruchtbarkeit, geweiht ist.

Pura Candi Dasa
Jalan Candi Dasa. *tägl.*

Umgebung: Zwei Kilometer östlich, oben an einer steilen Treppe, steht **Pura Gomang**, von dem man einen guten Blick auf die Küste hat. Weiter östlich liegt die von steilen Felsen eingeschlossene Bucht **Pasir Putih**, die als Hafen für *Jukung*-Boote benutzt wird.

Zu Fuß von Tenganan nach Tirtagangga ❾

Reisfeldkröte

Der Weg von Tenganan nach Tirtagangga bietet einige der schönsten Terrains von Balis Inland und viele Blicke auf traditionelles balinesisches Leben. Für die sechs Kilometer lange Strecke benötigt man etwa drei Stunden. Von den höheren Stellen hat man eine tolle Sicht auf Balis Berge; es geht durch Reisterrassen und friedvolle Dörfer. Dies ist eine Möglichkeit, sich Dorftempel, örtliche Schulen, winzige *warung* (Läden) und Korbflechter-Werkstätten anzusehen. Am frühen Morgen verkaufen die Händler *tuak*, ein sauer schmeckendes alkoholisches Getränk aus der Blüte der *Jaka*-Palme. Diese kann man an den enormen traubenähnlichen Blüten, die aus ihren Stämmen wachsen, erkennen.

Budakling ⑥
Nördlich der Hauptstraße, bevor man zu einem Lavapfad gelangt, liegt dieses Dorf der Metallschmiede.

Tirtagangga ⑦
Die Landstraße nach Tirtagangga *(siehe S. 112)* bietet einen Blick auf Reisfelder und das Meer.

Kastala ⑤
Der Pfad zu diesem Dorf bei der Hauptstraße führt über den Fluss. Um den Weg abzukürzen, kann man sich von Bebandem aus fahren lassen.

Berghang-Warung ④
Ein kleines Café steht oberhalb der Reisterrassen. Der Pfad führt zu einem Bewässerungsdamm und einem Reisfeldschrein, bevor er einen seichten Fluss überquert.

Pura Puseh ③
Der Blick vom Tempel Pura Puseh reicht weit in den Osten Balis; man kann Reisfelder in verschiedenen Stadien des Anbaus sehen. Gunung Lempuyang und Gunung Seraya sind in der Ferne.

Gumung Kaja ②
Im Dorf Gumung Kaja werden Körbe und Matten aus den Stengeln der *ata*, einer Palmsorte, geflochten.

Legende

- Hauptstraße
- Nebenstraße
- Lavapfad
- Routenempfehlung

Tenganan-Dorftor ①
Vom Dorf führt ein steingepflasterter Weg zu einem Tempelkomplex und dann zum Waldrand. Hier markiert eine Mauer den Beginn einer halbstündigen Kletterpartie zur Grundschule in Gumung.

Routeninfos

Start: *Tenganan.*
Ziel: *Tirtagangga.*
Anfahrt: *Bemo nach Candi Dasa, dann eigener Transport.*
Beste Zeit: *Jederzeit, aber die Wege sind in der Regenzeit glatt.*
Dauer: *ca. drei Stunden.*

Bali-Aga-Dorf Tenganan ⑩

Wand-Lehmmotiv

Die Bali Aga *(siehe S. 46)* halten ihre eigene Weltsicht und soziale Organisation aufrecht. Wer hier lebt, muss in der Gemeinde heiraten oder das Dorf verlassen. Gemeindemitglieder stellen gute Korbwaren her, und dies ist der einzige Ort Südostasiens, in dem *Geringsing*-Textilien *(siehe S. 37)* gefertigt werden. Tenganan ist das besterhaltene Bali-Aga-Dorf. Nachts ist es für Fremde geschlossen.

Detail eines Doppel-*ikat geringsing*

Wantilan ist ein großer, offener Pavillon, in dem sich das Dorf für soziale Aktivitäten trifft.

Dorftempel
Im »Tempel der Ursprünge« außerhalb der Dorfmauern trifft sich die Gemeinde zu Ritualen, die eine dualistische Kosmologie aus sich ergänzenden Gegensätzen wiedergeben.

Dorfhäuser
Eine kurze Treppe führt zu jedem Haus, das auch immer einen kleinen Hof hat.

Die Legende von Tenganan

Es heißt, dass im 14. Jahrhundert König Bedaulu, der Herrscher über Bali, sein Lieblingspferd verlor und für die Wiederbeschaffung eine Belohnung aussetzte. Das Pferd fand man schließlich tot bei Tenganan, und die Dorfleute erbaten sich als Belohnung Land. Der König schickte seinen Minister, um Grenzen zu ziehen, mit der Weisung, ihnen alles Land zu geben, wo man das tote Pferd riechen konnte. Begleitet vom Dorfoberhaupt, der in seiner Kleidung verwesendes Pferdefleisch verborgen hatte, tat der Minister seine Pflicht und zog großzügige Grenzen, die bis heute so verlaufen.

Land in Tenganan, nach Bali-Aga-Tradition Gemeinschaftsbesitz

Nicht versäumen

★ Bale Petemu

★ Hauptstraße

INFOBOX

Straßenkarte F3. *von Candi Dasa.* *Amlapura, (0363) 21 196.* *Sonnenauf- bis -untergang.* *Spende.* *Rejang Dewa (Tanz; Feb); Usaba Sambah und Mekare-kare (Stockkampf; Juni / Juli).*

★ Bale Petemu
Versammlungshalle einer der drei Vereinigungen lediger Männer des Dorfes.

★ Hauptstraße
Die Hauptstraßen sind teils gepflastert und steigen in Reihen an, durch Rampen verbunden.

Kampfhähne
Sie werden oft in Käfigen vor den Häusern gehalten; die Kämpfe finden meist außerhalb des Dorfes statt.

In der Küche des *bale agung* werden Schweine geschlachtet und für zeremonielle Zwecke gekocht.

Das *bale agung* ist die Halle zur Versammlung des Dorfrates, der aus allen verheirateten Paaren besteht.

Ujung ⓫

Straßenkarte F3. 🚍 🚌 *von Amlapura.* ℹ *Amlapura, (0363) 21 196.*

Ujung, wörtlich »am Ende«, ist der richtige Name für dieses entlegene Fischerdorf. Der **Puri Taman Ujung** ist ein Wasserpalast, der 1921 vom letzten Raja von Karangasem, I Gusti Bagus Djelantik, gebaut wurde. Die Gebäude wurden alle beim Erdbeben 1974 zerstört. Seit der Restaurierung 2004 erstrahlt er wieder in seinem alten Glanz.

Umgebung: Die enge Straße, die sich östlich von Ujung um die Ostspitze Balis windet, bietet eindrucksvolle Blicke auf das Meer und Gunung Seraya. Bevor man diese Straße nimmt, sollte man ihren Zustand bei den Einheimischen erfragen.

Puri Taman Ujung
tägl. *Spende.*

Der Puri Taman Ujung vor der Renovierung

Amlapura ⓬

Straßenkarte F3. ℹ *Jalan Diponegoro, (0363) 21 196.*

Das geschäftige Handelsstädtchen Amlapura ist Bezirkshauptstadt. Ihren jetzigen Namen erhielt sie nach dem Wiederaufbau in Folge des Ausbruchs des Gunung Agung 1963. Der frühere Name, Karangasem, wird noch oft benutzt.

Karangasem wurde gegen Ende des 17. Jahrhunderts eine wichtige Macht. Die königlichen Familien von Karangasem hatten starke politische Verbindungen mit der Nachbarinsel Lombok. Mitte des 18. Jahrhunderts vertrieben sie die Könige von Sulawesi aus Lombok und teilten die Insel unter sich auf.

Das Maskerdam-Gebäude, eine im holländischen Stil möblierte Residenz

Die Balinesen von Karangasem blieben bis 1894 im westlichen Lombok an der Macht, trotz ständiger Herausforderungen durch die Sasak-Adeligen. Karangasem wurde 1849 ein Vasall Lomboks, als der König von Lombok das Land seiner eigenen Ahnen zurückeroberte. Es begab sich 1894, nach der holländischen Eroberung Lomboks, unter holländische Herrschaft.

Puri Agung, ein Palast der Könige von Karangasem, entstand um 1900. Er war der Geburtsort des letzten Königs. Der Palast ist nicht mehr bewohnt, die Nachfahren der königlichen Familie leben in den Palästen Puri Gede und Puri Kertasurahe auf der anderen Straßenseite (diese sind nicht wie Puri Agung öffentlich zugänglich). Architektonisch ist Puri Agung eine Mischung europäischen und balinesischen Stils. Beeindruckend ist das Eingangstor.

Die Hauptattraktion ist das **Maskerdam-Gebäude**, so genannt als Tribut an die Holländer (»Amsterdam« in der Aussprache der Einheimischen). Hinter den geschnitzten Türen befinden sich von der holländischen Königin Wilhelmina geschenkte Möbel. Ein anderes Gebäude ist ein Verband, der als Bale London bekannt ist, da einige der Möbel das Wappen der britischen Königsfamilie tragen. Vor dem Maskerdam-Gebäude sind neben Zierteichen zwei *bale* (offene Hallen) für Zeremonien und Versammlungen. Über dem Eingang einer der *bale* hängt eine Fotografie des Raja, aufgenommen 1939, als dem Bezirk limitierte Selbstverwaltung von den Holländern garantiert wurde.

Puri Agung
Jalan Gajah Mada. *tägl.*

Tirtagangga ⓭

Ababi. **Straßenkarte** F3. 🚍 🚌
ℹ *Amlapura, (0363) 21 196.*
tägl.

Tirtagangga (»heiliges Wasser vom Ganges«) ist immer noch das beste Beispiel für Balis königliche Wasserpaläste. Er wurde 1947 von Anak Agung Anglurah Ketut gebaut, dem letzten König von Karangasem, und nach der Zerstörung durch den Ausbruch des Gunung Agung 1963 restauriert. Im Komplex befinden sich eine heilige Quelle, ein kalter Quellenpool und mehrere Teiche. Im Pool ist Baden gegen eine kleine Gebühr erlaubt; es gibt einfache Umkleidekabinen. Die Becken und Brunnen liegen in gepflegten Gärten.

Tirtagangga hat ein kühles Klima und ist eine gute Basis für Spaziergänge in der Gegend. Es gibt mehrere Unterkünfte.

Gärten umgeben die Badeteiche in Tirtagangga

Anpflanzungen neben der Panoramastraße bei Gunung Lempuyang

Gunung Lempuyang ⓮

Fahrt durch die Dörfer Tista, Abang und Ngis Tista. **Straßenkarte** F3. 🚌 🚐 ℹ *Amlapura, (0363) 21 196.* 🅿

Mit etwas über 1000 Metern Höhe ist der Gunung Lempuyang einen Tagesausflug wert, besonders wenn eine Tempelzeremonie stattfindet. Der Weg hierher ist Teil der Attraktion – die Straße von Tirtagangga führt nordöstlich durch ein Tal, mit Gunung Agung im Westen und Gunung Lempuyang im Osten, und bahnt sich ihren Weg durch üppige Reisfelder. Den Berg selbst erreicht man dann über eine Nebenstraße.

Oben steht **Pura Lempuyang Luhur**. An dieser abgelegenen und heiligen Stätte befand sich wahrscheinlich schon zu Vor-Hindu-Zeiten ein Tempel. Heutzutage ist der Tempel für Balinesen wichtig wegen seiner Lage auf der Spitze des östlichsten Bergs der Insel. Der Tempel ist nicht groß; es gibt nur einen Hof mit einfachen *bale* (Pavillons). Die Aussicht auf den Gunung Agung ist wunderbar. Um den Tempel zu erreichen, muss man 1700 Stufen ersteigen (etwa zwei Stunden), vorbei am kleineren Tempel Pura Telagamas am Fuß. Es befinden sich mehrere Rastplätze auf dem Weg.

Pura Lempuyang Luhur
tägl. *Jahrestag des Tempels (Manis Galungan, 24. Jan und 21. Aug 2008).*

Amed ⓯

Straßenkarte F2. 🚌 🚐 ℹ *Amlapura, (0363) 21 196.*

Der verschlafene kleine Fischerort Amed ist wegen seiner Tauchplätze und seiner Salzproduktion interessant. Im einfachen Verdampfungsprozess, der sich seit Generationen kaum geändert hat, wird aus Salzwasser, das in Holzfassungen geschüttet wird, Salz hergestellt, in Säcke gepackt und zum Verkauf an die Straße gestellt.

Boote für Tauch- oder Schnorcheltrips an der Küste um Amed

Taucher kommen gerne zu einer Bucht in Jemeluk im Osten von Amed, um die Korallengärten und die Fischvielfalt zu beobachten.

Die Ostküste um Amed ist heiß, trocken und wirtschaftlich recht arm. Öde Hügel, befestigt mit dürren Lontarpalmen, stehen in Kontrast zu den grünen Berghängen dahinter. Die karge, raue Landschaft unterscheidet sich deutlich vom restlichen, grünen Ostbali.

Umgebung: Fünf Kilometer östlich von Amed liegt das ruhige Küstendorf **Lipah**, wo Einrichtungen für Urlauber entstanden sind – zu vernünftigen Preisen.

Lontarpalmen in der Küstenregion von Tulamben

Tulamben ⓰

Straßenkarte F2. 🚌 🚐 *von Amlapura und Singaraja.* ℹ *Amlapura, (0363) 21 196.*

Tulamben ist eine unbeschriebene kleine Stadt, aber von Interesse wegen des Wracks eines 120 Meter langen amerikanischen Frachtschiffs, der *Liberty*, die im Zweiten Weltkrieg südwestlich von Lombok torpediert wurde. Es liegt 40 Meter vor der Küste in 60 Meter Tiefe. Das Wasser ist ideal zum Tauchen und Schnorcheln. Tauchshops *(siehe S. 202)* organisieren Tagesausflüge von Tulamben aus. Boote kann man vor Ort mieten.

Gunung Agung ⑰

Gunung Agung, ein 3142 Meter hoher, aktiver Vulkan, ist das Hauptmerkmal Ostbalis. Er hat große Bedeutung im Leben jedes Balinesen. Gemeinden richten ihre Häuser, Tempel und selbst die Betten nach diesem geheiligten Ort aus, von dem man glaubt, dass dort die Geister der Ahnen wohnen. Besucher, die den Berg erklettern, sollten die Tempel-Kleidervorschriften beachten *(siehe S. 219)*, um Ärger zu vermeiden.

Von Besakih ①
Dies ist der längere der beiden Wege, er führt direkt zum Gipfel des Vulkans, wo man bei klarem Wetter eine atemberaubende Aussicht auf Bali und Lombok hat.

Von Pura Pasar Agung ②
Der südliche Weg ist kürzer, aber steiler und endet 100 Meter vor dem eigentlichen Gipfel.

ROUTENINFOS

Start: *Eines der Basislager: Besakih ① oder Pura Pasar Agung ② nördlich von Selat.*

Anfahrt: *Bus oder bemo nach Besakih von Denpasar, Gianyar und Amlapura. Eigener Transport nach Pura Pasar Agung.*

Beste Zeit: *Verboten während der Regenzeit (Okt–Mai) wegen gefährlicher Erdrutsche und angeschwollener Flüsse und bei Zeremonien (März/Apr).*

Führer: *Besucher sind strengstens angehalten, einen verlässlichen Führer zu organisieren (siehe S. 205), weil der Weg von beiden Lagern steil ist und einen frühmorgendlichen Start verlangt. Die tieferen Hänge sind dicht bewaldet. Wetterwechsel können plötzlich und heftig sein. Einheimische können unfreundlich gegenüber Kletterern sein.*

Dauer: *Sechs Stunden von Besakih; drei von Pura Pasar Agung.*

Ausbruch des Gunung Agung (1968) von Ida Bagus Nyoman Rai

Der Ausbruch des Gunung Agung 1963

Obwohl man dachte, der Gunung Agung sei lange erloschen, brach er 1963 aus und schoss Steine und Asche hoch in den Himmel. Im Ganzen dauerte dies sechs Monate. Ganze Dörfer wurden begraben; fast 2000 Menschen starben, und eine Menge bebaubares Land wurde Wüste. Die steingefüllten Flüsse Ostbalis und Agungs nackte Ostseite zeugen von dem Ereignis. Nach örtlichem Glauben geschah das Unglück, weil spirituelle Führer den Zeitpunkt für die Aufführung von Eka Dasa Rudra falsch setzten. Dies ist eine spirituelle hinduistische Reinigungszeremonie, die alle hundert Jahre abgehalten wird. Laut alten Texten hätte die Zeremonie nicht 1963, sondern 1979 stattfinden sollen.

Besakih-Tempelkomplex ⓲

Siehe S. 116f.

Gunung Batur ⓳

Siehe S. 120f.

Kintamani ⓴

Straßenkarte D2.
Penelokan, (0366) 51 370.

Eines der beliebtesten Ziele für Bali-Besucher ist Kintamani, bemerkenswert vor allem wegen seiner Sicht auf einen Vulkan in einem Krater. Die Luft hier ist frisch, und der Blick von Kintamani in den Krater des Gunung Batur *(siehe S. 120f)* ist vielleicht der berühmteste der Insel, wie die Ausflugsbusse zeigen.

Kintamani ist eines von drei Dörfern hoch auf Baturs Kraterrand. Penelokan und Batur sind die anderen beiden. Es ist schwer zu sagen, wo das eine Dorf endet und das andere beginnt, sie gehen wegen der vielen Touristeneinrichtungen ineinander über. Die ganze Straße wird zum Parkplatz, wenn die Busse ankommen. Die Händler können sehr aufdringlich sein.

Doch die vielen Besucher kommen nicht, um das Dorf Kintamani selbst zu sehen – sie kommen aus Ehrfurcht vor dem Ausblick. Der Aufenthalt lohnt sich, um von einem hohen Aussichtspunkt aus einen Eindruck von der Landschaftsaufteilung zu bekommen; von hier sieht man das Bali-Aga-Dorf Trunyan *(siehe S. 121)* am Rand des Sees und den Gunung Abang auf der Ostseite des Sees gegenüber dem Gunung Batur.

Es gibt viele Restaurants entlang der zehn Kilometer langen Hauptstraße am Kraterrand; die meisten haben einen guten Ausblick. Es gibt auch einen Markt für einheimische frische Waren.

Antiker Schrein im Pura Tegeh Koripan

Laden und *warung*, typisch für die Straße nach Kintamani

Pura Ulun Danu Batur ㉑

Siehe S. 122f.

Pura Tegeh Koripan ㉒

Straßenkarte D1. *von Kintamani.* *Penelokan, (0366) 51 370.* *tägl.* *bei Zeremonien.* *Spende.* *Tempelfest (Okt).*

Pura Tegeh Koripan (auch bekannt als Pura Sukawana oder Pura Penulisan) ist einer der ältesten Tempel in Bali – aus dem 11. Jahrhundert oder sogar noch früher *(siehe S. 45)*. In 1500 Metern Höhe an der Seite des Gunung Penulisan ist er sicherlich einer der höchstgelegenen *(siehe S. 120)*. Wegen der wenigen Urlauber ist es hier immer sehr ruhig.

Der Komplex besteht aus fünf Tempeln. Wegen der Pyramidenstruktur auf elf Terrassen entlang dem Hang datiert man ihn auf eine prähindu-buddhistische Ära und assoziiert ihn mit Balis megalithischer Kultur.

Zum Haupttempel, Pura Panarajon, gelangt man über 300 Stufen – die höchste Stelle der Anlage. Innen findet man steinerne Inschriften und Statuen (wohl 10. Jh.).

Von den Hängen des Gunung Penulisan hat man eine hervorragende Sicht: an klaren Tagen bis Java im Osten und zum Meer im Norden.

Besakih-Tempelkomplex ⓲

Wandrelief

Pura Besakih ist ein großer Komplex aus 22 Tempeln auf drei Quadratkilometern an den Hängen des Gunung Agung *(siehe S. 114)*, wo, wie die Balinesen glauben, die Geister ihrer Ahnen leben. Angeblich im 8. Jahrhundert von dem javanischen Weisen Rsi Markandya gegründet, kam er später unter die Oberaufsicht des Königtums Klungkung. Bis auf zwei Schreine wurden alle beim Erdbeben von 1917 zerstört, später wurde der Komplex mehrmals renoviert. Beim Ausbruch des Gunung Agung 1963 entging er der Zerstörung. Nun ist er eine zentrale Stätte des modernen indonesischen Hinduismus.

★ Elfstöckiger Meru
Die hohen meru *(Pagoden) sind Schreine für vergötterte Könige, Ahnengeister und Naturgötter.*

★ Haupthof
Die zentrale Gebetsstätte im Tempel: Ein padmasana tiga *(dreifacher Lotusschrein) ist Brahma, Shiva und Vishnu gewidmet.*

Terrasseneingang
Die Terrassen am Eingang Pura Penataran Agung sind ein Abbild der Stufenpyramiden indonesischer Vorgeschichte.

Stufen
Nur Gläubige dürfen den Treppeneingang benutzen.

Fußwege verbinden die Tempel im Komplex.

Pura Ratu Pande
Die Dächer dieses Klantempels bei Pura Penataran Agung sind mit schwarzen Palmenfasern und vergoldeten Dachkappen renoviert.

INFOBOX

Besakih. **Straßenkarte** E2. 🚌 🚌 ℹ *Jalan Diponegoro, Amlapura, (0363) 21 196.* ◯ *tägl. 7–18 Uhr; die inneren Höfe kann man nur von außen besichtigen.* *Betara Turun Kabeh (Apr); Purnama (bei Vollmond, das ganze Jahr über, besonders aber Apr und Okt).*

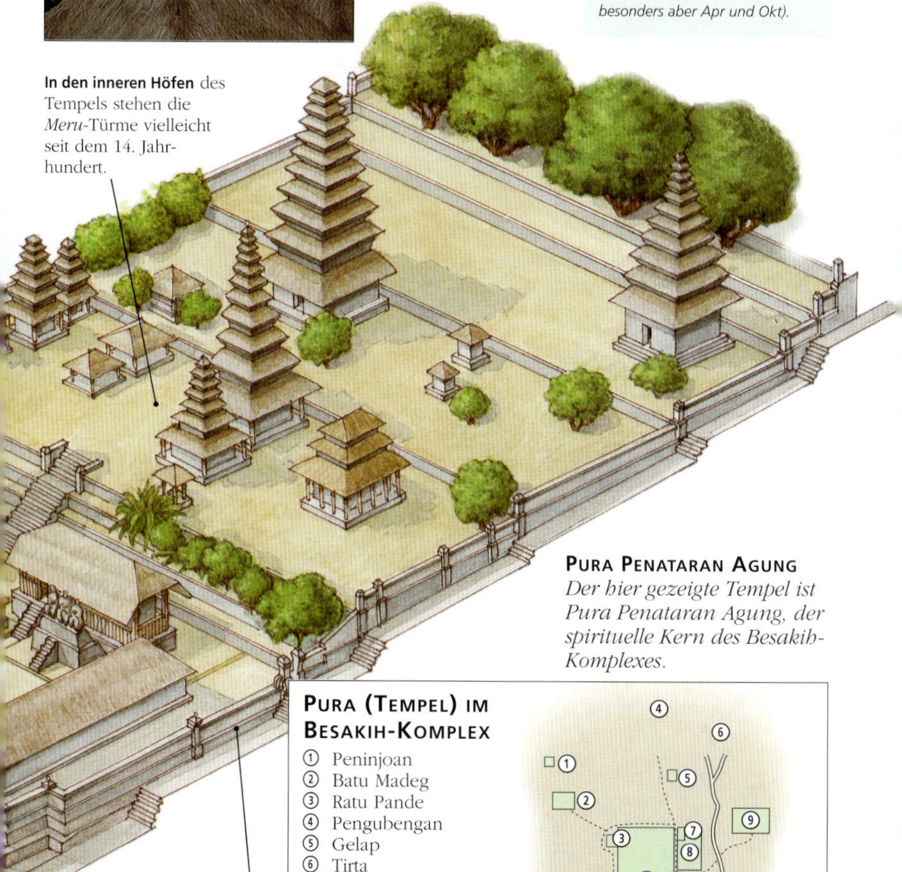

In den inneren Höfen des Tempels stehen die *Meru*-Türme vielleicht seit dem 14. Jahrhundert.

Niedrige Mauern umgeben den Tempelkomplex; Besucher können die Schreine sehen, wenn sie von den Fußpfaden aus über die Mauern schauen.

PURA PENATARAN AGUNG

Der hier gezeigte Tempel ist Pura Penataran Agung, der spirituelle Kern des Besakih-Komplexes.

PURA (TEMPEL) IM BESAKIH-KOMPLEX

① Peninjoan
② Batu Madeg
③ Ratu Pande
④ Pengubengan
⑤ Gelap
⑥ Tirta
⑦ Ratu Penyarikan
⑧ Pedharman
⑨ Kiduling Kreteg
⑩ Ratu Pasek
⑪ Penataran Agung
⑫ Dukuh Segening
⑬ Basukian
⑭ Merajan Kanginan
⑮ Goa
⑯ Bangun Sakti
⑰ Ulun Kulkul
⑱ Manik Mas
⑲ Pesimpangan
⑳ Dalem Puri
㉑ Merajan Selonding
㉒ Jenggala

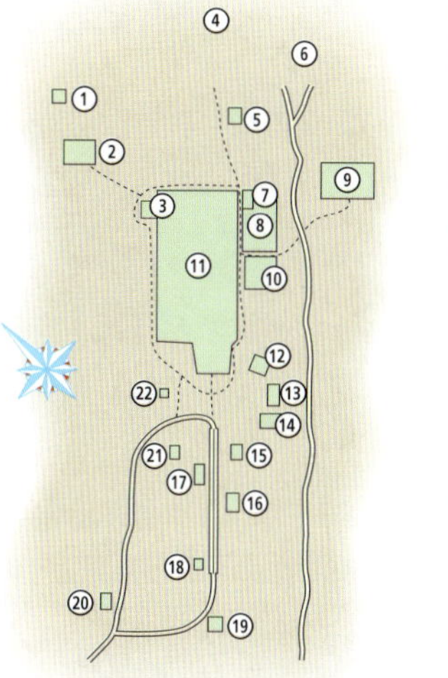

LEGENDE

--- Fußweg

NICHT VERSÄUMEN

★ Haupthof

★ Elfstöckiger Meru

Bewässerte Reisfelder in Tirtagangga, mit Gunung Agung in der Ferne ▷

Gunung Batur ⓳

Gunung Batur (Berg Batur) ist zwar nicht der höchste Vulkan auf Bali, aber der aktivste. Er ist umgeben von einer beeindruckenden Caldera, die nahelegt, dass er früher höher war und seine Spitze bei einem Ausbruch weggesprengt hat. Er ist in den letzten 200 Jahren mehr als 20-mal in großem Umfang ausgebrochen. Der verheerendste Ausbruch war 1917, als mehr als 1000 Menschen starben und über 2000 Tempel zerstört wurden. Die vulkanische Aktivität machte den Gunung Batur auf der Nordseite brach und trocken, im Gegensatz zur Seite zum Batur-See hin, wo Vegetation seine Hänge bedeckt.

Gunung Baturs Ausbrüche
Kleine, aber lautstarke Ausbrüche geschehen häufig Tag und Nacht und können von der Straße durch Kintamani beobachtet werden.

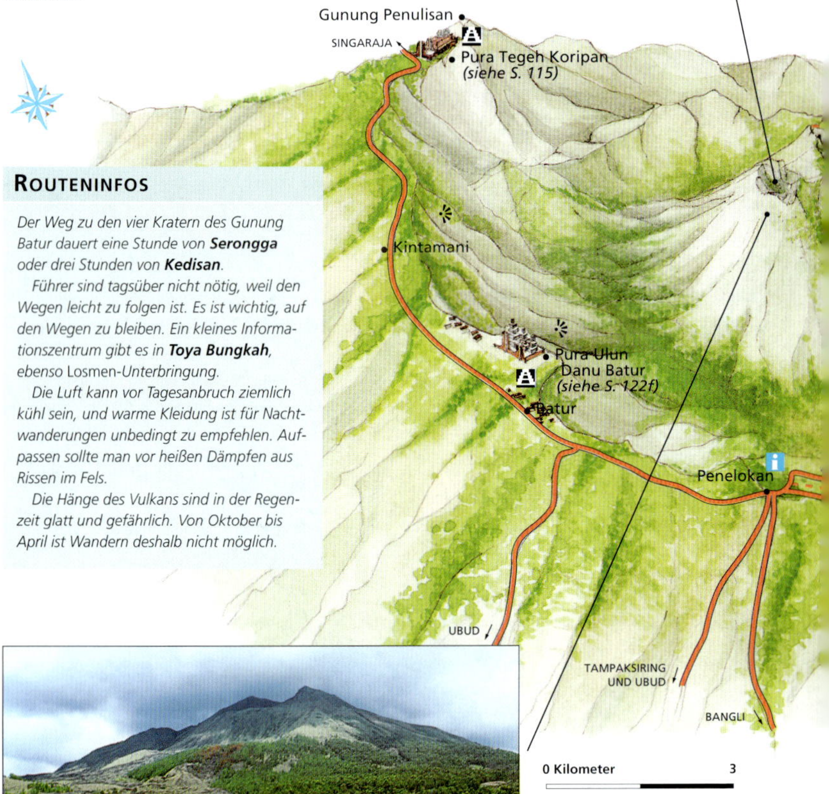

Routeninfos

Der Weg zu den vier Kratern des Gunung Batur dauert eine Stunde von ***Serongga*** *oder drei Stunden von* ***Kedisan****.*

Führer sind tagsüber nicht nötig, weil den Wegen leicht zu folgen ist. Es ist wichtig, auf den Wegen zu bleiben. Ein kleines Informationszentrum gibt es in ***Toya Bungkah****, ebenso Losmen-Unterbringung.*

Die Luft kann vor Tagesanbruch ziemlich kühl sein, und warme Kleidung ist für Nachtwanderungen unbedingt zu empfehlen. Aufpassen sollte man vor heißen Dämpfen aus Rissen im Fels.

Die Hänge des Vulkans sind in der Regenzeit glatt und gefährlich. Von Oktober bis April ist Wandern deshalb nicht möglich.

Legende

- Hauptstraße
- Fußweg
- Fähre/Boote
- Tempel
- Information
- Aussichtspunkt

Die westlichen Hänge des Gunung Batur
Das Gebiet am Fuß des Vulkans ist bedeckt mit Lava alter Ausbrüche. Die Vegetation ist spärlich.

Batur-See
Dieser See ist eine Hauptbewässerungsquelle für die Landwirtschaft in Zentral- und Ostbali. Man sagt, er sei von der Seegöttin Ida Betari Dewi Ulun Danu beschützt.

INFOBOX

Straßenkarte D2.
von Penelokan und Kintamani.
Jalan Letulila 9, Bangli, (0366) 91 537.
Bali-Aga-Dorf Trunyan:
von Kedisan.
Berutuk (Okt).

Schreine auf Gunung Abang
Im Wald am Gipfel des Gunung Abang befindet sich ein Tempel mit einigen kleinen, leuchtend bemalten Schreinen.

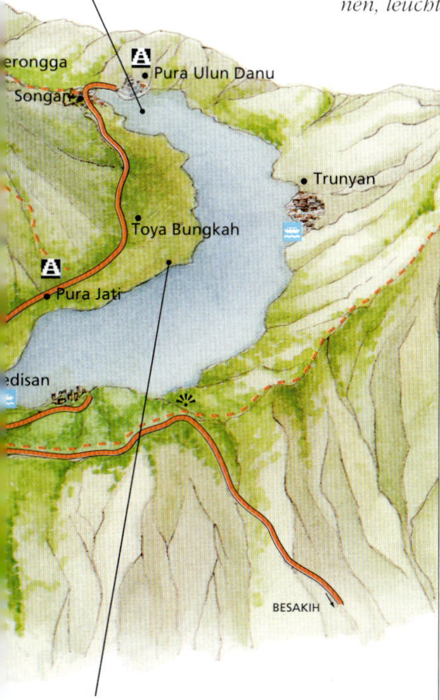

Trunyan an der Ostseite des Batur-Sees ist am besten über das Wasser zu erreichen

BALI-AGA-DORF TRUNYAN

Trunyan, eines der kulturell eigenständigen Bali-Aga-Dörfer *(siehe S. 46)*, erreicht man am besten per Boot. Die Einwohner haben Bräuche, die man sonst nicht findet, auch nicht in anderen Bali-Aga-Dörfern. Dazu gehört, dass ihre Toten in Gruben gesetzt und mit Tuch und schäbigen Bambusbaldachinen bedeckt werden. Der Einfluss eines antiken Baums, so sagt man, schützt den Leichnam vor der Verwesung. Der Friedhof ist für Besucher am interessantesten. In Trunyan steht Da Tonta, eine vier Meter hohe Statue von Dewa Ratu Gede Pancering Jagat, dem Schutzpatron des Dorfes, die beim Berutuk-Fest (meist im Oktober) hervorgeholt wird. Die Leute erwarten »Spenden« von den Besuchern, die sie nun als Einkommensquelle betrachten.

Toya Bungkah
Dieses Dorf bei einer heißen Quelle hat einfache Restaurants und Losmen-*Unterkünfte.*

Pura Ulun Danu Batur ㉑

Stein-
skulptur

Dieser Tempel ist einer der wichtigsten auf Bali wegen seines Bezugs zum See (*danu*) Batur, der das Bewässerungssystem von Gianyar und Bangli durch mehrere unterirdische Quellen speist. Aus der Ferne sieht man die Silhouette des Tempels am Rand des riesigen Batur-Kraters. An diesen Tempel sind andere angefügt, die zurzeit ausgebaut werden und einen ausgedehnten Komplex bilden.

Tempelflaggen
Götter und mythische Ungeheuer werden oft in bunten Farben auf Tempelflaggen und Skulpturen abgebildet.

Dritter Hof
Dieser ist der heiligste Hof. Drei Tore führen von einem Hof zum nächsten.

Garuda
Die Figur des Garuda, eines Vogels aus der Hindu-Mythologie, ist in diesem Steinrelief auf der Hofmauer dargestellt.

★ Zentralhof
Dieses große Viereck, hier mit einem festlichen Aufbau aus Bambus und Stroh, ist gelegentlich Rahmen für einen Baris-gede-*Tanz* (siehe S. 30).

Opfer aus Früchten und Blumen

Opfer für die Seegöttin

Gläubige aus ganz Bali bringen erlesene Opfergaben zu diesem der Göttin des Batur-Sees, Ida Betari Dewi Ulun Danu, gewidmeten Tempel. Die Verehrung der Göttin wird verstärkt durch wundersame Ereignisse in der Tempelgeschichte. An seinem früheren Standort, näher am See, wurde er wunderbarerweise vom Vulkanausbruch 1917 verschont, als der Lavafluss kurz vor seinen Mauern stoppte. Ein Ausbruch 1926 veranlasste die Dorfbewohner, den Tempel zu verlegen.

Infobox

Batur. **Straßenkarte** D2.
Penelokan, (0366) 51 370.
tägl. 7–18 Uhr. *Spende.*
Jahrestag des Tempels (Purnama, Apr und Okt).

★ Goldene Türen
Die Benutzung der großen, golden bemalten Holztüren des Haupttempeltors ist den Priestern bei wichtigen Gelegenheiten vorbehalten.

Seitentor
Das hohe, schlanke Tor, gebaut in einer Kombination aus Backstein und Paras-Steindekor, führt zu einem anderen Tempel.

Eingang

Der *bale gong* ist ein Pavillon mit dem Gamelan-Instrumenten des Tempels inklusive des großen Gongs, der eine magische Geschichte haben soll.

Nicht versäumen

★ Zentralhof

★ Goldene Türen

Nord- und Westbali

Das Herz von Nord- und Westbali bildet bergiges, vulkanisches Hinterland. Es ist umgeben von Küstenebenen, in denen die meisten Bewohner leben. Bevor im frühen 20. Jahrhundert die Niederländer Südbali übernahmen und in den 1920er Jahren in Benoa ein Hafen gebaut wurde, fand der Kontakt zwischen Balinesen und der Welt zumeist in dieser Nordwestregion der Insel statt.

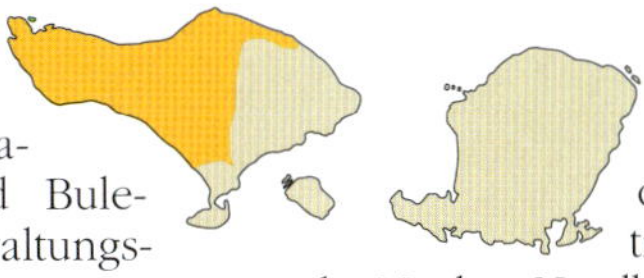

Nord- und Westbali entsprechen den Regentschaften Tabanan, Jembrana und Buleleng, mit den Verwaltungshauptstädten Tabanan, Negara und Singaraja. Von Tabanan nach Westen macht der Reisanbau stufenweise trockenen Feldern und Wäldern Platz. Die Bevölkerung wird gen Westen immer mehr muslimisch; die älteren Moslem-Siedlungen wurden im 17. Jahrhundert von Bugis-Seeleuten errichtet. Die Landschaft des Buleleng-Gebiets an der Nordküste besteht aus Berghängen, die sich zu einem engen, trockenen Stück Land erstrecken, das nahezu undurchdringlich für Bewässerung ist – Ausnahme ist das relativ fruchtbare Hinterland der Stadt Singaraja und das Anbaugebiet von Munduk und Busungbiu weiter innen.

Die Geschichte dieses Teils Balis bestimmen das Meer und die Traditionen der Höfe: Singaraja und Negara haben eher das Flair javanischer Küstenhandelsstädte als das balinesischer Zentren aristokratischer Macht. Nordbali ist stärker geprägt vom holländischen Kolonialismus als der Rest der Insel, der später kolonialisiert wurde. Nach der brutalen Übernahme Bulelengs 1849 setzten die Holländer 1855 eine Präfektur in Singaraja ein. Singaraja zeigt holländisches Vermächtnis. Tempel entwickelten einen originellen, zuweilen humorvollen Stil in Basreliefs und Skulpturen, in denen Europäer, Autos, Boote und andere moderne Elemente oft an den Stellen erscheinen, die weiter südlich von Dämonen und Blumenmotiven besetzt sind.

Zum Christentum Bekehrte wurden von den Holländern ins Hinterland von Negara umgesiedelt. Etwas jünger sind Siedlungen von Einwanderern aus Madura entlang der Küste.

Enten werden in den Küstenebenen Westbalis gezüchtet

◁ **Der balinesische Tempel Pura Tanah Lot *(siehe S. 128)* steht auf einem Felsvorsprung am Meer**

Überblick: Nord- und Westbali

Westbali hat Gebiete besonderer natürlicher Schönheit. Berge, schwarze Sandstrände, Kokosplantagen und Reisfelder bilden idyllische Landschaften. Der östliche Teil ist bekannt für viele eindrucksvolle Tempel und für Gunung Batukau, umgeben von Balis letztem Urwald. In der Nähe des Urlaubsortes Bedugul befindet sich eine Kette von Bergseen in einem Krater. An der Nordküste liegt Singaraja, einst die holländische Kolonialhauptstadt. Ein ausgedehntes Territorium wird vom Taman Nasional Bali Barat (West Bali National Park) und dem angrenzenden Buschwald beansprucht.

Klares Wasser in Pantai Gondol

Siehe auch

- ***Übernachten*** S. 177–179
- ***Restaurants*** S. 190f

Sehenswürdigkeiten auf einen Blick

Banjar 22
Blayu 7
Bratan-See und Bedugul 27
Buyan-See 26
Gilimanuk 16
Gitgit 30
Gunung Batukau 12
Jagaraga 31
Kapal 2
Krambitan 4
Lovina 29
Makam Jayaprana 19
Marga 9
Medewi Beach 13
Mengwi S. 129–131 6
Menjangan-Insel 18
Munduk 24
Negara 15
Pantai Gondol 21
Pejaten 3
Pemuteran 20
Pengambangan 14
Pupuan 23
Pura Gangga 11
Pura Meduwe Karang S. 148f 32
Pura Tanah Lot 1
Sangeh 8
Singaraja S. 144–146 28
Tabanan 5
Taman Nasional Bali Barat S. 136f 17
Tejakula 33
Yeh Panas 10

Tour
Tamblingan-See *S. 140f* 25

Reisfeldbepflanzung in Tabanan

In Nord- und Westbali unterwegs

Ein Auto ist das ideale Verkehrsmittel in Nord- und Westbali, weil die Distanzen relativ groß sind und öffentlicher Transport in entlegenen Gegenden nicht existiert. An der stark befahrenen Hauptstraße von Denpasar nach Mengwi zum Hafen von Gilimanuk gibt es Abzweigungen zu den Sehenswürdigkeiten der Berge von Gunung Batukau und den Küstentempeln von Tanah Lot. Von der Hauptroute von Denpasar nach Singaraja kann man nach Pura Taman Ayun und Bedugul gelangen. Beide Hauptstraßen werden von *bemo* und öffentlichen Bussen befahren, ebenso die Nordküstenstraße von Ostbali nach Gilimanuk über Singaraja.

Der Waldtempel Pura Alas Kedaton, Blayu

Legende

- Hauptstraße
- Nebenstraße
- Weg
- Panoramastraße
- Provinzgrenze
- Gipfel

Den Felszugang zu Pura Tanah Lot kann man bei Ebbe überqueren

Pura Tanah Lot ❶

Tanah Lot. **Straßenkarte** B4. *von Denpasar und Kediri.* *Tabanan, (0361) 811 602.* *tägl.* *Spende.* *Jahrestag des Tempels.*

Eines von Balis bekanntesten Wahrzeichen, Pura Tanah Lot, ist ein Tempel auf einer kleinen Insel 100 Meter vor der Küste. Es kann dort überlaufen sein, und um den Tempel richtig wahrnehmen zu können, begibt man sich am besten kurz vor Sonnenuntergang dorthin. Wenn die Sonne untergeht, bilden die Schreine eine großartige Silhouette gegen den glühenden Horizont – ein denkwürdiger Anblick trotz des Besucherandrangs zu dieser Zeit. Die vielen Souvenir- und Erfrischungsstände in Tanah Lot sind eine Haupteinkommensquelle für die Frauen und Kinder der Region.

Das Inselchen – bis Anfang des 20. Jahrhunderts ein Vorgebirge – kann man nur bei Ebbe zu Fuß erreichen. Die Klippen um die Insel wurden mit Beton verstärkt, und Dreifüße wurden in die See versenkt, um die Wellen zu brechen.

Wie der Name sagt, liegt der Tempel am Treffpunkt von Land *(tanah)* und Meer *(lot)*. Der dem Meer zugewandte Teil ist der balinesischen Göttin des Meeres, Betara Tengah Segara, geweiht, der landeinwärts gerichtete Teil gilt als Sitz der Götter von Gunung Batukau *(siehe S. 133)*. Der Tempel wird mit dem heiligen Dang Hyang Nirartha *(siehe S. 46f)* assoziiert. Man sagt, er habe den Bau des Tempels angeregt, um Bali vor Plagen und Epidemien zu schützen; man dachte, diese zerstörerischen Kräfte kämen vom Meer.

Umgebung: Entlang der nahen Küste wurden viele Schreine und Tempel errichtet, um Tanah Lot zu schützen. Darunter befinden sich **Pura Pekendungan**, **Pura Jero Kandang**, **Pura Galuh** und **Pura Batu Bolong**. Letzterer steht auf einer kleinen Landzunge und ist mit dem Festland durch eine natürliche Brücke verbunden.

Kapal ❷

Straßenkarte C4. *von Kediri und Denpasar.* *Tabanan, (0361) 811 602.*

Kapals auffälligstes Merkmal sind Hunderte von Läden, die gebrauchsfertige Tempelschreine und kitschige Zementstatuen verkaufen. Es gibt hier aber auch einige wirklich schöne Töpferwaren zu kaufen.

In einer ruhigeren Straße abseits der Hauptstraße **Pura Sada** steht der Ursprungstempel des Königshauses Mengwi *(siehe S. 47)*. 1917 durch ein Erdbeben zerstört, wurde er in den 1960er Jahren von indonesischen Archäologen nach dem Original aus dem 17. Jahrhundert wieder aufgebaut. Der interessanteste Teil ist der elfstöckige Stein-*meru* im Stil eines javanischen *candi*. Solche Türme, bekannt als *prasada*, sind sehr selten in Bali. Dieses Exemplar ist eine Erinnerung an die vom König geforderte Absage an die Majapahit *(siehe S. 46)*. Die 16 Meter hohe phallische Form unterstreicht seine Hingabe an den Hindugott Shiva. An den Seiten des Turms sieht man Bilder der acht Herren der Himmelsrichtungen. Vishnu, Brahma und Shiva, die Götter der Hindu-Trimurti (Dreieinigkeit), sind auf der Ostseite porträtiert. An der Basis des Turms sind die sieben Seher des hindu-balinesischen Kosmos gezeigt. Das *candi bentar* (geteilte Tor) ist vorne und hinten mit Gruppen von *Boma*(Wachgeister)-Köpfen dekoriert; diese sind geteilt wie das Tor. Die Reihen von Mini-Schreinen im Tempelhof gedenken der Besatzung eines Schiffes, das beim Transport des Bildes eines Majapahit-Königs nach Bali sank.

Statuen in Kapal

Pura Sada
Banjar Pemebetan, bei Banjar Celuk, Kapal. *tägl.* *Spende.*

Gruppe von kleinen Schreinen in Pura Sada in Kapal

Pejaten ❸

Straßenkarte B4. *von Denpasar und Tanah Lot.* *Tabanan, (0361) 811 602.*

Im Dorf Pejaten findet man Heimarbeitsprodukte wie Terrakottadachziegel, Töpferwaren, Töpfe mit farbigen Glasuren und andere Zierobjekte, oftmals naiv gestaltet. Es ist ein guter Ort, um zu stöbern und zu feilschen.

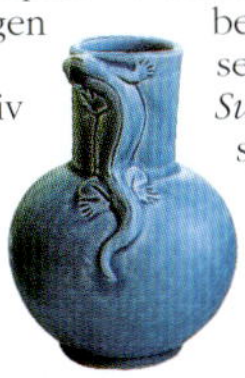

Töpferware aus Pejaten

Umgebung: Drei Kilometer nordöstlich von Pejaten liegt das Dorf **Kediri** mit einer geschmückten weißen Statue im Zentrum. Kediri hat lokale Bedeutung wegen seines Rindermarkts und farbenfroher Stoffe. Die Straße von hier nach Tanah Lot im Süden führt durch die schönsten ländlichen Gegenden von Bali.

Krambitan ❹

Straßenkarte B4. *von Tabanan.* *Tabanan, (0361) 811 602.*

Die kleine Stadt Krambitan war bis zur Wende zum 20. Jahrhundert ein Bauernkönigtum. Es hat immer noch dorfähnliche Atmosphäre und alte Architektur. Krambitan ist eine bedeutende Quelle balinesischer klassischer Kultur.

Zwei Paläste, **Puri Anyar** und **Puri Agung Wisata**, dienen heute als Pensionen. Gelegentlich finden »königliche Feste« mit balinesischem Tanz statt, samt Fackeln und *tektekan*, einer Form von *Gamelan*-Musik, in der *cengceng* (Zymbeln) von Bambusstöcken oder hölzernen Kuhglocken begleitet werden.

Puri Anyar und Puri Agung Wisata
(0361) 812 774. *tägl.*
Feiertage. *Spende.*

Umgebung: Klating Beach, sechs Kilometer südlich von Krambitan an der Küste, ist ein unverfälschter schwarzer Sandstrand mit einfachen *Losmen*-Unterkünften in der Nähe.

Tabanan ❺

Straßenkarte C4. *von Denpasar.* *Jalan Gunung Agung, (0361) 811 602.*

Tabanan ist eine lebhafte Geschäftsstadt. Das interessante, wenn auch etwas betagte **Museum Subak** präsentiert Modelle des *Subak*-Bewässerungssystems von Bali *(siehe S. 20f)*, bei dem sich Gruppen von Landbesitzern einer gemeinsamen Quelle bedienen. Daneben ist auch traditionelles Werkzeug ausgestellt.

Museum Subak
Jalan Raya Kediri, Sanggulan.
(0361) 810 315. *tägl.*
Feiertage. *Spende.*

Umgebung: In Wanasari, sieben Kilometer nördlich an der Straße nach Gunung Batukau, befindet sich **Taman Kupu Kupu**, ein kleiner Schmetterlingspark mit einigen seltenen Arten. Schwarze Sandstrände säumen die Straße nach Negara *(siehe S. 134f)*.

Surabrata, auch Balian Beach genannt, 30 Kilometer westlich von Tabanan, ist bezaubernd. Ein Fischerdorf an einer Klippe und ein kleiner Fluss (»heiliger Fluss« genannt) ziehen Besucher an. Man kann dort surfen und einfach übernachten.

Taman Kupu Kupu
Jalan Batukau, Sandan Wanasari.
(0361) 814 282. *tägl.*

Mengwi ❻

Straßenkarte C4. *von Denpasar und Bedugul.* *Tabanan, (0361) 811 602.*

Die beschauliche Stadt war für lange Zeit Sitz des wichtigsten Königreiches Westbalis. Es herrschte über Javas Ostspitze die meiste Zeit des 18. Jahrhunderts *(siehe S. 47)*. Die Gassen der Stadt sind ideal für einen Bummel. In Mengwi befinden sich einige Tempel in einem Wassergarten, **Pura Taman Ayun** *(siehe S. 130f)*.

Umgebung: Die Straße von Mengwi nach Sangeh bietet Sicht auf Reisfelder und Tempel. **Baha**, fünf Kilometer nördlich, ist ein schön restauriertes Dorf mit den für balinesische Gemeinden typischen Hausverbänden und Tempeln.

Reisfelder in der Gegend von Tabanan

Mengwi: Pura Taman Ayun

Der Taman Ayun (»Riesiger Garten«), ein von Wassergräben umgebener Tempel, symbolisiert die Hinduwelt im kosmischen Meer. Seine *Meru*-Türme repräsentieren die Berge, den Wohnsitz der Götter. Auf einer Achse, die Berge und Meer verbindet, soll Pura Taman Ayun die harmonische Zirkulation des Wassers von den Bergen Balis zu den Reisfeldern, dann zum Meer und zurück zu den Bergen sichern. Der 1740 eingeweihte Tempel wurde 1937 restauriert. Er birgt Ahnenschreine der früher herrschenden Mengwi-Familie und ihrer Nachfahren sowie Schreine, die bestimmten Bergen, dem Meer und Bodengöttern geweiht sind.

★ Elfstöckiger Meru
Der höchste meru *symbolisiert den Berg Gunung Batukau* (siehe S. 133).

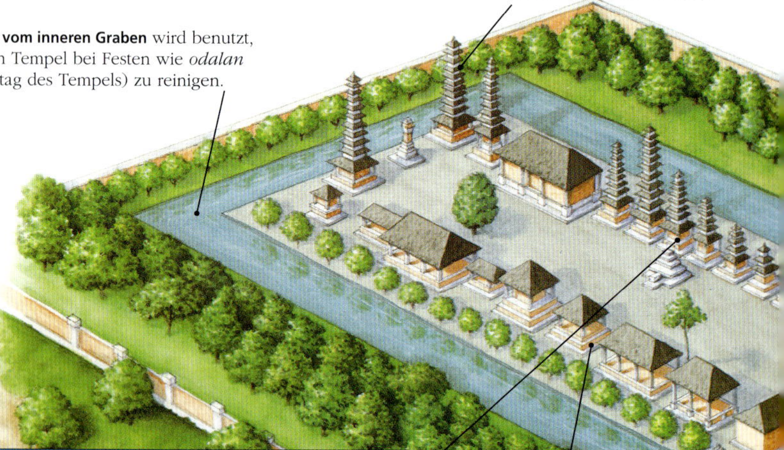

Wasser vom inneren Graben wird benutzt, um den Tempel bei Festen wie *odalan* (Jahrestag des Tempels) zu reinigen.

Meru
Einige der Meru-*Türme sind Schreine für die Gottheiten von Balis Bergen Gunung Batur* (siehe S. 120 f), *Gunung Agung* (siehe S. 114) *und Gunung Batukau* (siehe S. 133)*; im Hof ist ein javanischer Schrein.*

Äußerer Graben

Bale
Mehrere bale *(Holzpavillons) stehen auf gemeißelten Steinsockeln. In einem ist ein Lotus-Thron, auf dem die Hindugötter Shiva, Brahma und Vishnu sitzen sollen.*

Nicht versäumen

★ Elfstöckiger Meru

★ Kori Agung

INFOBOX

Mengwi. **Straßenkarte** C4.
(0361) 756 176. von Denpasar. tägl. 7–18 Uhr. einige Teile für die Öffentlichkeit, außer bei Festen. in den Höfen. Odalan (Tempelfest) an Anggarkasih Medangsia des balinesischen Kalenders (12. Feb und 9. Sep 2008).

Innerer Graben
Hinter dem Haupttor ist der innere Hof auf drei Seiten von einem teilweise mit Lotus bewachsenen Graben umgeben.

Steinstatuen
Wächterfiguren aus der balinesischen Mythologie stehen beim Haupttor.

Fußwege außerhalb des inneren Grabens sind für Besucher vom äußeren Hof zugänglich und geben Sicht auf den heiligsten Teil des Tempels.

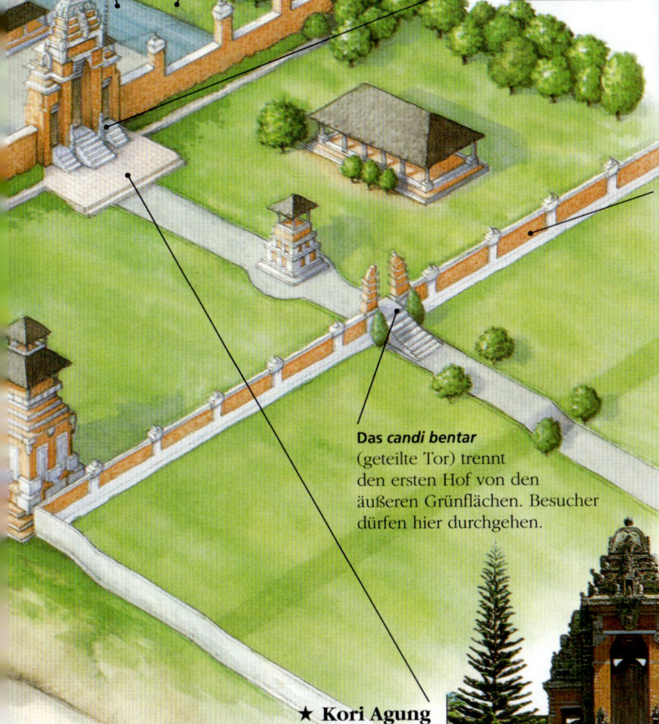

Ziegelmauern
Üppig dekorierte Mauern grenzen die Hauptteile des Tempels ab. Sie sind in der traditionellen Weise gebaut, ohne Mörtel.

Das *candi bentar* (geteilte Tor) trennt den ersten Hof von den äußeren Grünflächen. Besucher dürfen hier durchgehen.

★ Kori Agung
An der Schwelle des kori agung *(Haupttor) ist eine seltene Darstellung von Sai, einem Wächter, mit Göttern und göttlichen Sehern an den Seiten. Offen nur bei Zeremonien.*

Blayu 7

Straßenkarte C3. *von Denpasar und Kediri.* *Tabanan, (0361) 811 602.*

Blayu ist wie Mambal ein malerisches Dorf an einer Straße mit vielen typischen *Kori*-Haustoren. In der Nähe liegt der Affenwald von Alas Kedaton. Im Tempel **Pura Alas Kedaton** steht eine antike Statue von Ganesha, dem Hindugott des Wissens.

Pura Alas Kedaton
tägl.
Anggarkasih Medangsia (12. Feb und 9. Sep 2008).

***Meru*-Turm im Pura Alas Kedaton im Affenwald bei Blayu**

Sangeh 8

Straßenkarte C3. *von Denpasar.* *Tabanan, (0361) 811 602.*

Affen findet man an vielen Schluchten und Bergen auf Bali, besonders gut kann man sie im Affenwald von Sangeh beobachten. Er besteht aus Muskatbäumen, manche bis zu 40 Meter hoch. Affen sind um den kleinen Tempel **Pura Bukit Sari** tief im Wald zu sehen, der an der Hauptstraße ausgeschildert ist. Die Affen gelten als heilig, eine von dem Hindu-Epos *Ramayana* abgeleitete Tradition, in dem Prinz Rama sich mit den Affenkönigen Subali und Hanoman zusammentut, um den bösen König Rawana anzugreifen.

Den Affen sollte man sich mit Vorsicht nähern. Sie grüßen mit boshaftem Grinsen, und es ist nicht ratsam, zu freundlich zu werden – sie klettern einem auf die Schultern und wollen nicht runtergehen, bis sie etwas zu essen bekommen. Brüske Bewegungen können sie sogar provozieren zu beißen. Die Tiere stehlen manchmal Brillen oder Geld – in diesem Fall muss ein *pawang* (Affenzähmer) die Objekte mithilfe einer Banane als Anreiz wiederbeschaffen.

Affe in Sangeh

Pura Bukit Sari
Sangeh. *tägl.*

Die Schlacht von Marga

Der Gedenkturm in Margarana

Im Februar 1946, gegen Ende des Zweiten Weltkriegs, als Japan kapituliert hatte, bemühten sich die Holländer um koloniale Autorität in Bali. Einheimische Nationalisten führten einen Guerillakrieg gegen sie. Am 20. November 1946 schlossen holländische Truppen westlich von Marga 94 balinesische Kämpfer unter dem Kommando Gusti Ngurah Rai ein. Umzingelt und aus der Luft bombardiert kämpften sie bis zum Letzten, in einer modernen Wiederholung des rituellen *puputan* *(siehe S. 50f)*. Nach der blutigen Niederlage blieb Bali bis 1949 unter holländischer Kontrolle.

Marga 9

Straßenkarte C3. *von Denpasar und Mengwi.* *Tabanan, (0361) 811 602.*

Das Dorf Marga war 1946 Schauplatz einer Schlacht zwischen Holländern und balinesischen Guerillas. Auf der Westseite des Dorfes steht das Margarana-Denkmal. Neben den Gräbern der 94 Guerillas, die in der Schlacht fielen, stehen im Garten Denkmäler für 1372 Helden des Unabhängigkeitskriegs der 1940er Jahre. Die Gräber ähneln weder Christen- noch Moslem- oder Hindu-Gräbern: Es sind kleine *meru*-förmige Bauten, antiken Tempeln des javanischen Majapahit-Reiches *(siehe S. 46)* ähnlich.

Das zentrale Denkmal, nicht zu verwechseln mit einem balinesischen *Meru*-Schrein, steht für den Tag der Unabhängigkeitserklärung, den 17. August 1945. Vier Stufen und fünf kleine Säulen an seinem Fuß repräsentieren das Jahr (45), die acht Etagen seines Dachs geben den Monat an (August) und die Höhe von 17 Metern den Tag. Eine Statue von Gusti Ngurah Rai *(siehe S. 50)* vervollständigt die Szene.

Schreine für Unabhängigkeitskämpfer am Margarana-Denkmal in Marga

Das Hotel und die heißen Quellen in Yeh Panas

Yeh Panas ⑩

Penatahan, bei Penebel. **Straßenkarte** C3. *von Denpasar und Tabanan.* *(0361) 262 356.* *tägl. 6–20 Uhr.*

Es lohnt, bei den heißen Quellen Yeh Panas an der Straße nach Gunung Batukau von Tabanan oder Penebel vorbeizuschauen. Es gibt mehrere Schwefelquellen in der Gegend. Die heißen Hauptquellen wurden zu einem Bad mit Hotel, öffentlich zugänglich, wie Schilder zeigen. Hier steht auch ein Quellentempel.

Heiße Quellen gibt es auch im Dorf Angsri bei Apuan. Sie liegen in einer angenehmen natürlichen Umgebung, haben aber keine modernen Einrichtungen.

Pura Gangga ⑪

An einer kleinen Straße durch Perean nach Apuan und Baturiti. **Straßenkarte** C3. *Tabanan, (0361) 811 602.* *für die Öffentlichkeit.*

Pura Gangga ist ein Tempel an der Hauptstraße nach Bedugul. Er ist nach dem heiligen Fluss Ganges (Gangga) in Indien benannt und liegt am üppigen Ufer eines kleinen Flusses. Der Tempel hat einen siebenstöckigen *meru* mit einem Steinsockel. Dieser ist unüblicherweise an der Front offen, die meisten sind geschlossen. Obwohl der Tempel nicht für Besucher geöffnet ist, kann man seine architektonischen Merkmale leicht von außerhalb der Umfriedung sehen.

Gunung Batukau ⑫

Straßenkarte B2. *von Denpasar und Tabanan.* *Tabanan, (0361) 811 602.*

Gunung Batukau ist nach Gunung Agung der zweithöchste Gipfel Balis. An seinen Hängen befindet sich der letzte echte Regenwald der Insel. Der Berg wird von den Balinesen sehr verehrt als Bewässerungsquelle für die Gebiete südlich und westlich von ihm.

Der Tempel **Pura Luhur Batukau** liegt unter den hohen Bäumen an seinem Fuß. Er gilt bei den Balinesen aufgrund seiner geografischen Position an Balis höchstem westlichen Gipfel als sehr bedeutend. Stets halten hier Gläubige Rituale ab oder erbitten heiliges Wasser von den Tempelpriestern.

Der Reiz der Tempellage liegt in einer Mischung aus Kunstgriff und Natur: Die Spitzen seiner *Meru*-Schreine und anderer mit dunklem Stroh gedeckter Pavillons scheinen vom Wald verschlungen zu werden. Bäume, Büsche und Gras in verschiedenen Grüntönen kontrastieren mit dem schwarzen und rötlichen Tempel. Daraus entsprang der Name des Zentralgottes des Tempels: Sang Hyang Tumuwuh, »Der höchste Pflanzenzüchter«.

In der Mitte eines künstlichen Teichs nebenan befindet sich ein kleiner Schrein, der dem Herrn von Gunung Batukau und der Göttin des nahen Tamblingan-Sees gewidmet *(siehe S. 140f)* ist.

Pura Luhur Batukau
tägl. *Spende.* *einige Bereiche.*

Umgebung: Östlich von Pura Luhur Batukau Richtung Baturiti liegen die berühmten Reisterrassen von **Jatiluwih**, die bis zum Meer reichen. Reisspeicher säumen die Straßen in den Orten. Weitere schöne Reisterrassen liegen in **Pacung**, an der Abzweigung nach Jatiluwih und Batukau.

Zum Reisanbau genutztes Land in Jatiluwih bei Gunung Batukau

Pura Rambut Siwi auf einem Felsen westlich von Medewi Beach

Medewi Beach ⑬

von Denpasar. *Negara, (0365) 41 060.*

Medewi ist ein Surfparadies an Balis Westküste. Die rollenden Brecher werden bis zu sieben Meter hoch. Der Strand ist aus schwarzem Sand, über den schwarze Steine verstreut sind. Er bietet einen denkwürdigen Anblick, wenn die Steine bei Sonnenuntergang glitzern. Am Horizont sieht man die javanische Küste. Hier findet man einfache Hotels und Restaurants.

Umgebung: Der Tempelkomplex **Pura Rambut Siwi** steht auf einem Vorgebirge sechs Kilometer westlich. Hier hat man einen schönen Blick über das Meer. Der Haupttempel wurde errichtet, um den Priester Dang Hyang Nirartha *(siehe S. 46f)* zu ehren, der die Leute aus dem Dorf von einer tödlichen Krankheit heilte. Es gibt einen einzelnen dreistöckigen *meru*. Eine Haarlocke *(rambut)*, angeblich des Priesters, wird als Reliquie im Schrein *(gedong)* aufbewahrt. Der Tempeleingang zeigt zur See und wird von einer gemeißelten Statue der dämonischen Figur Rangda *(siehe S. 25)* bewacht. Es gibt andere kleine Tempel in Höhlen entlang den Klippen.

Pura Rambut Siwi
6 km westlich von Medewi Beach, dann 500 m südlich.
tägl. *Spende.*

Pengambangan ⑭

Negara, (0365) 41 060.

Diese Moslemsiedlung liegt am Fluss Ijo Gading. Aufgereiht am Ufer liegen die bunten Bugis-Boote. Jedes hat eine Miniaturmoschee an der Spitze des Masts, eine Erinnerung an die islamischen Traditionen der Bugis. Nicht weit entfernt steht eine Moschee in voller Größe, mit islamischen Bogen und einer glänzenden Kuppel. Musik mit einem nahöstlichen Einschlag schallt hier oft aus den Coffeeshops; der Platz hat eine besondere Atmosphäre.

Umgebung: Das Dorf **Perancak**, auf der anderen Seite des Flusses, hat eine Moschee mit Dach in traditionell indonesischem Stil.

Das Büffelrennen *mekepung* in Negara

Negara ⑮

von Denpasar und Gilimanuk.
Jalan Ngurah Rai, (0365) 41 193.

Der Charme von Negara liegt im Bugis-Ursprung seines Stadtkerns. Auf beiden Seiten des Flusses Ijo Gading, südlich der Zentralbrücke auf der Jalan Gatot Subroto, liegt die Bugis-Gemeinde Loloan. Ein Bummel durch die Straßen ruft die Atmosphäre von Sulawesi wach, wo viele frühe Bugis-Einwanderer herstammen *(siehe rechts: »Die Bugis in Bali«)*. Holzhäuser mit kunstvoll geschnitzten Balkonen stehen an den Straßen. Die schönsten befinden sich am Ende der Jalan Gunung Agung und an der nahen Jalan Puncak Jaya.

Loloan rühmt sich mehrerer traditioneller *pesantren* (islamische Internate); viele Söhne von Schiffseignern wurden in der heiligen Stadt Mekka zu *ulema* (religiösen Gelehrten) ausgebildet.

Negara ist auch bekannt für seine *jegog, Gamelan*-Orchester, die riesige Bambusinstrumente spielen *(siehe S. 32f)*. Ein Sport, der von den Nachfahren der Maduresen aus Ostjava eingeführt wurde, ist das *mekepung*, ein Rennen mit geschmückten zweirädrigen Karren, die von einem Paar Wasserbüffeln gezogen werden. Die aufregendsten Rennen finden von Juli bis Oktober statt.

Moschee in Perancak, von Pengambangan aus jenseits des Flusses

Nördlich von Negara steht die große katholische Kirche in Palasari

Umgebung: Eine kleine Straße vier Kilometer westlich führt zum ruhigen, acht Kilometer entfernten Strand von **Rening**, wo man Bungalows mieten kann. Ein guter Strand ist auch Candi Kusuma, 13 Kilometer westlich.

Im Norden liegen die christlichen Siedlungen **Palasari** (katholisch) und **Blimbingsari** (protestantisch). Sie wurden Ende der 1930er Jahre auf Staatsland gegründet, das die Holländer den konvertierten Balinesen gab, die man aus ihren Gemeinden ausgeschlossen hatte. Die Architektur in den Dörfern ist ein interessanter Mix aus balinesischem und nordholländischem Stil. Bei Palasari bietet ein Bewässerungsreservoir eine ruhige Landschaft.

Gilimanuk ⓰

von Denpasar und Singaraja. von Ketapang, Java. **i** *Negara, (0365) 41 210.*

Gilimanuk ist der Fährhafen nach Java. Viele *warung* verpflegen Reisende, die manchmal Stunden auf eine Fähre warten. Das Hauptmerkmal ist das große gebogene »Tor nach Bali«, überragt von vier in die Himmelsrichtungen zeigenden flammenden Drachen, mit einem Himmelsthron in der Mitte.

Umgebung: Nördlich von Gilimanuk bei Cekik zeigt das **Museum Purbakala** (Archäologisches Museum) einige Sarkophage und jungsteinzeitliche Werkzeuge aus einer nahe gelegenen Begräbnisstätte. Einige archäologische Entdeckungen, die hier gemacht wurden, zeugen von menschlichen Siedlungen noch vor dem Bronzezeitalter. In Cekik befindet sich auch die Zentrale des Taman Nasional Bali Barat *(siehe S. 136f)*, des Naturreservats, das einen beträchtlichen Teil von Westbali einnimmt.

Museum Purbakala
Jalan Raya. *kein Telefon.*
Mo–Sa.

Das gebogene »Tor nach Bali« bei Gilimanuk

Die Bugis in Bali

Die Bugis, Moslems und Seefahrer, sind bekannt für ihre Unternehmungslust. Sie stammen aus Sulawesi, einer der Großen Sunda-Inseln nördlich von Bali. Nachdem Makasar in Sulawesi 1667 an die Holländer fiel, flohen Tausende. Viele von ihnen segelten nach Java und Bali. Ostjava war zu dieser Zeit in Aufruhr. In Java und Bali wurden die Bugis als Söldner angeheuert. Die Mündung des Flusses Ijo Gading im balinesischen Königreich Jembrana war ein guter Ankerplatz, und um 1680 bot eine Gruppe von Bugis ihre Dienste dem König an. Sie zogen den Fluss hinauf und ließen sich in der Nähe des Königspalasts in Negara nieder. Andere Bugis-Gemeinschaften siedelten an Balis Nordküste. Bugis-Söldner halfen dem König von Buleleng, Panji Sakti, 1697 Blambangan in Java zu besetzen.

Im späten 19. Jahrhundert operierte eine Gruppe von Bugis in Südbali als Piraten von Pulau Serangan *(siehe S. 72)* bei Denpasar.

Die Bugis kontrollierten Balis Handel mit Java bis Mitte des 20. Jahrhunderts, als die Eröffnung der Fährverbindung in Gilimanuk ihre wirtschaftliche Macht beendete.

Bugis-Boote, traditionell in leuchtenden Farben bemalt

Taman Nasional Bali Barat ⑰

Heliconia-Blüte

Den äußersten Westen Balis nimmt der Taman Nasional Bali Barat (Nationalpark Westbali) ein, ein 1941 von den Holländern gegründetes Wildreservat, das ein weites Gebiet geschützten Landes umfasst. Das Reservat will die Wildnis Balis erhalten und bietet einigen bedrohten Arten Zuflucht. Um den Wald zu durchstreifen oder dort zu übernachten, bedarf es einer Erlaubnis. Man darf sich dort nur zu Fuß bewegen.

★ Mangroven und Feuchtgebiete
Mangrovenwurzeln schützen Küsten vor Auswaschung. In Feuchtgebieten leben Schlammhüpfer und Krabben.

Riffe und marines Leben
Der Park schließt das Meer um die Menjangan-Insel (siehe S. 138) *mit vielen Fischen und Korallen ein.*

Die Bali Starling Breeding Facility ist ein Refugium für bedrohte Vögel.

Naturwanderung
An der Route des kleinen Streifzugs mit einem Führer der Parkzentrale über Flüsse und durch Regenwald liegen mehrere Waldschreine, auch einer auf einem Hügel.

★ Savanne
Entlang den Nordhängen der zentralen Bergkette wachsen Laub-Akazien, Palmen und dürre Sträucher. Pflanzen überleben auf dem trockenen Grasland lange Zeit ohne Regen.

Nicht versäumen

- ★ Savanne
- ★ Mangroven und Feuchtgebiete
- ★ Sambar-Hirsch

Grasland
Fruchtbares Grasland erstreckt sich neben dem ruhigen Strand von Pantai Gondol zum Meer. Ein Forschungsprojekt der Fischerei befindet sich hier.

★ Sambar-Hirsch
Die bewaldeten Berghänge sind der Lebensraum dieses Hirschs, der frei im Park herumläuft.

INFOBOX

Der Park wird vom Indonesian Forestry Service (PHPA) verwaltet. Besucher müssen dort eine Erlaubnis beantragen. **Stadtbüro:** Jalan Suwung 40, Box 329, Denpasar. **Parkzentrale:** Jalan Raya Gilimanuk, Cekik. *(0365) 61 060.* *Mo–Do 8–14, Fr 8–11, Sa 8–12 Uhr.* **Forststation und Zweigbüro:** Labuhan Lalang. *tägl. 8–18 Uhr.*

LEGENDE

- Hauptstraße
- Nebenstraße
- Wanderweg
- Reservatsgrenze
- Aussichtspunkt

0 Kilometer 10

Bali-Sapi
Dieses einheimische Rind, das vom wilden, jetzt raren Banteng *abstammt, wurde für die schwere Arbeit in Reisfeldern domestiziert.*

DER BALI-STAR

Der Bali-Star *(Leucopsar rothschildi)* oder Rothschilds Mynah ist der einzige überlebende endemische Vogel Balis und einer der bedrohtesten Vögel der Welt. Die Anzahl der lebenden Exemplare ist in den letzten Jahren auf unter zehn geschrumpft.

Das Naturschutzprojekt im Nationalpark Westbali ist ein international unterstützter Versuch der Arterhaltung durch Züchtung der Vögel in Gefangenschaft, bevor man sie in die Wildnis entlässt. In der Zuchteinrichtung sind die Bali-Stare vor Wilderei geschützt, dem Hauptgrund für ihre sinkende Zahl in der Wildnis.

Der gefährdete Bali-Star

Einem romantischen Helden gewidmeter Schrein in Makam Jayaprana

Menjangan-Insel 18

nach Labuhan Lalang von Denpasar und Seririt. von Labuhan Lalang. Labuhan Lalang, (0365) 61 060.

Zum Schnorcheln und Tauchen in ursprünglicher Umgebung darf man die Menjangan-Insel nicht versäumen. Sie gehört zum Taman Nasional Bali Barat *(siehe S. 136f)* und verdankt ihren Namen dem Java-Hirsch *(menjangan)*, der von der Hauptinsel bei Ebbe herüberwandert. Die acht Tauchstellen haben jeweils ihr eigenes Meeresleben. Die beste ist Anchor Wrack, nach einem überwucherten Anker auf dem Riff benannt.

Rotfeuerfisch und Koralle bei Menjangan

Labuhan Lalang an der Bucht von Teluk Terima ist Balis nächster Zugangspunkt zur Menjangan-Insel. Bootstickets kann man in der Forststation kaufen. Das letzte Boot nach Menjangan geht um 11 Uhr und ist bei Abenddämmerung wieder zurück. In Labuhan Lalang gibt es einfache Unterkünfte.

Makam Jayaprana 19

Teluk Terima. *von Denpasar und Seririt. Singaraja, (0362) 25 141. tägl.*

Das Makam Jayaprana (»Jayaprana-Mausoleum«), auch ein Tempel, erreicht man durch einen Aufstieg von der Straße *(siehe S. 136)*; der Blick über Gunung Raung in Java, die Menjangan-Insel und Gilimanuk belohnt die Mühe. Der Schrein wurde auf der Grabstätte von Jayaprana, einem romantischen Helden der balinesischen Volkskunde, errichtet. Jayaprana hatte eine Frau mit Namen Layonsari geheiratet, die so schön war, dass der Herr von Kalianget entschied, ihn loszuwerden und sie selbst zu heiraten.

Der König gab vor, dass Bugis-Piraten in Gilimanuk gelandet seien, und schickte Jayaprana mit Soldaten hin, um sie abzuwehren. Als sie ankamen, brachten die Soldaten Jayaprana um. Layonsari widerstand dem Anerbieten des Königs und tötete sich, um ihrem geliebten Jayaprana im Tod nahe zu sein.

Heute ersuchen Bittsteller am Grab um Liebesgunst. Es ist mit Statuen von Jayaprana und Layonsari geschmückt.

Pemuteran 20

Singaraja, (0362) 25 141.

Pemuteran ist ein Fischerdorf und schnell wachsender Urlaubsort mit Nordbalis schönstem weißem Strand. Es gibt Korallenriffe mit tropischen Fischen, gute Tauch- und Schnorchelplätze und ein Schutzgebiet für Schildkröten. Es ist der ideale Ort für Besucher der Menjangan-Insel, die übernachten wollen; man kann hier ein Boot mieten.

Umgebung: Ein kleines Stück westlich von Pemuteran liegt die kleine Bucht **Banyuwedang**. Der Name bedeutet »heiße Quellen«. Es gibt viele Quellen entlang der Küste, denen heilende Kräfte zugeschrieben werden. Sie liegen nur bei Ebbe frei. Ein Taucherhotel, **Mimpi Resort Menjangan** *(siehe S. 178)*, wurde über einer dieser Quellen gebaut.

Der Küstentempel **Pura Pulaki**, etwa fünf Kilometer östlich von Pemuteran, steht an einer Stelle, wo ein Bergrücken steil ins Meer abfällt. Er wird mit dem Priester Dang Hyang Nirartha *(siehe S. 46f)* assoziiert, der die örtlichen Einwohner in *gamang* (Geister) verwandelt haben soll. Darum herum leben – oftmals boshafte – Affen, die als heilig gelten.

Pura Pulaki
Banyu Poh. *tägl. Spende. bestimmte Bereiche.*

Pantai Gondol 21

6 km westlich von Grogak, über das Feld neben dem Fisheries Research Project (Perikanan). *Singaraja, (0362) 25 141.*

Gondol Beach liegt am Fuß eines schmalen Vorgebirges, dem Gondol Cape. Mit schönem weißen Sand und Korallen ist dies ein friedlicher Platz zum Tauchen und Schnorcheln. Es gibt hier keine Urlaubereinrichtungen.

Der Strand bei Pantai Gondol ist noch angenehm unbebaut

Air Panas in Banjar, eine bei Besuchern beliebte natürliche heiße Quelle

Banjar ㉒

Straßenkarte A1. *nach Seririt, dann eigener Transport.* *Singaraja (0362) 25 141.*

Banjar, eine Stadt von historischer Bedeutung, liegt auf der Küstenebene, das nordbalinesische Hochland im Hintergrund. 1871, als Banjar ein von einer Brahmanenfamilie geführtes, halb unabhängiges Königreich war, setzte es holländischen Übergriffen starken Widerstand entgegen. Diese Konfrontation ist bekannt als Banjar-Krieg. Durch einen der ersten *puputan (siehe S. 49)* in Bali wurde die herrschende Familie ausgelöscht.

Die Brahmanen von Banjar sind berühmt für ihre literarischen Talente. Im 19. Jahrhundert übertrugen sie Texte vom klassischen Kawi (Altjavanisch) ins Balinesische.

Brahma Vihara Ashrama *(siehe S. 23)*, ein buddhistisches Kloster, wurde im Jahr 1970 von Bhikku Giri Rakhita gebaut, einem mächtigen Brahmanen, der zum Theravada-Buddhismus konvertierte – der in Thailand üblichen Form des Buddhismus. Im Tempel befinden sich viele thailändische Bildersammlungen. Vom Kloster aus hat man einen wunderschönen Blick über ein nahe gelegenes Tal und die Küstenlinie.

Eine andere Attraktion von Banjar sind die heißen Quellen **Air Panas**, beliebt bei Einheimischen und Besuchern aus dem nahen Lovina. Im höchsten der drei Becken ist das Wasser heiß. Acht Drachenköpfe speien grüngelbes, schwefeliges Wasser, das Hautbeschwerden lindern soll. Das heiße Wasser gilt bei den Einheimischen als heilig. Um die Quelle wurde ein Tempel gebaut.

Umgebung: Von Banjar kann man **Pedawa** zehn Kilometer landeinwärts besuchen. Der abgelegene Ort ist ein Bali-Aga-Dorf *(siehe S. 46)*. Es gehörte zu den Dörfern, die 1343 gegen die javanische Besetzung rebellierten, und es hat die kulturellen hinduistischen Merkmale von vor dieser Zeit erhalten. Tatsächlich war die Hindu-Dreiheit Brahma-Vishnu-Shiva bis vor kurzem hier unbekannt. Während die Balinesen eine ganze Reihe Schreine für ihre Götter und Ahnen hinter ihren Häusern errichten, konstruieren die Leute aus Pedawa einen einzigen Bambusbau.

Es gibt zwei Routen von Banjar nach Pedawa, beide durch schöne Berg- und Ackerbaulandschaften.

In **Sidatapa**, an einer anderen Straße landeinwärts, gibt es alte Bambushäuser.

Brahma Vihara Ashrama
Zwischen Banjar und Pedawa.
(0362) 92 954. *tägl.*
Spende.

Air Panas Banjar
tägl. *Spende.*

Das Buddhisten-Kloster Brahma Vihara Ashrama in Banjar

Ein großer Bunutan-Baum überspannt die Straße bei Pupuan

Pupuan 23

Straßenkarte B2. *von Denpasar und Singaraja.* *Tabanan, (0361) 811 602.*

Pupuan, Balis Zentrum des Gemüseanbaus, liegt im regenreichsten Teil der Insel. Das Gebiet ist kühl und bergig. Die Straße von Seririt nach Antosari führt durch eine der schönsten Gegenden Balis, mit tollem Blick zur Küste. Es geht steil über Busungbiu, Pupuan und einen bewaldeten Pass 790 Meter hoch in eine üppige Landschaft mit Gewürzanbau. Sie windet sich dann nach Blimbing und Bajra hinunter, ehe sie Reisterrassen und -scheunen passiert. Die Straße südwestlich nach Pekukatan passiert ein Kaffeeanbaugebiet und wird an einer Stelle von den Wurzeln eines riesigen Bunutan-Baums überdacht.

Umgebung: Bei **Blimbing**, zwölf Kilometer südlich, gibt es die nächste Unterkunft, schöne Aussicht und ein Restaurant.

Munduk 24

Straßenkarte B2. *von Singaraja und Seririt.* *Singaraja, (0362) 25 141.*

Munduk ist ein Hochlanddorf mitten in Kaffee- und Nelkenpflanzungen. Es liegt auf einem hohen Kamm bei den Vulkanseen Tamblingan, Buyan und Bratan. In dem Gebiet gibt es immer noch ein paar Herbergen aus den 1920er Jahren, gebaut in holländisch-chinesischem Stilgemisch. Im Dorf kann man die Werkstatt des I Made Trip, Balis berühmtestem Hersteller von Bambusinstrumenten, besichtigen.

Munduk ist ideale Basis für Fahrradtouren, Bergwanderungen nach Pedawa, Wanderungen durch die Reisfelder nach Uma Jero oder für eine Tour zu den Seen Tamblingan und Bratan. Es gibt mehrere Wasserfälle im Gebiet – den spektakulärsten, 30 Meter hoch, findet man an der Straße nach Bedugul.

Tour: Tamblingan-See 25

Diese Bergsee-Tour schließt eine Bootsfahrt, einen Spaziergang und eine schöne Autofahrt ein. Von Gubug nehmen Fischer die Besucher in einem Kanu mit über den Tamblingan-See zu einer Fahrt entlang der Nordküste, wo dichter Wald bis ans Wasser reicht. Der See ist der am wenigsten verfälschte der Insel und liegt in einem Vulkankrater. Er ist umgeben von Urwald mit Affen und vielen Vogelarten. Der Wald hallt wider von Vogelgezwitscher, speziell dem von Bartvögeln.

Pura Ulun Danu Tamblingan ③
Der Weg beginnt an den Treppen zu dem Tempel. Von einem Hof führt er weiter zum Wald.

Überquerung des Tamblingan-Sees im Kanu

Heilige Quelle ②
In einer Höhle, mit Sonnenschirmen markiert und nur über Wasser zu erreichen, gibt es eine heilige Quelle.

Gubug ①
Ein *warung* im Dorf Gubug informiert über die Gegend. Es gibt keinen Weg an der Nordküste, und einige Teile des Sees erreicht man nur mit dem Kanu.

Paragliding ist eine der Sportmöglichkeiten am Bratan-See

Buyan-See ㉖

Straßenkarte B2 und C2. *von Singaraja.* *Singaraja, (0362) 25 141.*

Ausblicke über den See hat man von der Bergstraße – dichter Buschwald verschwindet am Ufer ins Wasser. Man kann von den Fischern Boote mieten und Wanderungen zu den Hängen des Gunung Lesong, nach Gesing oder Munduk unternehmen.

Bratan-See und Bedugul ㉗

Straßenkarte C2. *von Singaraja und Denpasar.* *Tabanan, (0361) 811 602.*

Der Bratan-See bietet eine Reihe von Wassersportarten wie Parasailing und Wasserski. Man kann Boote am See und Führer zu den Gipfeln Gunung Puncak Manggu und Gunung Catur mieten. Der See ist die Kulisse für den **Pura Ulun Danu Bratan** (17. Jh.) auf einer kleinen Insel. Der Tempel ist der Göttin des Sees, Dewi Danu, geweiht. Es gibt einen kleinen stupaförmigen Schrein für buddhistische Gläubige, mit Nischen für alle Himmelsrichtungen, in denen sich Buddhastatuen befinden. Über eine Holzbrücke gelangt man zu einem elfstöckigen *Meru*-Turm.

In den **Eka Karya Botanic Gardens** (155 ha) wachsen 320 Orchideenarten. Es gibt ein Herbarium, einen Farngarten und eine Pflanzensammlung zur Herstellung von *jamu* (traditionelle Medizin).

Im Norden des Bratan-Sees befindet sich der Bali Handara Kosaido Country Club *(siehe S. 204)*, der berühmt ist für einen der besten Golfplätze der Welt.

Eka Karya Botanic Gardens

Kebun Raya, westlich von Candi Kuning. *(0368) 21 273.* *tägl.*

Pura Pekemitan Kangin ④
Dieser Tempel auf dem Bergrücken oberhalb einer gewundenen Treppe überschaut die nahe bewaldete Landenge zwischen den beiden Seen.

Regenwald ⑤
Viele Wege führen in den dichten Regenwald, der sich bis zum Buyan-See erstreckt. Die Vegetation besteht aus Kletter- und Schlingpflanzen sowie massiven Bäumen mit riesigen Stützwurzeln.

Pura Dalem Gubug ⑥
Ein kurzer Weg führt zu diesem Seetempel mit hohem *meru* auf einem kleinen Vorgebirge. Ein Pfad über Grasland führt zurück nach Gubug.

Gubug ⑦
Von hier geht es weiter mit dem Wagen auf der Bergstraße.

Blick auf den Buyan-See ⑧
Während der Fahrt kann man den Ausblick auf den See vom Kraterrand genießen.

0 Kilometer 2

Legende

- Route mit dem Boot
- Route zu Fuß
- Route mit dem Auto
- Nebenstraße
- Weg (teils unzugänglich)

Routeninfos

Start: *Gubug per Kanu.*
Ende: *zurück nach Gubug zu Fuß und weiter mit bestelltem Wagen auf der Panoramastraße nach Bedugul.*
Anfahrt: *selbst von Bedugul oder Munduk.*
Beste Zeit: *morgens. Die Regenzeit sollte man wegen rutschiger Wege und vieler Blutegel besser vermeiden.*
Dauer: *2 bis 3 Stunden.*

Im Detail: Singaraja ㉘

Ornament auf dem Markt

Mit seinen Moscheen, Tempeln, dem Markt und ordentlichen Straßen eignet sich Singaraja für einen angenehmen Bummel. Der Hafen wurde seit 60 Jahren nicht mehr ausgebaggert, und die Läden haben sich hauptsächlich nach Celukang Bawang, 38 Kilometer westlich, verlegt. Dies ist aber noch einer der interessantesten Teile der Stadt, bewohnt von Geschäfte machenden Minderheiten – Chinesen, Bugis *(siehe S. 135)* und anderen Moslems. Die balinesische Gemeinde lebt weiter östlich, während das moderne kommerzielle Zentrum beim Markt ist, in Pasar Anyar, um Jalan Ahmad Yani und Jalan Diponegoro.

Ansicht des Flusses Buleleng
Von der Brücke kann man die alten Wohnhäuser von Singaraja am Fluss sehen.

★ Chinesischer Tempel
Dieser Tempel mit den klassischen roten Dachziegeln, mit goldenen Kalligrafietafeln verziert, zeugt vom Einfluss der chinesischen Gemeinde in diesem Teil von Singaraja.

NICHT VERSÄUMEN

- ★ Chinesischer Tempel
- ★ Masjid Nur
- ★ Unabhängigkeitsdenkmal

◁ **Pura Ulun Danu Bratan, ein der Seegöttin geweihter Tempel *(siehe S. 141)***

Masjid Agung Jamik
Das Minarett und die glänzende Kuppel sind deutliche Merkmale dieser Moschee inmitten eines großen Geländes.

INFOBOX

Straßenkarte B1. *Bahnhof an Jalan Surapati, Jalan Ahmad Yani und in Sangket.* *Jalan Veteran 2, (0361) 25 141.*

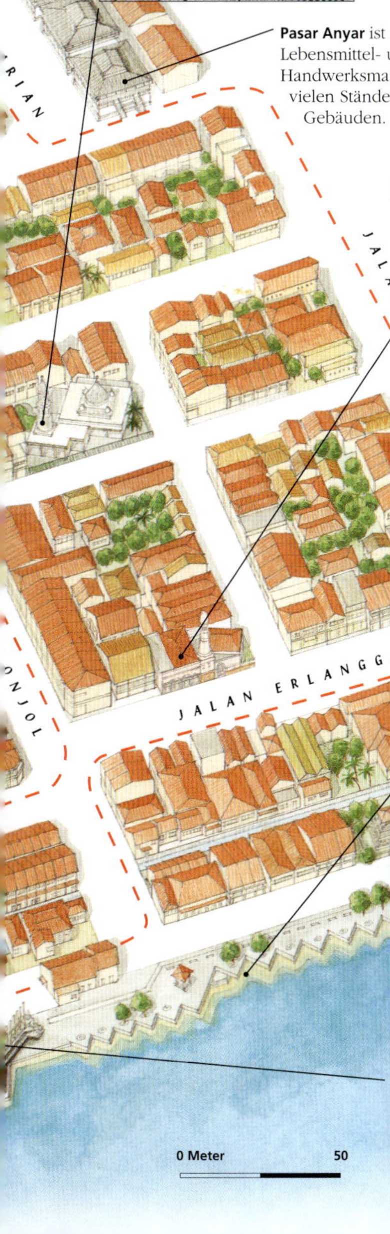

Pasar Anyar ist ein Lebensmittel- und Handwerksmarkt mit vielen Ständen in vier Gebäuden.

★ Masjid Nur
Diese Moschee ist in einem von indischer Architektur beeinflussten Stil gebaut.

Pabean-Hafen
Der alte Hafen zog Händler aus dem ganzen Indonesischen Archipel an; ihre Nachfahren leben noch hier.

★Unabhängigkeitsdenkmal
Die Statue erinnert an Ketut Merta. Während des Unabhängigkeitskampfs nach dem Zweiten Weltkrieg wurde Merta von einem Patrouillenboot aus erschossen, als er statt der holländischen Flagge die indonesische hisste.

Überblick: Singaraja

Singaraja, Nordbalis kommerzielles Zentrum, war zu Kolonialzeiten Balis Verwaltungshauptstadt. Die Architektur dieser Zeit sieht man südlich des Zentrums, aber unter der »Neuen Ordnung« errichtete Gebäude *(siehe S. 51)* wie der Tempel Pura Jagat Natha kombinieren gewaltige Größe mit traditionellem Stil. *Singa* bedeutet »Löwe«, *raja* heißt »König«. Diese Identität der Stadt repräsentiert die moderne Statue eines geflügelten Löwen an der Stelle, wo sich Jalan Veteran und Jalan Ngurah Rai treffen. Der frühere Palast des Königreiches Buleleng, heute Verwaltungsgebäude, wurde durch ein Feuer in den Unruhen 1999 beschädigt.

Straße in Singaraja

Pura Jagat Natha

Jalan Pramuka. *Spende.*

Pura Jagat Natha, der territoriale Hindutempel der Buleleng-Regentschaft, ist ein großer Komplex aus Gebäuden mit feinen Reliefs; der überragende *Padmasana*-Schrein *(siehe S. 26)* ist typisch für balinesische Tempel nach 1970. In einem Hof finden abends *Gamelan*-Proben statt.

Gedong Kertya

Jalan Veteran 20 und 22. *(0362) 22 645.* *Mo–Do, Fr vormittags.* *Spende.*

Gedong Kertya ist eine 1928 von den Holländern gegründete Bibliothek für die Erhaltung der balinesischen *Lontar*-Manuskripte. Dies sind speziell beschnittene Palmblätter, die mit einem Griffel beschrieben und mit Schwärze berieben werden, um die Schrift lesbar zu machen. Mit dieser Technik werden auch *prasi*, Illustrationen traditioneller Geschichten, hergestellt. Gedong Kertya mit Tausenden solcher Manuskripte suchen hauptsächlich Balinesen auf der Suche nach ihrer Abstammung oder nach medizinischen Rezepten auf.

Puri Sinar Nadiputra

Jalan Veteran, neben Gedong Kertya. *Mo–Do, Sa.*

In dieser Weberei in einem früheren Palast kann man bei der Textilherstellung zusehen und die Produkte kaufen. Seidene und baumwollene *Ikat*-Tücher werden im Laden verkauft.

Umgebung: In **Nagasepaha**, acht Kilometer südlich, wird Glasmalerei praktiziert. Initiator war der Puppenspieler Jero Dalang Diah. Er schnitt die Puppen für seine Geschichten aus Büffel- oder Kuhleder, bevor er sie bemalte. 1950 wurde er von einer japanischen Glasmalerei inspiriert und begann, auf Glas zu malen, vorwiegend Szenen der *Wayang*-Geschichten *(siehe S. 31)*. Nun praktizieren seine Nachfahren und Nachbarn die Kunstform und verkaufen ihre Arbeiten.

Lovina ㉙

Straßenkarte B1. 🚉 🚌
ℹ *Kalibukbuk, (0362) 41 910.*

Der Name Lovina bedeutet »Ich liebe Indonesien« und wird oft für einen langen Küstenstreifen mit einer Reihe von Dörfern, von Tukadmungga im Osten bis Kaliasem im Westen, benutzt. Das Feriengebiet bietet ruhige, schwarzsandige, mit Kokospalmen gesäumte Buchten. Auslegerboote fügen etwas Charme hinzu, und manchmal sieht man Delfine im Meer. Für Schnorchler gibt es noch unberührte Korallenriffe.

Die Besuchereinrichtungen von Lovina liegen an der Jalan Binaria, die zu einer Delfinskulptur führt. Im Norden liegen Reisfelder, Kokoshaine und Hotels; im Süden führt die Straße zu Dörfern mit Bergkulisse. Vom Dorf Temukus kann man zum **Singsing-Wasserfall** wandern.

Gitgit ㉚

Straßenkarte C1. 🚉 🚌 *von Singaraja und Bedugul.* ℹ *Singaraja, (0362) 25 141.* *Wasserfall.*

Gitgit bietet einen imposanten, 45 Meter hohen Wasserfall, 400 Meter von der Hauptstraße entfernt und von üppiger Vegetation umgeben. Ein anderer Wasserfall, einen Kilometer bergauf, ist nicht so hoch und weniger besucht.

In Gitgit erfrischt Balis höchster Wasserfall die Besucher

Pura Beji, ein reich dekorierter Tempel in Sangsit bei Jagaraga

Umgebung: Pegayaman nördlich von Gitgit hält die javanische Tradition des 17. Jahrhunderts aufrecht. Dorfbewohner ziehen am Geburtstag des Propheten *(siehe S. 43)* mit *Tumpeng*-Opfern umher.

Jagaraga ㉛

Straßenkarte C1. 🚌 *von Singaraja.*
ℹ *Singaraja, (0362) 25 141.*

Jagaraga war 1849 Schauplatz einer Schlacht, in der der Kriegsheld Patih Jelantik lange den Holländern standhielt, ehe er geschlagen wurde. Die Beziehung zwischen Balinesen und Holländern wird in lebendigen Reliefs am Tempel der Toten, **Pura Dalem**, gezeigt. Sie wurden Anfang des 20. Jahrhunderts gemeißelt. Die Darstellungen umfassen Flugzeuge, Schiffe und einen Europäer im Wagen, der von einem Bewaffneten aufgehalten wird.

Pura Dalem
Jagaraga. *tägl.* *Spende.*

Umgebung: Das Zentraltor des **Pura Beji** in **Sangsit**, vier Kilometer von Jagaraga, ist berühmt für seine Ornamente. Garudas (mythische Vögel) sind teils ganz, teils halb herausgearbeitet. Der nahe **Pura Dalem** hat einige grausame Darstellungen der Höllenqualen, die jenen drohen, die die Moralregeln übertreten.

Das Land um **Sawan**, vier Kilometer südlich, produziert Balis besten Reis. In der Gegend gibt es eindrucksvolle Schluchten. Sawan ist auch bekannt für seine Tanz- und Musiktradition. **Air Sanih**, zwölf Kilometer von Sangsit, ist ein kleiner Strandort und nach einer Quelle benannt. Es gibt ein nettes Strandrestaurant und einfache Unterkunft.

Pura Beji
Sangsit. *tägl.*

Ein Relief im Pura Dalem, Jagaraga, zeigt einen Mann im Auto

Pura Meduwe Karang ㉜

Siehe S. 148f.

Tejakula ㉝

Straßenkarte D1. 🚉 🚌 *von Singaraja.* ℹ *Singaraja, (0362) 25 141.*

Das alte Dorf Tejakula ist für Silberschmuck und seinen *Wayang-wong*-Tanz *(siehe S. 31)* berühmt. Dieser östliche Teil der Buleleng-Regentschaft ist eines der unverfälschtesten Gebiete von Bali. In Tejakula gibt es ruhige schwarze Strände und idyllische Kokoshaine.

Umgebung: In der Nähe liegen mehrere Bali-Aga-Dörfer *(siehe S. 46)*. Eins von ihnen, **Sembiran** (ein Stück die Bergstraße hinauf westlich von Tejakula), hat die charakteristischen steingepflasterten Straßen und eine gute Sicht die Nordküste hinab.

Pura Meduwe Karang 32

Frangipani-Blüte

Der große Tempel ist für seine Statuen und geschnitzten Tafeln bekannt. Er ist zwar nicht das herausragendste Exemplar, zeigt jedoch einen blumigen Dekorationsstil, der für Nordbali charakteristisch ist. Es gibt mehrere geteilte Tore hintereinander und zwei symmetrische *gedong* oder Pavillons. Die höchste Stelle ist der überragende, kunstvoll verzierte Schrein Betara Luhur Ing Angkasa.

Geteilte Tore
Auf jeder Ebene des Tempels passiert der zum Hauptschrein Hinaufsteigende ein mit Reliefs verziertes candi bentar *(geteiltes Tor).*

★ Ramayana-Skulpturen
Die große Parade der aufgereihten 34 Steinfiguren auf der Eingangsterrasse besteht aus Charakteren des indischen Ramayana-*Epos.*

Kunstvoll gearbeitete *paduraksa* (Steinpfosten)

Der lange Pavillon an einer Seite des Vorhofs wird während Festen zur Zusammenkunft benutzt.

Terrassen mit verschiedenen Ebenen sind durch Stufen verbunden.

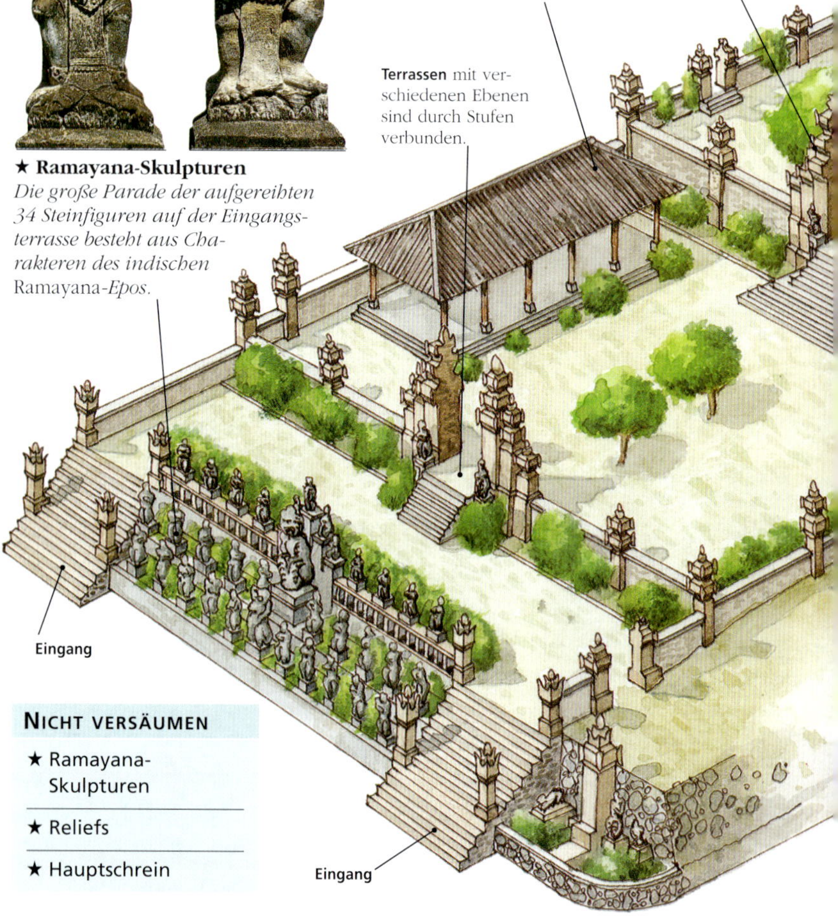

Eingang

Eingang

NICHT VERSÄUMEN

- ★ Ramayana-Skulpturen
- ★ Reliefs
- ★ Hauptschrein

INFOBOX

Kubutambahan. **Straßenkarte** C1. *von Singaraja.* *tägl. 8–17 Uhr.* *Purnama Sasih Kawulu (Feb).*

Der Radfahrer
An der Seite des Hauptschreins ist ein westlicher Mann mit Fahrrad abgebildet. Es soll der holländische Künstler W. O. J. Nieuwenkamp sein, der 1904 hierher kam.

★ Reliefs
Dieser einheimische Priester ist typisch für die Themen der Reliefs, die die Hofmauern schmücken. Sie zeigen Leute und Szenen des alltäglichen Lebens.

Verzierte Säulen statt Mauern unterscheiden diesen Tempel von anderen in Bali.

Die Mauern des Hofs sind in Intervallen von Säulen durchsetzt, deren Spitzen verziert sind.

Mauerskulptur
Themen aus balinesischen Legenden schmücken die Mauern rund um den zentralen Hof.

★ Hauptschrein
Der imposante Schrein Betara Lubur Ing Angkasa ehrt den »Gott, der den Boden besitzt«. Opfer werden auch der Sonnengöttin Surya und der Mutter Erde für die Fruchtbarkeit des Ackerlandes dargebracht.

Lombok

Glitzernde Reisfelder, grüne Hügel, raue Berge und ausgedehnte weiße Sandstrände machen die Landschaft Lomboks aus. Eine Mischung moslemischer Sasak und Hindu-Balinesen liefert eine Vielfalt von Kulturen. Die lokale Wirtschaft und die Einrichtungen für Besucher sind in Lombok viel weniger entwickelt als in Bali, aber leicht zugänglich und lohnenswert.

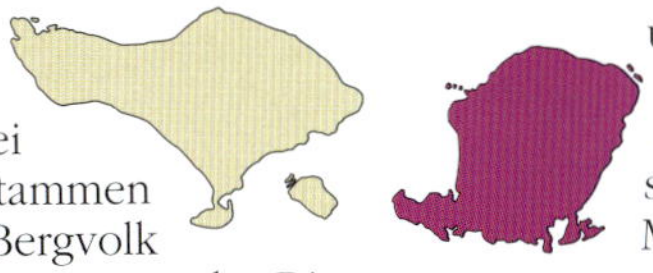

Die Sasak sind Lomboks Einheimische. Die etwa zwei Millionen Sasak stammen wohl von einem Bergvolk Nordindiens und Myanmars ab. Die 100 000-köpfige balinesische Minderheit lebt zumeist an der Westküste.

Lomboks Identität formten hauptsächlich zwei Einflüsse. Die Ankunft der Javaner brachte den Islam und Einflüsse des Nahen Ostens, während die balinesischen Hindus vom 16. bis Ende des 18. Jahrhunderts die Kolonialherren der Insel waren.

Die Sasak und die Balinesen sorgen für ein reiches Erbe von Dialekten und Sprachen, traditionellem Tanz, Musik, Ritualen und Handwerk. Es werden schöne Töpferwaren und Tücher hergestellt, die Fähigkeiten werden über die Generationen weitergegeben. Den Einfluss hinduistischer, javanischer und islamischer Kulturen sieht man in Architektur und Zeremonien. Während moslemisch-javanische Einflüsse am signifikantesten in den Moscheen sind, lieferten die Sasak die unterschiedlichen Formen der *lumbung* (Reisscheunen), heute seltener als in der Vergangenheit zu sehen.

Lombok besticht mehr durch natürliche Schönheit denn durch architektonisches Erbe. Die Landschaften liefern ideale Bedingungen zum Wandern, Surfen, Schnorcheln, Tauchen und Fischen. Eine Kette vulkanischer Berge im Norden der Insel wird vom Gunung Rinjani dominiert, auf dem man gut wandern kann. Sandstrände, durchsetzt von erloschenen Vulkangipfeln und riesigen Klippen, die steil in den Indischen Ozean abfallen, bilden die Südküste. Lomboks Ostküste ist mit ruhigen Gewässern, einsamen Stränden, geschützten Buchten und schönen Koralleninseln gesegnet.

Sonnenuntergang über der Lombokstraße, vom Senggigi-Strand an der Westküste aus betrachtet

◁ **Eine Moschee in einer Plantage bei Sapit, südöstlich des Gunung Rinjani**

Überblick: Lombok

Nicht weit vom Fährhafen Lembar liegt Mataram, die Provinzhauptstadt. Ab hier führt eine Straße von Westen nach Osten vorbei an Narmada, Lingsar und der hügeligen Gegend von Tetebatu. Eine Straße zur Südküste führt nach Kuta, Surfregion und ideale Basis, um die raue Südküste zu erkunden, die viele schöne und abgelegene Strände hat. Lomboks wichtigstes Feriengebiet ist Senggigi Beach nördlich von Mataram. Leicht zugänglich von Senggigi sind die Gili-Inseln, die zum Tauchen und Schnorcheln ideal sind. Der nördliche zentrale Teil Lomboks wird beherrscht vom Gunung Rinjani, einem riesigen Vulkangipfel, der von einem Nationalpark umgeben ist – mit Wandermöglichkeiten in entlegenen Gebieten.

Eine Moschee in Selong

Der Anbau von *kangkung*, einer Art Brunnenkresse, bei Tanjung

SIEHE AUCH

- ***Übernachten*** S. 179
- ***Restaurants*** S. 191

Weitere Zeichenerklärungen *siehe hintere Umschlagklappe*

Auf Lombok unterwegs

Es gibt Bus- und *Bemo*-Linien auf einigen Hauptstrecken in Lombok, besonders auf der Ost-West-Route ab Mataram und der Straße nach Senggigi. Sonst gibt es wenig Transportmittel, selbst auf der Straße nach Kuta. Individuell Reisenden ist zu empfehlen, einen Wagen zu mieten, am besten mit Fahrer. Abgelegenere Straßen können steil, eng oder einfach miserabel sein.

Majestätische Landschaft im Taman Nasional Gunung Rinjani

Traditioneller Sasak-Tanz

Legende

- Hauptstraße
- Nebenstraße
- Weg
- Panoramastraße
- Gipfel

Sehenswürdigkeiten auf einen Blick

Panoramablick vom Gipfel des Gunung Pengsong

Lembar ❶

von Padang Bai und Benoa-Hafen. Fährterminal.

Lomboks Haupthafen in einer von Hügeln umgebenen Bucht ist für Autofähren und Tragflächenboote aus Bali das Tor zur Insel. Händler und Reisende tummeln sich an Lembars Fährstation. Es herrscht lebhaftes Feilschen um Preise für Plätze in überladenen Bussen und Lastwagen zu anderen Orten auf Lombok. Es gibt ein kleines Informationsbüro, einige Telefone und ein paar Imbissstände. An den Docks werden schöne Bugis-Schoner *(siehe S. 135)* und kleine Dampfer be- und entladen.

Umgebung: Die Straßen um Lembar führen durch grüne, ländliche Gebiete. Die Küstenstraße, die die Halbinsel nach **Sekotong**, etwa zehn Kilometer südlich, umläuft, bietet gute Sicht auf die Bucht und ihre *bagan*, stationäre Fischereiplattformen im Meer. Fischer legen riesige Netze aus, in die sie mithilfe von Laternen Fische locken. Von hier bringen kleine Boote Passagiere zu den abgelegenen Koralleninseln Gili Gede und Gili Nanggu. Die Unterkünfte auf den Inseln sind einfach, und die Besucher versorgen sich meist selbst.

Banyumulek ❷

von Mataram. Mataram, (0370) 634 800.

Dieses Dorf mit strohgedeckten Holzhütten ist ein Zentrum für handgemachte Terrakottatöpfe. Hier kann man sehen, wie sie hergestellt werden, und sich die Auslagen der teils mit Textilien oder Rattan dekorierten Töpfe anschauen. Große und schwere Töpfe kann man sich nach dem Kauf per Schiff heimschicken lassen.

Umgebung: Drei Kilometer westlich, einen Weg den **Gunung Pengsong** hinauf, hat man schöne Aussicht. Vom Hindu-Schrein auf dem Gipfel sind Balis Gunung Agung und Lomboks Gunung Rinjani zu sehen. Auf einer Seite liegt die Ebene von Mataram, auf der anderen ein Bogen aus zerklüfteten Bergen.

Lomboks Töpfer-Tradition

Vase aus Penujak

Töpferwaren sind Hauptprodukt mehrerer Dörfer. Es wird keine Töpferscheibe benutzt: Die Gefäße werden von Hand geformt, unter Verwendung von Werkzeugen wie »Stein und Schaufel«, andere fertigt man aus Tonwülsten. Karaffen, dekorierte Teller und Unterteller, Vasen, riesige Wasserbehälter und Lampen werden alle von Hand hergestellt. Banyumuleks Töpfe sind einfach im Entwurf und ohne Zierrat, Masbagik ist spezialisiert auf geometrische Muster, und Penujak *(siehe S. 161)* produziert Töpfe mit Tiermotiven.

Sweta ❸

Mataram, (0370) 634 800.

Einer von Lomboks ältesten Tempeln, **Pura Lingsar**, steht in Sweta. Der 1714 gebaute Komplex hat balinesische Hindu- und Sasak-Wetu-Telu-(Moslem-)Schreine sowie einen Teich mit heiligen Albino-Aalen. Auf dem **Bertais-Markt** findet man Obst, Gemüse und Gewürze – Zwiebeln, Knoblauch und knallrote Chilis – in jeder erdenklichen Größe. Man kann auch Körbe, Textilien, Bambusprodukte, Zügel und Steigbügel erwerben.

Die Busstation für Mataram befindet sich in Sweta.

Pura Lingsar
Nördlich vonSweta. *tägl.* *Perang Topat (»Reiskuchen-krieg«) und Pujawali (Nov, Dez).*

Narmada ❹

Mataram, (0370) 634 800. *tägl.* *Fest des Entenfangs (17. Aug).*

Narmada, 1805 gebaut, war ursprünglich Sommerpalast eines Rajas (Königs). In den Gärten liegt ein See, der den Kratersee des Gunung Rinjani *(siehe S. 158f)* verkörpern soll. Als er nicht mehr in der Lage war, auf den Berg zu klettern und den See zu sehen, schaute sich der Raja die Kopie an. Lotusteiche und Terrassengärten erinnern an die Pracht der Vergangenheit.

Lotusteich in Narmada, einem Wasserpalast aus dem 19. Jahrhundert

Mataram ❺

Logo des Info-Büros

Mataram, Ampenan und Cakranegara gehen lückenlos ineinander über; das ganze Gebiet ist gemeinhin bekannt als Mataram. Mataram ist die Hauptstadt der indonesischen Provinz West Nusa Tenggara. Seine großen, weißen Häuser mit hohen Dächern reichen zurück in holländische Kolonialtage. Ampenan im Westen war einst Lomboks Haupthafen und wichtig für den Gewürzhandel. Cakranegara im Osten war bis vor 100 Jahren königliche Residenz, heute ist es ein Handelszentrum.

Überblick: Mataram

Mataram bestimmen Parks und Alleen mit Gebäuden im traditionellen Sasak-Stil. Es gibt Denkmäler wie das Kencana Warga Mahardika, ein Tribut an herausragende Staatsbürgerschaft.

An der gewundenen Straße von Ampenan stehen Häuser und Läden von arabischen und chinesischen Kaufleuten. Einige der Gebäude, die jetzt Restaurants und Cafés beherbergen, zeigen Art-déco-Einfluss. Bei Dämmerung kann man unten am Strand einen Drink in der früheren Kolonialbank nehmen.

In **Lomboks Töpfereizentrum** *(siehe S. 194f)* werden Keramiken und anderes Kunsthandwerk verkauft.

Museum Negeri

Jalan Panji Tilar Negara 6. *(0370) 637 503.* *Di–Do, Sa, So 8–14, Fr 8–11 Uhr.* *Feiertage.*

Das provinzielle Staatsmuseum zeigt heimische Textilien und Keramik, Kupferarbeiten und Holzschnitzereien sowie Objekte aus der Geschichte und Geografie der Inseln von West Nusa Tenggara und Gemälde, die die Vielfalt der ethnischen Kulturen zeigen.

Mayura-Wasserpalast

Jalan Selaparang, Cakranegara.

(0370) 624 442. *tägl.*

Dieser Komplex wurde 1844 unter der balinesischen Karangasem-Dynastie gebaut. In der Mitte liegt ein See, umgeben von einem Park mit Schreinen und Brunnen.

Infobox

Selaparang-Flughafen. *Sweta.* *Department of Tourism, Art & Culture, Jalan Singosari 2, Mataram, (0370) 634 800.* *Peresean (Stockkampf; Aug).*

Pura Meru

Jalan Selaparang, Cakranegara.

tägl.

Mit seinen schlanken, mehrstöckigen Schreinen, die die Hindu-Dreiheit Vishnu, Shiva und Brahma repräsentieren, ist dies Lomboks größter Hindu-Tempelkomplex.

Pura Meru vom Mayura-Wasserpalast aus gesehen

Der Strand in Senggigi, dem Ferienzentrum Lomboks

Senggigi 6

von Lembar und Mataram. Mataram, (0370) 640 691. Monat der kulturellen Würdigung (Aug).

Senggigi, Lomboks beliebtester Urlaubsort, lockt Besucher mit seinen weißen Sandstränden und kleinen, von Palmen gesäumten Buchten an. Senggigi ist zwar weniger bebaut als Balis Kuta, hat aber einige Unterkünfte, Restaurants und Unterhaltungsmöglichkeiten.

Senggigi Beach besteht nur aus zwei Buchten, geteilt durch einen Vorsprung weißer Korallen, doch das heute als Senggigi bekannte Gebiet ist ein sechs Kilometer langer Streifen von Straße und Strand. Restaurants und kleine Cafés stehen an dieser Straße.

Die Ausblicke an der Küste, auch übers Meer nach Bali, die man von der Küstenstraße genießen kann, sind erhaben. Das Schwimmen am Strand ist sicher, und Wellen für weniger erfahrene Surfer rollen rechts und links vom Riff ab. Auch das Windsurfen ist hier beliebt.

Um das Riff selbst findet man eine Vielfalt von Meeresleben und schöne Korallen – ein ideales Gebiet zum Schnorcheln.

Umgebung: Ein stimmungsvoller Tempelschrein steht auf einem schwarzen Felsen, der bei **Batu Bolong**, drei Kilometer von Senggigi, ins Meer ragt. Hier bringen gläubige Hindus bei Dämmerung ihre Opfer dar. Die tiefroten Sonnenuntergänge mit der in der Ferne sichtbaren Silhouette von Balis Gunung Agung sind wunderschön.

Gili-Inseln 7

von Senggigi und Mataram nach Bangsal. von Bangsal. Mataram, (0370) 640 691.

Diese drei Inseln, jede nicht größer als drei Kilometer im Durchmesser, werden hauptsächlich wegen der Mannigfaltigkeit des bunten Meereslebens in den Korallenriffen ihrer kristallklaren Gewässer besucht. Die Inseln sind von Bangsal in einer kurzen Bootsfahrt zu erreichen. Die beste Zeit zum Tauchen ist Ende April bis Ende August.

Gili Air, die dem Festland am nächsten gelegene und am dichtesten besiedelte Insel, ist um die abseits stehenden Hotels ruhig, aber sonst herrscht hier reges Dorfleben. Zwischen tropischen Bäumen und Büschen findet man hübsche Bars, die Unterkünfte sind recht gut. Dies ist ein guter Ort für Familien.

Gili Meno bietet wirkliche Abkehr und ist die kleinste und am wenigsten entwickelte Insel. Hier gibt es wenig Unterkünfte, aber diese sind meist gehobener als die der anderen beiden Inseln.

Gili Trawangan, die größte und entfernteste Insel, ist die Partyinsel. Aus einer Zeile von Bars und Restaurants am Strand unter einfachen *losmen* *(siehe S. 166)* hört man bis in die frühen Morgenstunden Musik. Die andere Seite der Insel ist ruhiger. Außer in Luxushotels sind die Preise hier eher niedrig – und die Einrichtungen entsprechend wenig komfortabel.

Das Meeresleben der Gili-Inseln

Tauchern *(siehe S. 210f)*, die Haie sehen möchten, wird dies bei einem Tauchgang an den Gili-Inseln gelingen. Riffhaien, die kein Interesse an Menschen haben, begegnet man oft. Die Korallen sind schön, trotz der durch das Sprengfischen in den letzten Jahren entstandenen Schäden. Über 3500 Arten Meerestiere leben um die Gilis (zum Vergleich: Das Great Barrier Reef hat nur 1500). In diesen Gewässern findet man den orange-weiß gestreiften Clownfisch, den leuchtend bunten Papageifisch und den erhabenen Halfterfisch, ebenso die bedrohten Suppen- und Karettschildkröten. Taucher jedweden Könnens werden hier reiche Fischvielfalt und anderes Unterwasserleben finden.

Leuchtend bunte Korallen in den Gewässern der Gili-Inseln

Eine Trommel, die *kecimol*, bei einer Moslemhochzeit in Tanjung

Tanjung ❽

von Mataram. Mataram, (0370) 640 691.

In Tanjung bestreitet man den Lebensunterhalt mit Fischerei und den Produkten der Landwirtschaft. Das große Dorf an der Straße nördlich der Hügel am Fuß des Gunung Rinjani hat zweimal die Woche einen Viehmarkt. Es ist von grünem Land mit Kokoshainen, Reisfeldern und Gemüsegärten umgeben. In den Flussniederungen wächst *kangkung* (ein blattreiches Gemüse ähnlich der Brunnenkresse), eines von Lomboks Lieblingsgerichten.

Umgebung: Die Straße gen Norden passiert einen schwarzen Sandstrand, das Gelände wird deutlich trockener. **Krakas**, vier Kilometer von Tanjung an der Küste, ist berühmt für kühles Quellwasser. Die Quelle liegt 400 Meter vor der Küste in zehn Metern Tiefe. Fischer, die Besucher gegen ein kleines Entgelt mit Booten hinausfahren, sammeln das Wasser, das trinkbar ist. Weiter nördlich, vorbei an der kleinen Stadt Gondang, findet man den **Tiu-Pupas**-Wasserfall und sieben Höhlen.

Segenter ❾

von Mataram. Mataram, (0370) 640 691. tägl. 9–17 Uhr. Spende.

Das kleine Segenter ist eine typische, traditionelle Lombok-Gemeinde, ein guter Ort, um zu wandern und um die Leute ihrem Tagwerk nachgehen zu sehen. Die Einwohner sind weniger kommerziell eingestellt als in Senggigi.

Spätvormittags ruhen viele Dorfbewohner in den »Gasthütten«, offenen Bauten mit Plattformen über dem Boden, die zwischen den strohgedeckten Häusern stehen.

Die Bewohner von Segenter führen ein fast selbstgenügsames Leben; sie produzieren die meisten der Grundnahrungsmittel für ihren täglichen Bedarf selbst und pflanzen Baumwolle, Reis und Tabak an, um sie auf dem Markt zu verkaufen.

Ein Haus in Segenter aus Bestandteilen der Kokospalme

Senaru ❿

von Sweta und Tanjung. Mataram, (0370) 640 691.

Auf über 400 Metern Höhe an den niedrigeren Hängen des Gunung Rinjani liegt Senaru. Von hier aus hat man perfekte Sicht auf Rinjani im Süden und den Ozean im Westen.

Einst eine abgeschiedene Bergsiedlung, wurde dieses vor der Außenwelt geschützte Dorf mit seinen traditionellen Häusern schnell eine Wochenendzuflucht vor der Hitze der Küstenregion.

Senaru hat viele einfache Pensionen und Restaurants zu bieten. Es ist ein beliebter Ausgangspunkt für Wanderungen und Bergtouren *(siehe S. 158f)*. Vorbereitungen für eine Wanderung durch den Gunung Rinjani National Park und auf den Vulkan können hier getroffen werden: Man kann Campingausrüstung, Zelte und Schlafsäcke mieten und Proviant einkaufen. Träger und Führer können auch engagiert werden.

Umgebung: Eine leichte 30-minütige Wanderung von Senaru aus gen Westen führt zum 40 Meter hohen **Sendanggile-Wasserfall**, wo Wasser geradewegs aus einem der höchsten Gipfel Südostasiens hinabstürzt. Hier kann man im saubersten und frischesten Wasser Indonesiens waten. Ein kurzes Stück weiter den Hügel hinauf befindet sich der **Tiu-Kelep**-Wasserfall mit einem Becken zum Schwimmen.

Ein anderer halbstündiger Weg vom Dorf führt nach **Payan** mit strohgedeckten Hütten – eines von Lomboks wenigen erhaltenen Wetu-Telu-Dörfern *(siehe S. 23)*. Obwohl etwas kommerzialisiert, ist es ein Beispiel für Lomboks ursprüngliche Dorftradition. Die Frauen tragen traditionelle Sarongs und schwarze Hemden zum Weben und während Moslem-Zeremonien. Die hier zu beobachtenden Moslem-Praktiken enthalten balinesische und hinduistische Elemente.

Der Sendanggile-Wasserfall bei Senaru

Taman Nasional Gunung Rinjani ⓫

Dieser Nationalpark ist ein Magnet für erfahrene Wanderer und Naturliebhaber. Gunung Rinjani ist ein 3726 Meter hoher Vulkan mit großer Bedeutung für Religion und Volkskunde von Lomboks Hindus und Sasak. Der Rinjani selbst ist nicht aktiv, der kleinere Gunung Baru ist in den letzten 100 Jahren jedoch mehrfach ausgebrochen. 1995 regnete es letztmals Asche vom Himmel, Beben erschütterten die Insel, und die Tätigkeiten im Nationalpark wurden eingestellt. Das Informationsbüro in Mataram berät zur aktuellen Lage. Der Aufstieg zum Kraterrand und zum Gipfel kann in Mataram, Senggigi oder Senaru arrangiert werden. Sembalun Lawang ist ein weiterer Startpunkt, hat aber weniger Einrichtungen.

Languren sieht man häufig auf Lombok

Wandern von Senaru aus
Aufstiege werden von vielen Unternehmen organisiert, die von privaten Unterkünften aus arbeiten.

★ Danau Segara Anak
Das blaugrüne Wasser dieses Sees ist von den steilen Wänden des Vulkankraters umgeben. Wege führen am kleinen, aktiven Vulkan Gunung Baru in den Krater hinab.

Berge bei Sembalun
Der Gebirgszug, der sich auf der östlichen Seite des Sembalun-Tals erhebt, ist ein imposanter Anblick, besonders aus der Richtung des Gunung Kanji.

Infobox

bis Anyar, dann bemo bis Senaru; bis Aikmel, dann bemo bis Sembalun. *Mataram, (0370) 634 800.* *ganzjährig; am besten Juni–Sep.*
Senaru, Sembalun und Sapit.
Trekking-Anbieter: *Mataram und Senggigi (Preise inkl. Transport); Senaru. Wegen vereinzelter Überfälle ist ein Führer ratsam.*
Sicherheitsposten: *Sembalun.*

Gelbmantelpirol
Dieser Vogel hat ein leuchtend gelbschwarzes Gefieder und einen klangvollen Ruf. Andere Arten im Park sind Loris, Tauben und Drosseln.

Sembalun-Tal
Vom Bergpass auf 2000 Metern, auf der Straße nach Sapit, kann man den Blick über Plantagen und kleine, ins Tal geschmiegte Dörfer schweifen lassen.

★ Blick vom Gunung Rinjani
Vom höchsten Punkt Lomboks erstreckt sich der Blick über trockene Vulkanhänge zur Küstenebene.

Nicht versäumen

★ Danau Segara Anak

★ Blick vom Gunung Rinjani

Der Gunung Rinjani überragt die Plantagen bei Sapit

Sembalun ⓬

von Mataram und Tanjung. Mataram, (0370) 634 800.

Von Bergen umgeben liegt Sembalun, ein Dorf aus einstöckigen Holzhäusern. Besucher sind hier selten, es gibt aber ein paar einfache Unterkünfte. Es herrscht ein angenehmes Gefühl der Abgeschiedenheit. Die Luft ist frisch und kann nachts recht kalt werden. Dies ist eine gute Gegend für Spaziergänge übers Land. Der Schalottenanbau ist die Haupteinnahmequelle, und ein scharfer, aber nicht unangenehmer Duft durchzieht das Tal.

Von hier wirkt der Gunung Rinjani sehr imposant. Der Berg scheint fast in Reichweite zu sein. Sembalun ist der Startpunkt einer direkteren Kletterroute zum Rinjani als von Senaru *(siehe S. 157)* aus, aber die Einrichtungen sind hier nicht so gut.

Umgebung: Die Straße östlich nach Sapit führt über einen der höchsten Bergpässe in Indonesien. Von den Haarnadelkurven und Steigungen hat man gute Sicht über das Tal.

Sapit ⓭

von Sweta. Mataram, (0370) 634 800.

Sapit liegt an den östlichen Hängen des Gunung Rinjani etwa 800 Meter über dem Meeresspiegel. Es ist ein erfrischend kühler Bergort mit eindrucksvollen Ausblicken über Ostlombok und übers Meer auf Sumbawa. Die niedrigeren Hänge des Rinjani um Sapit sind bedeckt mit smaragdgrünen Reisterrassen und Tabakplantagen.

Das Dorf Sapit ist recht einfach, aber die Gärten und Blumenbeete machen einen frischen, ordentlichen Eindruck. Es gibt auch einige preiswerte und saubere Pensionen hier.

Kähne am Pier in Labuhan Lombok

Labuhan Lombok ⓮

von Mataram. von Mataram und Sumbawa. am Fährterminal.

Die Bucht um Labuhan Lombok formt einen natürlichen Hafen. Eine Straße verläuft parallel zur Küste, und zwischen ihr und dem Wasser sind die Siedlungen der Bugis-Fischer aus Pfahlhäusern. Bunt bemalte Trawler sind in der Nähe vertäut. Die Vorfahren der Gemeinde kamen aus Südsulawesi *(siehe S. 135)*. Der sonntägliche Markt der Stadt bietet alle Erzeugnisse und

Pfahlbauten im Küstendorf Labuhan Lombok

täglichen Gebrauchsgüter. Am einen Ende der Bucht, zwei Kilometer von der Stadt, befindet sich die Mole für den Fährdienst nach Sumbawa, der nächsten der Kleinen Sunda-Inseln.

Pringgasela ⓯

von Sweta und Labuhan Lombok. Mataram, (0370) 634 800.

Inmitten der kühlen, beschaulichen Hügel am Fuß des Gunung Rinjani liegt das schattige Dorf Pringgasela. Ein Bergbach fließt neben der Straße. Viele Bewohner sind Weber, und sie freuen sich, wenn man ihnen bei der Arbeit zusieht. Nach der Tradition lernen die Mädchen des Dorfes mit zehn Jahren weben. Vor den Häusern sind viele Textilien zum Verkauf ausgebreitet, und der Gesamteindruck ist bunt. Die Muster und die Farben, Schwarz und Rot, sind charakteristisch für Lombok.

In Loyok hergestellter Korb

Umgebung: In den Hügeln südlich von Pringgasela liegt ein anderes Handwerkszentrum, **Loyok**, das Ware aus Korb, Bambus und Palmblättern liefert. Die Straße von Loyok führt an einem schnellen Fluss entlang, der sich durch einige schöne Wälder und Täler windet.

Tetebatu ⓰

von Mataram. Mataram, (0370) 634 800.

Das Hügeldorf Tetebatu mit Sicht auf Gunung Rinjani ist ein guter Ort zum Entspannen. Das Dorf selbst ist bescheiden, aber in einem Gebiet, das sich über drei Kilometer bergauf erstreckt, sind ein paar Pensionen zwischen den Reisfeldern.

In der Bergluft kann man schön spazieren gehen, vorbei an Tabakplantagen. Ein Wanderweg führt zu einem schmalen Fluss, in den der Jeruk-Manis-Wasserfall rauscht – der Weg ist mühsam, aber von kräftigen Kindern über zehn Jahren und Erwachsenen zu bewältigen. Andere Wege führen zu abgelegenen Dörfern und einem von Affen bewohnten Tropenwald. Es empfiehlt sich, für Wanderungen im Dorf einen Führer anzuheuern.

Sukarara ⓱

von Sweta. Mataram, (0370) 634 800.

Viele Bewohner Sukararas verdienen ihren Lebensunterhalt mit dem Weben von *Songket*-Textilien *(siehe S. 37)*. Der Tourismus ist hier ziemlich offensichtlich. Zahlreiche Läden bieten vielerlei Stoffe aus der Region an. Die schwarz gekleideten Frauen des Dorfs zeigen ihre Fertigkeiten mit dem Webstuhl und posieren gerne für ein Foto.

Penujak ⓲

von Sweta. Mataram, (0370) 634 800.

Neben Banyumulek *(siehe S. 154)* und Masbagik gehört Penujak zu Lomboks Töpferdörfern – dies ist vielleicht der beste Ort, um den Prozess zu verfolgen, den die Dorfleute erklären. Traditionell stellen die Frauen die Töpfe her, während die Männer sie verkaufen. Da die Exportverkäufe einen höheren Ausstoß verlangen, legen die Männer in der Produktion mit Hand an. Jedes Dorf hat eigene Dekorationen und Farben, aber alle Entwürfe sind in allen drei Orten zu haben.

Traditionelle, in Penujak hergestellte Töpferwaren

Textilien in Lombok

Weberin an einem handbetriebenen Webstuhl in Sukarara

Hochwertige Textilien stellt man in Lombok mit traditionellen Hand-Webstühlen her. Auf die Textilweberei spezialisiert sind die Dörfer Sukarara, Pringgasela, Rembitan und Sade *(siehe S. 162)*. Um Mataram herum wird in etwas größerem Maßstab produziert. In den Dörfern kann man den ganzen Herstellungsprozess verfolgen, vom Kochen der Rinden und Wurzeln zum Färben über das Einweichen der Baumwollfäden bis zum Weben der Originalmuster auf dem handbetriebenen Webstuhl. Die Dorfleute benutzen ausschließlich Pflanzen für die Färbung. Gelb wird aus einem Extrakt der Kurkumawurzel gewonnen, Blau aus der Indigopflanze. Wurzeln und Rinde werden zerstampft und gekocht; die Fäden werden für 24 Stunden eingeweicht, getrocknet und auf dem Webstuhl in der Art und Weise, die das Muster erfordert, arrangiert.

Typischer Lombok-Sarong

Rembitan und Sade ⓳

Mataram, (0370) 634 800.
Spende.

Die Bauerndörfer Rembitan und Sade, etwa drei Kilometer voneinander entfernt, liegen schön an einem Hügel. Trotz der vielen Besucher, die hier Halt machen, weshalb es von Souvenirhändlern nur so wimmelt, sind Rembitan und Sade ideal, um einen Blick in das Leben der Sasak zu werfen, in dem Textilweberei, Reisanbau, Ziegen- und Rinderzucht die Einnahmequellen sind. Ein besonderes hiesiges Merkmal sind *lumbung*, kappenförmige Reisscheunen. Einst waren sie ein Symbol Lomboks, heute sind sie selten. Die Wände der strohgedeckten Scheunen und Häuser sind aus Bambus oder Palmblattrippen.

Kutas zerklüftete Küste ist ein Paradies für Surfer und Sonnenanbeter

Kuta ⓴

von Sweta. Mataram, (0370) 634 800. Fischerfestival Nyale (Feb, März).

Lomboks Kuta ist zum größten Teil unbebaut, im Gegensatz zum gleichnamigen Ort auf Bali. Die Küstenlinie ist wunderbar zerklüftet. Die Bucht hat blendend weißen Sand – mit sehr wenigen Sonnenbadenden darauf. Die Dünung des Ozeans bringt perfekte Wellen für Surfer.

Das Dorf Kuta besteht aus einer verstreuten Ansammlung von Holzhäusern für die Fischergemeinde und auch für Besucher.

Eine Landmarke im Osten des Dorfs ist das Novotel Coralia Lombok *(siehe S. 179)*, das so konstruiert wurde, dass es sich in den für diesen Teil Lomboks typischen Baustil einfügt.

Umgebung: Zwei weitere prächtige Strände liegen nicht weit von Kuta. **Mawun** (8 km westlich) ist reizvoll isoliert. **Tanjung Aan** (8 km östlich) ist eine weite, sandige Bucht. Wellen krachen auf die Felsen an jedem Ende der Bucht, aber das Wasser am Strand ist friedlich und türkisfarben.

Gerupuk ㉑

Mataram, (0370) 634 800.

Gerupuk liegt am Rand einer langen Bucht. Das Haupteinkommen des Dorfs liefert, abgesehen von der Fischerei, der Algenanbau. Die Algen, die als Nahrungszusatz in Futterprodukten für Hoftiere dienen, wachsen in halb untergetauchten Bambusrahmen vor den Stränden. Nachdem sie geerntet sind, sieht man sie in Bündeln am Straßenrand trocknen.

Gerupuk ist eines der beliebtesten Surfgebiete Südlomboks. In der Bucht baut sich die Brandung aus dem Indischen Ozean auf, bricht sich an den Korallenriffen und erzeugt feine Wellen. Surfer mieten sich ein kleines Boot für den kurzen Weg zum Riff. Die Fahrt bietet atemberaubende Blicke auf die nahen Klippen und felsigen Spitzen. Die Boote ankern kurz vor dem Riff und warten auf die Rückkehr der Surfer.

Die Wellen hier sind viel sanfter als an anderen Buchten dieser Küste, wo die See oft rau sein kann. Sie brechen sich an Korallen, die tief genug sind, um den Wellenreitern Sorge zu bereiten, anders als die seichten Riffe und steilen Startpunkte von Maui bei Selong Blanak im Westen. Auch wenn die Wellen meistens nach rechts brechen, gibt es doch manchmal welche, die dies nach links tun, aber weniger regelmäßig. Die beste Zeit ist frühmorgens, ehe Wind aufkommt – gewöhnlich vor neun Uhr; aber selbst später am Tag, wenn Seitenwinde von der Küste wehen, sind die Wellen prima. Die Surfer kommen zumeist aus Japan, Australien und aus dem Dorf Kuta selbst. In Kuta Beach gibt es Unterkünfte.

Wellen in Gerupuk, einem der besten Surfplätze an Lomboks Küste

Hotels und Restaurants in Lombok *siehe Seite 179 und Seite 191*

Selong Blanak ㉒

Mataram, (0370) 634 800.

An jedem Ende von felsigen Landzungen flankiert, ist Selong Blanak eine ruhige Bucht mit einer Fischersiedlung. Am Strand liegen bunte Auslegerkanus. Die meisten Leute kommen zum Surfen an den nahen Strand, als **Maui** bekannt. Die Wellen sind ungewöhnlich rasant. Wegen der steilen Startpunkte und der Tatsache, dass die Wellen über seichte Korallen laufen, ist dieser Platz nur sehr erfahrenen Surfern zu empfehlen.

Die Küstenlandschaft bei Selong Blanak

Tanjung Luar ㉓

Mataram, (0370) 634 800.

Das Dorf Tanjung Luar lebt vom Meer. Es ist ein kleiner Hafen – Reisende von den nahen Inseln landen hier mit einem Taxiservice zwischen den Inseln, der kleine Ausleger benutzt. Viele Berufe, die mit dem Fischen und dem Meer zu tun haben, sind hier vertreten. Es gibt einen geschäftigen Fischmarkt. Fischer kehren zum Hafen zurück, nachdem sie mehrere Tage auf dem Meer zugebracht haben, und verkaufen ihren Fang am Ufer. Manchmal ist sogar ein großer Hai dabei. Zur lebhaften Atmosphäre tragen Salzverkäufer, Kinder, die an der Hauptmole angeln, und Leute, die ihr Boot neu streichen, bei.

Cidomo in Tanjung Luar

Nicht weit vom Markt leben einige Bugis-Gemeinden *(siehe S. 135)* in ihren hölzernen Pfahlbauten am Strand. Farbenfrohe Bugis-Schoner mit dem charakteristischen hohen Bug liegen hier vor Anker.

Für viele Menschen in Tanjung Luar sind *cidomo* das einzige Transportmittel. Dies sind kleine, von Pferden gezogene Einspänner, die leuchtend bemalt und oft mit roten Troddeln und Quasten geschmückt sind.

Bangko Bangko ㉔

von Lembar. Mataram, (0370) 634 800.

Der zum Fischen und Surfen beliebte Ort liegt am Ende einer Halbinsel an Lomboks südwestlichem Ausläufer. Eher eine bloße Stelle als ein Dorf, kann man es nur über eine Piste erreichen. Die Belohnung für die Anfahrt ist eine spektakuläre Szenerie.

Einige Surfer nannten dieses Gebiet »Wüstenfleck«. Die Wellen, die nach links vom Korallenriff abrollen, bevor sie in die Klippen donnern, liefern prima Bedingungen für erfahrene Wellenreiter. Die unberechenbaren, oft gefährlichen Gewässer eignen sich zum Fischen. Ein Angeltrip kann bei Tourunternehmern in Lembar *(siehe S. 154)* gebucht werden.

Hafenszene in Tanjung Luar mit Bugis-Pfahlbauten

Zu Gast in Bali und Lombok

ÜBERNACHTEN

Mit tropischen Gärten und sich sanft wiegenden Palmen haben selbst die größten Hotels auf Bali echt balinesisches Flair. Das Personal und die kulturelle Umgebung verstärken dies noch. Die Anzahl der Unterkünfte wuchs mit dem Auftauchen einer neuen Kategorie kleiner, exklusiver Hotels, die als »Boutique-Hotels« bekannt sind. Für Gruppen bieten Villen mehr Privatsphäre als Hotels. Lombok ist touristisch weniger entwickelt als Bali, bietet aber doch eine Vielfalt an guten Unterkünften. Spezielle Einrichtungen für Behinderte sind in den Hotels auf Bali und Lombok eher selten.

Hotelportier

LOSMEN UND HOMESTAYS

Der häufigste Typ von preiswerter Unterkunft auf Bali ist das *losmen*. Das Wort ist abgeleitet von dem Wort *»logement«* aus der Kolonialzeit und bezeichnete einst wenig mehr als ein Zimmer in einem balinesischen Haushalt. Heute wird der Name für kleine, billige Quartiere verwendet, die einzigen in manchen Orten. *Losmen* und Homestays sind nicht formell organisiert, und man findet sie gewöhnlich nicht in Hotellisten. Man kann meist nicht reservieren und muss sich bei der Ankunft ein Quartier suchen.

Losmen bestehen meist aus einfachen Zimmern. Moskitonetz, ein Ventilator, und manchmal ein Bad werden geboten, aber selten Toilettenpapier. Einige *losmen* bieten Klimaanlagen und heißes Wasser, berechnen dafür aber auch mehr. Frühstück ist meist inklusive. Viele *losmen* findet man in Kuta an der Poppies Lane II, in Ubud an Jalan Bisma und Jalan Kajeng, im Dorf Lembongan an Nusa Lembongan und an Candi Dasa (der Hauptstraße) sowie bei den Stränden in Lovina, Padang Bai und Amed.

Pool in einem Hotel in Senggigi Beach, Lombok

HOTELS

Balis Hotels und Ferienanlagen konzentrieren sich auf die besser entwickelten Touristengebiete Süd- und Zentralbalis. Sie haben eine große Preisspanne, und in vielen Fällen kann man von Deutschland aus ein Pauschalangebot buchen. In Lombok ist die Auswahl begrenzter als in Bali. Die Hotels sind vor allem im Westen, um Senggigi und auf den Gili-Inseln, konzentriert.

Die dramatisch ansteigende Zahl der Hotels auf Bali und die steigende Beliebtheit der Boutique-Hotels und Villenferien sind Anreiz für Hotels, reelle Angebote zu machen; so lohnt es sich, nach dem günstigsten Ausschau zu halten. Die großen Hotels sind besonders geeignet für Familien mit kleinen Kindern oder für Besucher, die einen All-inclusive-Urlaub wünschen. Sie bieten ein luxuriöses Erlebnis, abgeschottet vom geschäftigen Treiben des täglichen Lebens der Insel, und bieten gewöhnlich Babysitterdienste oder Kinderanimation im Haus.

Nusa Dua an Balis Südspitze wurde erdacht als ein umfassender 5-Sterne-Komplex mit Infrastruktur einschließlich prächtigem Golfplatz und großem Einkaufszentrum *(siehe S. 73)*. Weiße Sandstrände kommen zum Reiz von Nusa Dua hinzu, und viele Urlauber sehen keienn Grund, ihr Domizil auch nur kurzzeitig zu verlassen.

Große, unabhängige Hotels bieten beides: Abgeschiedenheit und Gesellschaftsleben. Viele von ihnen gehören zu großen Hotelketten. Sie bieten Weltklasseservice sowie Tennisplätze, Fitness-Studios, Kur- und Schwimmbäder, schöne Gärten, erstklassige Restaurants und Abendveranstaltungen.

Die Preise variieren nach Zimmer, Gegend und Saison. Die meisten Hotelzimmer sind mit Ventilatoren und Bädern ausgestattet. Für Zimmer mit Klimaanlage bezahlt man freilich mehr.

Der balinesische Zweig der **PHRI** (Persatuan Hotel dan Restoran Indonesia, Indonesische Hotel- und Restaurant-Vereinigung – *siehe S. 169*) veröffentlicht Hotellisten und eine Sterne-Einteilung, aber sie sind oftmals nicht kom-

Einfache *Losmen*-Unterkunft in Lombok

◁ **Der Swimmingpool des Hotels The Legian in Seminyak**

In balinesischem Stil möblierte Villa mit privatem Schwimmbad und Hof

plett oder ungenau. Theoretisch sollte die Vereinigung Besuchern bei Problemen beistehen, aber es ist meist wirksamer, Beschwerden direkt ans Hotel selbst zu richten.

Spezielle Hotels

Einige Hotels richten sich an Besucher, die an bestimmten Aktivitäten, Speisen oder kulturellen Erfahrungen interessiert sind. Hotels in den Bergen etwa bieten generell Wanderungen an. Eine Anzahl kleiner Quartiere in Kintamani und in der Nähe des Gunung Agung offerieren Ausflüge zu den Vulkanen.

Zum Schnorcheln und Tauchen ideal sind die Hotels und Ferienanlagen um Amed und Tulamben an der Ostküste, die auf der Insel Nusa Lembongan, die Hotels Nordbalis (von denen es zu den Unterwassergärten des Taman Nasional Bali Barat geht) und diejenigen auf Gili Trawangan (von Lombok aus). Auch Kochkurse gehören in einigen Hotels zum Programm.

Für spirituell interessierte Reisende ist Ubud ein beliebtes Zentrum. Einige Hotels in Ubud und anderen Orten bieten die Gelegenheit, am örtlichen Dorfleben teilzunehmen, und Besucher können sich im Kochen, Weben und in anderen einheimischen Handwerken versuchen.

Private Villen

Für Reisende mit Kindern können Villen eine gute Wahl sein, da sie meist mit Babysitter, Reinigungspersonal, Gärtner und oft einem Koch ausgestattet sind, dazu noch mit Pool, Gärten, Satellitenfernsehen und mehreren Schlafzimmern. Für Familien oder Gruppen bieten sie Ersparnis und geben eher Gelegenheit für private Entspannung und Unterhaltung als ein Hotel. Grill- und Cocktailpartys können Teil der Villenferien sein.

Einige Vermittler in Bali bieten eine Auswahl von Villen und kümmern sich darum, etwas zu finden, das Ihrem Budget, Ihren Bedürfnissen und der Anzahl der Gäste entspricht. Die größten Unternehmen sind **Bali Villas**, **The Agencies** und **Bali Luxury Villa Collection**.

Brunnen im Inter-Continental Resort Bali

Mit Kindern reisen

Bali ist ein Wunderland für die Kleinen. Die Balinesen haben eine besondere Liebe zu Kindern, und das Hotelpersonal wird sich ihrer annehmen. Alle großen 5-Sterne-Hotels und viele der kleineren haben gute Einrichtungen für Kinder (Babysitter, Kinderprogramm, Kinderclubs, Familiensuiten), sodass sich die Eltern entspannen können.

Reservierungen

Übers Internet kann man direkt buchen oder Informationen über Hotels einholen, bevor man sich entscheidet. Ein Reisebüro zu umgehen, kann eine Ersparnis bedeuten, aber wenn vor Ort dann nicht alles der Beschreibung entspricht, hat man auch keinen Ersatzanspruch.

Viele Hotels haben eigene Websites, und balinesische Vermittler haben ähnliche Sites für Hotels, private Villen und Touren eingerichtet. Eine Anzahl Websites finden Sie im Kasten *Auf einen Blick* *(siehe S. 169)*. Die Eingabe von »Unterkunft Bali« in eine Suchmaschine wird Ihnen mehr Seiten aufzeigen. Man kann die Preise auf den Websites mit denen der Reiseagenturen vergleichen und manchmal sogar eine virtuelle Tour durch die Hotels machen.

Das Westin Resort, ein großer Komplex mit Familieneinrichtungen in Nusa Dua

Spas und Badehäuser

Aromatische Blumen

Von allen Einrichtungen, die Balis Hotels bieten, fanden Spas in den letzten Jahren am meisten Zuspruch. Traditionelle Gesundheits- und Schönheitsbehandlungen aus einheimischen, natürlichen Zutaten werden in Indonesien schon seit Jahrhunderten angewendet, aber erst in den letzten Jahren wurden sie auch für Urlauber zugänglich. Balis Top-Spas gehören zu den besten der ganzen Welt. Obwohl die kleineren Salons nicht mit dem Luxus der teureren mithalten können, bieten einige von ihnen ähnliche Behandlungen zu einem Bruchteil der Kosten.

Bad und Massageraum im Four Seasons Resort, Sayan

Traditionelle Behandlungen

Balis Kurbäder wollen eher Vergnügen und Entspannung bieten als klinische Therapie. Sie behandeln nicht gesundheitliche Probleme, sondern beruhigen den Geist und verschönern den Körper. Viele Bäder wurden für Paare entworfen; mit Ausnahme der Schönheitssalons bieten sie Behandlungen für Männer und Frauen.

Eine komplette Behandlung schließt ein Ganzkörper-Peeling, genannt *lulur*, ein, eine in Java seit Generationen beliebte Schönheitskur. Andere genussvolle Erfahrungen sind die traditionelle balinesische Massage – eine sanfte Prozedur mit streichenden Handbewegungen – und das entspannende und therapeutische Sahnebad, das eine einstündige Kopf- und Schultermassage sowie eine Haarbehandlung einschließt. Diese sind bei Frauen und Männern beliebt.

Westliche Einflüsse sind spürbar, besonders bei der Aromatherapie. Indonesien hat eine Fülle von Kräutern und Blumen, und es entstand eine Industrie, die qualitativ hochwertige natürliche Öle herstellt. Selbst bei einer einfachen Massage werden Ihnen Öle angeboten, um damit verschiedene Stimmungen zu schaffen.

Auswahl eines Bads

Es gibt eine Menge Spas in Bali. Sie stehen für eine Vielfalt von Budgets und Vorlieben. Die meisten Badehäuser bieten Kombinationspakete – für Erstbesucher, die Angebote testen wollen, besonders geeignet.

Der mehrere Millionen Dollar teure Spa-Bereich des **Four Seasons Resort** in Jimbaran hat viele internationale Preise gewonnen. Geboten werden südostasiatische wie westliche Anwendungen. Zu den Spezialitäten gehören eine Massage, bei der von oben wie ein warmer Regenschauer Wasser tröpfelt, und eine *Jamu*(Naturheilmittel)-Bar, an der Kräutermixturen hergestellt werden.

Das **Nusa Dua Spa** im Nusa Dua Beach Hotel war eines der ersten Spas in Bali und ist noch immer eines der größten. In privaten Räumen werden einfache Beauty-Anwendungen und Massagen geboten, Hotelgäste werden in ihren Villen verwöhnt. **The Sanctuary in The Balé**, ebenfalls in Nusa Dua, bietet Thai-Massage, Massage mit heißen Steinen und Sonnenbrand-Behandlung.

Das **Thalasso** im Grand Mirage Resort ist ein französisches Wellness-Zentrum, in dem für viele Therapien natürliches Meerwasser verwendet wird.

Javanische Lulur-Behandlung

Die *Lulur*-Behandlung ist ein traditionelles Schönheitsritual, das seinen Ursprung in den königlichen Palästen Zentraljavas hat. Es ist die beliebteste Therapie unter den vielen, die die balinesischen Bäder anbieten. Gewöhnlich dauert sie zweieinhalb Stunden. Aus einer aromatischen Mischung von pulverisiertem Gelbwurz, Kräutern, Nüssen, Getreide und anderen Zutaten wird eine gelbe Paste gemacht. Diese wird auf den Körper aufgetragen, dann abgerieben, um abgestorbene Haut zu entfernen. Die Haut wird nun mit kühlem Joghurt befeuchtet, es folgt eine Dusche und ein Duftbad vor einer langen, entspannenden Massage. Es gibt Variationen dieser Behandlung, z. B. mit Kaffee, Ingwer und Gewürzen.

Die javanische *Lulur*-Behandlung – eine Verjüngungskur für die Haut

Das moderne, klimatisierte Spa im luxuriösen **Four Seasons Resort** in Sayan bietet Ayurveda-Anwendungen. Empfehlenswert ist auch das **InterContinental Resort Bali** in Jimbaran mit Wasserbecken, östlichen und westlichen Massagetechniken sowie Spa-Produkten in schön eingerichteten Räumlichkeiten.

Bodyworks in Seminyak ist ein kleines, privat geführtes Spa mit komfortablen Räumen und vielerlei Verwöhnangeboten, von Haarefärben bis Maniküre, Pediküre und Gesichtsmassagen. Bodyworks hat einen weiteren, noch größeren und luxuriöseren Salon in Peti Tenget.

Prana Spa ist Teil von The Villas Bali Hotel & Spa in Seminyak *(siehe S. 173)*. Warme und kalte Tauchbecken, Reflexzonenmassagen, Ayurveda-Therapien und Kräuter-Dampfbäder gehören zum Angebot des reich dekorierten Wellness-Zentrums. Ebenfalls in Seminyak befinden sich **The Oberoi** *(siehe S. 173)*, wo man sich auf *lulur* und Moorpackungen spezialisiert hat, sowie **Martha Tilaar**, das als einziges Spa *ken dedes* anbietet, wobei der Körper mit Rauch behandelt wird.

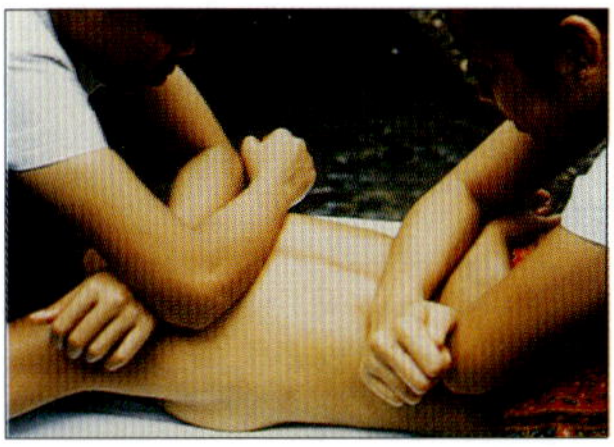

Mandara Spas charakteristische Behandlung von zwei Masseurinnen

Das Unternehmen **Mandara Spa** hat einige der besten Spa auf Bali und Lombok, zumeist in Hotels und Ferienanlagen. Seine Spezialität ist die gleichzeitige Behandlung durch zwei Masseurinnen, die harmonisch zusammenarbeiten. Mandara Spas findet man beispielsweise im **Hotel Padma**, im **Novotel Lombok** und im **Alila** in Ubud.

Der **Nur Salon** gehörte zu den ersten Salons in Ubud und ist nach wie vor traditionell und sehr günstig. **Bali Hati** rühmt sich urtümlicher Massageräume mit einem Dampfbad und einem Outdoor-Jacuzzi. Die Preise sind recht vernünftig. Teurer sind die Anwendungen im **Como Shambala** mit Open-Air-Behandlungen am Waldrand. Das opulente **Jati Bagus Resort** nördlich von Ubud besitzt ein Jacuzzi mit Blick auf eine herrliche Schlucht. Geboten werden ayurvedische und balinesische Anwendungen.

Auf einen Blick

Information

PHRI (Bali-Filiale)
Villa Rumah Manis, Jalan Nakula, Seminyak.
☎ *(0361) 730 606.*

Yoga

Bali Spirit
Jalan Hanoman 44, Padang Tegal, Ubud.
☎ *(0361) 973361.*
www.balispirit.com

Prana Spa
The Villas, Jalan Kunti 118x, Seminyak, Kuta.
☎ *(0361) 730 840.*
www.thevillas.net

Villen-Agenturen

The Agencies
Jalan Gunung Sari 1, Kerobokan Utara, Kuta.
☎ *(0361) 410 571.*
www.agencies-bali-villas.com

Bali Luxury Villa Collection
☎ *+61 410 324 535* (Australien). **www**.baliluxuryvillacollection.com

Bali Villas
Gang Balangan 1, No. 100x, Ungasan, Jimbaran.
☎ *(0361) 703 060.*
www.balivillas.com

Spas und Badehäuser

Bali Hati
Jalan Raya Andong, Ubud.
☎ *(0361) 977 578.*
www.balihati.com

Bodyworks
Jalan Raya Seminyak 63, Seminyak.
☎ *(0361) 730 454*
Kayu Jati 2, Peti Tenget.
☎ *(0361) 733 317.*

Como Shambala Spa
Uma, Ubud.
☎ *(0361) 972 448.*
www.uma.como.biz

Four Seasons Resort, Jimbaran
Jimbaran Bay.
☎ *(0361) 701 010.*
@ fsrb.jimbaran@fourseasons.com

Four Seasons Resort, Sayan
Sayan, Ubud.
☎ (0361) 977 577.
www.fourseasons.com/sayan

InterContinental Resort Bali
Jalan Uluwatu 45, Jimbaran. ☎ *(0361) 701 888.*
FAX *(0361) 701 777.*
www.bali.intercontinental.com

Jati Bagus Resort
Banjar Jati Sebatu, Ubud.
☎ *(0361) 978 885.*
www.bagusjati.com

Mandara Spa im Hotel Padma
Jalan Padma 1, Kuta.
☎ *(0361) 752 111.*
FAX *(0361) 752 140.*
@ operator@hotelpadma.com

Mandara Spa imt Novotel Lombok
Pantai Putri Nyale Pujut, Lombok Tengah, Lombok.
☎ *(0370) 653 555.*
www.novotellombok.com

Mandara Spa im Alila
Melinggih Kelod, Payangan, Ubud.
☎ *(0361) 975 963.*
www.alilahotels.com

Martha Tilaar
Jalan Raya Basangkasa 30a, Seminyak, Kuta.
☎ *(0361) 731 463.*

Nur Salon
Jalan Hanoman 29, Padang Tegal, Ubud.
☎ *(0361) 975 352.*
FAX *(0361) 974 622.*

Nusa Dua Spa
Nusa Dua Beach Hotel, Nusa Dua.
☎ *(0361) 771 210.*
FAX *(0361) 771 229.*
@ ndbh@indosat.net.id

The Oberoi Bali
Seminyak, Kuta..
☎ *(0361) 730 361.*
www.oberoihotels.com

The Oberoi Lombok
Medana Beach, Tanjung, West Lombok.
☎ *(0370) 638 444.*
FAX *(0370) 632 496.*
www.oberoihotels.com

The Sanctuary in The Balé
Jalan Raya Nusa Dua Selatan, Nusa Dua.
☎ *(0361) 775 111.*
www.thebale.com

Thalasso
Grand Mirage Resort, Jalan Pratama 74, Tanjung Benoa.
☎ *(0361) 771 888.*
FAX *(0361) 772 148.*

Hotelauswahl

Balis und Lomboks Hotels reichen von luxuriösen Ferienanlagen bis zu einfachen *losmen*. Für die meisten *losmen* *(siehe S. 166)* ist Zimmerreservierung nicht notwendig, sie sind hier nicht aufgelistet. In der Hauptsaison (Mitte Dez–Mitte Jan, Juli, Aug) sind die Hotels meist teurer, in der Nebensaison gibt es häufig Preisnachlässe

PREISKATEGORIEN
für eine Übernachtung im Standard-Doppelzimmer, inklusive Service und Steuer, aber ohne Frühstück.

$ unter 50 US-$
$$ 50–100 US-$
$$$ 100–200 US-$
$$$$ 200–300 US-$
$$$$$ über 300 US-$

SÜDBALI

CANGGU Hotel Bolare $

Berawa Beach, PO Box 3256, Denpasar, 80032 ☎ *(0361) 730 258* FAX *(0361) 731 663* **Zimmer** *18* **Straßenkarte** *C4*

Jeder dieser Bungalows am Berawa Beach (bei Surfern beliebt) hat einen großen Patio und eigenen Garten. Es gibt einen Pool mit Bar und abends Shows. Im Restaurant werden europäische, chinesische, japanische und indonesische Gerichte serviert. Zweimal täglich kostenloser Transport nach Kuta und Denpasar. **www.hotelbolarebali.com**

CANGGU Hotel Tugu Bali $$$$$

Jl Pantai Batu Bolong, Canggu Beach ☎ *(0361) 731 701* FAX *(0361) 731 708* **Zimmer** *22* **Straßenkarte** *C4*

Das Boutique-Hotel und Spa zwischen Reisfeldern und dem Strand ist ein lebendiges Museum wertvoller Antiquitäten und rarer Kunstobjekte. In zwei Suiten findet man nachgebaute Ateliers berühmter Maler, die Bali in den 1930er Jahren entdeckten. Speisen kann man u.a. in einem 300 Jahre alten Tempel. **www.tuguhotels.com**

JIMBARAN InterContinental Resort Bali $$$

Jl Uluwatu 45, Jimbaran, 80361 ☎ *(0361) 701 888* FAX *(0361) 701 777* **Zimmer** *425* **Straßenkarte** *C5*

Zu diesem palastartigen Strandhotel im balinesischen Stil gehören sechs Restaurants (darunter ein Nobel-Japaner), Pools, Springbrunnen, heimische Kunstwerke und zahlreiche Erholungs- und Geschäftseinrichtungen. Daneben gibt es ein stilvolles Spa, einen Kinderclub und einen luxuriösen VIP-Bereich. **www.bali.intercontinental.com**

JIMBARAN Jimbaran Puri Bali $$$$

Jl Uluwatu, Jimbaran ☎ *(0361) 701 605* FAX *(0361) 701 320* **Zimmer** *41* **Straßenkarte** *C5*

Dieses Strandhotel in einem ummauerten Garten präsentiert balinesische Elemente wie Steinreliefs, handgewebte Stoffe und Holzschnitzereien. Zur Anlage gehören ein opulenter Pool, zwei Restaurants (eines direkt am Strand), eine Bibliothek und eine Freiluftbar mit Sandboden. **www.pansea.com**

JIMBARAN Four Seasons Resort Bali at Jimbaran Bay $$$$$

Jimbaran, 80361 ☎ *(0361) 701 010* FAX *(0361) 701 020* **Zimmer** *147* **Straßenkarte** *C5*

Die luxuriösen, geräumigen Villen mit Strohdächern, Gärten und Tauchbecken sind von Steinmauern umgeben. Fünf Restaurants, eine Bibliothek mit Lounge, ein mit Preisen ausgezeichnetes Spa, Konferenzräume, Tennisplätze, Aktivitätenzentrum und eine Kochschule gehören zum Angebot. **www.fourseasons.com**

JIMBARAN Jamahal Private Resort & Spa $$$$$

Jl Uluwatu 1 ☎ *(0361) 704 394* FAX *(0361) 704 597* **Zimmer** *11* **Straßenkarte** *C5*

Die Unterkünfte liegen an einem versteckten Gehweg und grenzen an einen wunderbaren Swimmingpool. Die lauschige Anlage besteht aus Villen und einem schönen Spa. Die hervorragende Küche wird auf den Zimmern serviert. Zum fünf Minuten entfernten Strand wird man kostenlos gefahren. **www.jamahal.net**

JIMBARAN Ritz Carlton Resort & Spa $$$$$

Jl Karang Mas Sejahtera Jimbaran, 80364 ☎ *(0361) 701 555* FAX *(0361) 702 750* **Zimmer** *322* **Straßenkarte** *C5*

Zu den Annehmlichkeiten dieser luxuriösen, mit Preisen überhäuften Ferienanlage gehören fünf Restaurants, ein eigener Strand, zwei gläserne Hochzeitspavillons, Pools, eine Bibliothek, Läden, Tennisplätze und ein Kinderclub. Das Spa Thalasso hat einen der weltweit größten Aquatonic-Meerwasserpools. **www.ritzcarlton.com/resorts/bali**

KUTA Un's Hotel $

Jl Bene Sari 16 ☎ *(0361) 757 409* FAX *(0361) 758 414* **Zimmer** *30* **Straßenkarte** *C5*

Im Herzen von Kuta, nur einen Steinwurf vom Strand entfernt, versteckt sich diese ruhige Oase. Die großen Zimmer haben Ventilatoren oder Klimaanlage und grenzen an breite Balkone oder Terrassen rund um den Pool in einem schönen Garten. Gäste können im Restaurant The Balcony auch Zimmerservice bestellen. **www.unshotel.com**

KUTA Yulia Beach Inn $

Jl Pantai Kuta 43 ☎ *(0361) 751 893* FAX *(0361) 751 055* **Zimmer** *34* **Straßenkarte** *C5*

Das freundliche Hotel nahe Kuta Beach steht mitten im turbulenten Treiben zwischen Läden und Bars – es kann entsprechend laut werden. Es gibt einfache Unterkünfte, u.a. ein paar Bungalows, ein kleines Restaurant und einen Swimmingpool. **reservation@yuliainn.com**

Zeichenerklärung *siehe hintere Umschlagklappe*

KUTA Poppies Cottages $$
Jl Pantai, Gang Poppies (0361) 751 059 FAX (0361) 752 364 **Zimmer** 20 **Straßenkarte** C5

Diese romantischen traditionellen Hütten in einem hübschen Garten haben Strohdächer, Bäder im Hof mit versenkter Wanne im Freien, jeweils ein Doppel- und zwei Einzelzimmer sowie große Balkone. Die zwei Swimmingpools haben schön gestaltete Sonnenterrassen. **www.poppiesbali.com**

KUTA AlamKulKul $$$
Jl Pantai Kuta (0361) 752 520 FAX (0361) 766 861 **Zimmer** 80 **Straßenkarte** C5

Über die Straße vom Kuta Beach aus steht dieses schicke Hotel mit luxuriösen Zimmern und kleinen Villen inmitten alter Banyan-Bäume. Zur Anlage gehört auch das Jamu Spa, ein Kinderhort, ein indonesisches Spezialitätenrestaurant und das berühmte Papa's Café mit italienischer Küche. **www.alamkulkul.com**

KUTA Hard Rock Hotel $$$
Jl Pantai, Banjar Pande Mas (0361) 761 869 FAX (0361) 761 868 **Zimmer** 418 **Straßenkarte** C5

Asiens erstes Hard Rock Hotel steht am Kuta Beach. Die Ferienanlage mit Rockmusik-Thematik hat acht Restaurants und Bars, Bühnen für Live-Musik, einen Megastore, einen Kinderhort, einen großen Pool, Fitness-Club, Spa, Beauty-Salon und Geschäftszentrum. **www.hardrockhotels.net**

LEGIAN All Seasons Resort $
Jl Padma Utara (0361) 767 688 FAX (0361) 768 180 **Zimmer** 113 **Straßenkarte** C5

Dieses große, moderne Hotel gehört zur Accor-Gruppe und richtet sich an junge, preisbewusste Urlauber. Zu dem Haus in einem weitläufigen Garten mit Pool nahe dem Legian Beach gehört ein Restaurant mit hervorragendem Preis-Leistungs-Verhältnis. Alle Zimmer haben Klimaanlage und Kabelfernsehen. **www.accorhotels.com/asia**

LEGIAN Three Brothers $
Jl Legian, Three Brothers Lane (0361) 751 566 FAX (0361) 756 082 **Zimmer** 93 **Straßenkarte** C5

In dieser preiswerten Anlage aus Backsteinbungalows zwischen Strand und der Shopping-Meile Jalan Legian stehen Banyan-Bäume. Die Gästezimmer sind geräumig, in den meisten hängen Ventilatoren. Es gibt einen Pool und ein Café. **www.threebrothersbungalows.com**

LEGIAN Hotel Padma Bali $$$
Jl Padma 1 (0361) 752 111 FAX (0361) 752 140 **Zimmer** 405 **Straßenkarte** C5

Das großartige alte Hotel am Kuta Beach hat Kolonialflair, große Zimmer und geschmackvolles Dekor mit balinesischer Kunst zu bieten. Zum großen Sportkomplex gehören Tennis- und Squashplätze. Außerdem gibt es ein Mandara Spa, drei Restaurants und einen Pool. **www.hotelpadma.com**

LEGIAN Legian Beach Hotel $$$
Jl Melasti (0361) 751 711 FAX (0361) 752 652 **Zimmer** 218 **Straßenkarte** C5

Familienhotel gleich am Kuta Beach mit großzügig bemessenen, strohgedeckten Bungalows und Zimmern in weitläufigen Gärten. Die Gäste genießen zwei Pools, Massagen, ein Spa, einen Beauty-Salon, ein Fitness-Zentrum, Wassersportmöglichkeiten, Restaurants und kulturelle Programme. **www.legianbeachbali.com**

NUSA DUA Ayodya Resort Bali $$
Jalan Pantai Mengiat PO Box 46, Nusa Dua, 80363 (0361) 771 102 FAX (0361) 771 616 **Zimmer** 537 **Straßenk.** C5

Diese riesige internationale Ferienanlage, ehemals Bali Hilton, befindet sich in sechsstöckigen Blöcken inmitten von Gärten mit Lagunen, einem großen Pool und weißem Sandstrand. Es gibt ein Spa, Tennis- und Squashplätze, einen Kinderclub, Konferenzräume und Wassersportangebote. **www.ayodyaresortbali.com**

NUSA DUA Grand Hyatt Bali $$$
PO Box 53, Nusa Dua (0361) 771 234 FAX (0361) 772 038 **Zimmer** 457 **Straßenkarte** C5

Balis größte Ferienanlage in einem riesigen Garten ist so gestaltet, dass sie einem balinesischen Wasserpalast ähnelt. Das Grand Hyatt an einem weißen Sandstrand hat sechs Swimmingpools, sechs Restaurants, Konferenzräume, zwei Deluxe-Strandvillen und den privat geführten Hyatt Grand Club. **www.hyatt.com**

NUSA DUA Nusa Dua Beach Hotel $$$
Nusa Dua (0361) 771 210 FAX (0361) 772 617 **Zimmer** 381 **Straßenkarte** C5

Das große, hübsche Resort gehört dem Sultan von Brunei. Übernachten kann man in Suiten und Bungalows in herrlichen Gärten gleich am Sandstrand. Zum Angebot gehören ein Pool, Tennis- und Squashplätze, ein wunderbares Spa, ein Kinderclub und drei Restaurants. **www.nusaduahotel.com**

NUSA DUA Nikko Bali Resort & Spa $$$$
Jl Raya Nusa Dua, Selatan, Nusa Dua (0361) 773 377 FAX (0361) 773 388 **Zimmer** 386 **Straßenkarte** C5

Das Nikko, eines der spektakulärsten Strandhotels in Bali, ist in die Wand einer 40 Meter hohen Klippe gebaut worden. Zu den Einrichtungen gehören Pools, Restaurants, Spa, Kinderclub, Sportangebote, die große Chance, Prominente zu treffen, balinesische Kochkurse und Kamelsafaris. **www.nikkobali.com**

NUSA DUA Amanusa $$$$$
Nusa Dua (0361) 772 333 FAX (0361) 772 335 **Zimmer** 33 **Straßenkarte** C5

Als eines der besten Hotels Balis präsentiert das Amanusa tolle Architektur und elegantes Dekor. Einige Villen überblicken den Bali Golf and Country Club und sogar die Badung-Straße. Zum Angebot gehören ein großer Pool, zwei Restaurants und ein eigener Strandclub. **www.amanresorts.com**

NUSA DUA The Balé $$$$$

PO Box 76, Jl Raya Nusa Dua Selatan, 80363 (0361) 775 111 FAX (0361) 775 222 **Zimmer** 18 **Straßenkarte** C5

Das beschauliche Balé bietet einen angenehmen Aufenthalt und alternative Therapien in Zen-inspirierter minimalistischer Architektur mit viel braunem Salak-Holz in den Poolvillen, die alle schöne Veranden haben. Es gibt ein Gourmetrestaurant. Kinder unter 16 Jahren sind nicht willkommen. **www.thebale.com**

NUSA DUA Sheraton Laguna Hotel $$$$$

Nusa Dua (0361) 771 327 FAX (0361) 771 326 **Zimmer** 270 **Straßenkarte** C5

Das Hotel hat eine imposante Lobby und weitläufige Gärten zum Strand hin. Die luxuriösen Zimmer grenzen an eine blaue Lagune samt Inseln, Wasserfällen und Sandstränden. Im Angebot stehen Butler-Service, Tennisplätze und Wassersportmöglichkeiten sowie mehrere Restaurants. **www.sheraton.com**

NUSA DUA Westin Resort $$$$$

Nusa Dua (0361) 771 906 FAX (0361) 771 908 **Zimmer** 355 **Straßenkarte** C5

Das ehemalige Sheraton Nusa Indah ist eine große Ferienanlage neben einem riesigen Konferenzzentrum. Es gibt eine große Auswahl an Zimmern und Suiten, eine klimatisierte Lobby, drei Pools samt Wasserfällen, einen Strand- und einen Kinderclub, Tennisplätze und Restaurants. **www.westin.com/bali**

NUSA LEMBONGAN Hai Tide Huts $$$$

Nusa Lembongan (0361) 720 331 FAX (0361) 720 334 **Zimmer** 20 **Straßenkarte** E4

Die Schlafzimmer in den Stroh- und Bambushütten im Lumbung-Stil erreicht man über eine Leiter. Stilvolle Einrichtung, Klimaanlagen und Zimmerservice verleihen der traditionellen Unterkunft ethnischen Schick. Die Badehäuser stehen etwas abseits. Swimmingpool und Strandclub. **www.balihaicruises.com/hai-tide-huts.html**

NUSA LEMBONGAN Nusa Lembongan Resort $$$$

Sanghyang Bay (0361) 725 864 FAX (0361) 725 866 **Zimmer** 12 **Straßenkarte** E4

Die malerische Ferienanlage befindet sich über einem schönen Sandstrand mit kristallklarem Wasser. Die luxuriösen Bungalows sind mit Antiquitäten und Marmorbädern ausgestattet. Im Angebot stehen ein Pool, eine Bibliothek und ein Gourmetrestaurant sowie Tauchen und Schnorcheln. **www.nusa-lembongan.com**

SANUR Hotel Santai $

Jl Danau Tamblingan 148 (0361) 287 314 FAX (0361) 287 314 **Zimmer** 16 **Straßenkarte** D

Freundliche, preisgünstige Unterkunft im Zentrum von Sanur, wenige Gehminuten vom Strand entfernt. Die Zimmer sind einfach, haben aber Klimaanlage und Duschen mit warmem Wasser. Pool, Restaurant mit gesunder Küche, Buchhandlung, Souvenirshop, Internet-Café und Konferenzräume. **www.pplhbali.or.id**

SANUR Hotel Segara Agung $

Jl Duyung No 43 Semawang (0361) 288 446 / 286 804 FAX (0361) 286 113 **Zimmer** 16 **Straßenkarte** D4

Dieses Hotel mit traditionell balinesischer Architektur, hübschem Blumengarten, Pool und Restaurant bietet verschiedene Unterkünfte, darunter Familienzimmer. Einige Zimmer haben Ventilatoren und nur kaltes Wasser, andere sind klimatisiert und bieten warmes Wasser. In ein paar Gehminuten ist man am Strand. **www.segaraagung.com**

SANUR Griya Santrian Hotel $$

Jl Danau Tamblingan 47 (0361) 288 181 FAX (0361) 288 185 **Zimmer** 90 **Straßenkarte** C5

Die Ferienanlage in Familienhand bietet einen großen Garten mit Bungalows am Meer. Alle haben eine eigene Terrasse mit Garten- oder Meerblick. Zu den Annehmlichkeiten gehören zwei Pools, zwei Restaurants und durchdachte Angebote für Kinder. **www.santrian.com/gs-index.htm**

SANUR Hotel Sanur Beach $$

Jl Danau Tamblingan. (0361) 288 011 FAX (0361) 287 566 **Zimmer** 425 **Straßenkarte** D4

Das große Hotel im Besitz der Fluggesellschaft Garuda wurde 1974 in Anlehnung an Balis früheste Gästehäuser gebaut. Im herrlichen Garten stehen die majestätischsten Bäume dieser Gegend. Das Hotel rühmt sich außerdem des größten Pools in Sanur. Tennisplätze, Fitness-Zentren, Business-Zentrum und Spa. **www.sanurbeachhotelbali.com**

SANUR Mercure Resort $$

Jl Mertasari (0361) 288 833 FAX (0361) 287 303 **Zimmer** 189 **Straßenkarte** D4

Strandhotel mit Superior-, Deluxe- und Familienzimmern in typisch balinesischen Häuschen inmitten schöner Gärten. Geboten werden beispielsweise eine Lounge für den Aufenthalt nach dem Auschecken, Konferenzräume, Tennis- und Badmintonplätze und ein Open-Air-Restaurant. **www.accorhotels-asia.com/5474**

SANUR Puri Santrian $$$

Jl Danau Tamblingan (0361) 288 009 FAX (0361) 287 101 **Zimmer** 182 **Straßenkarte** C5

Dieses Strandhotel in Familienhand gibt es seit 30 Jahren. Es wurde stilvoll renoviert und bietet verschiedene Unterkünfte, darunter Bungalows, und den noblen Santrian Club. Es gibt drei Swimmingpools, ein wunderbares Spa und ein nobles Thai-Restaurant. **www.santrian.com/ps-index.html**

SANUR Tandjung Sari Hotel $$$

Jl Danau Tamblingan 41 (0361) 288 441 FAX (0361) 287 930 **Zimmer** 26 **Straßenkarte** D4

Das hübsche, romantische Hotel wird wunderbar geführt und ist mit einheimischen Kunstwerken und Antiquitäten eingerichtet. Es bietet traditionelle Bungalows und Villen mit Wohnzimmer und Pavillons. Gäste können den Swimmingpool und das Strandrestaurant nutzen. **www.tandjungsarihotel.com**

Preiskategorien *siehe S. 170* **Zeichenerklärung** *siehe hintere Umschlagklappe*

SANUR Bali Hyatt $$$$

PO Box 392 Sanur (0361) 281 234 / 288 271 FAX (0361) 287 693 **Zimmer** 389 **Straßenkarte** C5

Dieses große Strandhotel ist für seine prächtigen Gärten berühmt, die der Landschaftskünstler Made Wijaya gestaltete und sich bis zum Strand hinab erstrecken. Zu den Annehmlichkeiten gehören Restaurants, Pools, ein Spa, Kinderclub, Konferenzzentrum und Wassersport. **www.bali.resort.hyatt.com/hyatt/hotels/index.jsp**

SEMINYAK Puri Naga Seaside Cottages $

Jl Double Six (0361) 730 761 FAX (0361) 730 524 **Zimmer** 26 **Straßenkarte** C5

Nur einen Steinwurf entfernt vom angesagten Seminyak Beach, wo sich Einheimische und Urlauber allabendlich zum Sonnenuntergang vor den Cafés treffen, stehen diese traditionellen Backsteinhäuschen. Die hübschen Zimmer haben alle Balkon. Es gibt einen kleinen Pool. **purinaga@indosat.net.id**

SEMINYAK Bali Agung Village $$

Jl Abimanyu (Dhyana Pura) (0361) 730 367 FAX (0361) 730 469 **Zimmer** 32 **Straßenkarte** C4

Das Bali Agung Village aus zweistöckigen Häusern und Hütten im Herzen von Seminyak kennzeichnen balinesische Architektur, Strohdächer und Gartenterrassen. Im Angebot stehen ein Restaurant mit europäischer, chinesischer und indonesischer Küche sowie balinesische Tanzvorführungen. **www.baliagung.com**

SEMINYAK Hotel Vila Lumbung $$

Jl Raya Petitenget 1000X (0361) 730 204 FAX (0361) 731 106 **Zimmer** 30 **Straßenkarte** C4

Boutique-Resort mit Einzel-, Doppel- und Dreiervillen und -bungalows. Die Villen haben Schlafzimmer im Erdgeschoss und im ersten Stock, die größeren auch eigene Gärten. Es gibt ein Restaurant und einen großen Swimmingpool mit Brücken, einer Wasserfallhöhle und einer Insel. **www.hotellumbung.com**

SEMINYAK Sofitel $$

Jl Abimanyu (Dhyana Pura) (0361) 730 730 FAX (0361) 730 545 **Zimmer** 145 **Straßenkarte** C5

Eine umfassende Renovierung verwandelte das ehemalige Hotel Imperial (später Royal Seminyak) in ein sehr stilvolles Strandhotel mit weitläufigen Gärten. Die Unterkünfte reichen von Zimmern bis zu Villen mit Jacuzzi oder Pool. Das mit Preisen ausgezeichnete Restaurant Husk bietet Thai-Küche. **www.sofitelbali.com**

SEMINYAK The Oberoi $$$$

PO Box 3351 Denpasar (0361) 730 361 FAX (0361) 730 791 **Zimmer** 74 **Straßenkarte** C4

Das einem balinesischen Palast nachempfundene Oberoi, das älteste Hotel in dieser Gegend, wird tadellos geführt und verströmt Luxus und Romantik. Das Strandhotel bietet Zimmer, Villen, Poolvillen, ein Spa, zwei Restaurants und einen Swimmingpool, der an ein antikes balinesisches Bad erinnert. **www.oberoihotels.com**

SEMINYAK Villa Kubu $$$$

Seminyak (0361) 731 129 FAX (0361) 731 129 **Zimmer** 15 **Straßenkarte** C5

Ein Komplex aus romantischen, individuell gestalteten Villen mit tropischem Open-Air-Thema. Geboten werden Butler-Service, Hightech-Einrichtungen, antike Möbel und ein Pool. Probieren Sie die hervorragende Küche, die aufs Zimmer gebracht oder in Ihrer Villa von einem erstklassigen Koch zubereitet wird. **www.villakubu.com**

SEMINYAK The Villas Bali Hotel & Spa $$$$

Jl Kunti 118X (0361) 730 840 FAX (0361) 733 751 **Zimmer** 50 **Straßenkarte** C5

Hotel mit 5-Sterne-Service eines Pionier-Unternehmens in Sachen Villen-Komplex. Es bietet luxuriöse Villen mit rustikaler Architektur und Open-Air-Wohnbereichen an eigenen Pools. Das von der Mogularchitektur inspirierte, fantastisch gestaltete Prana Spa rundet das Ganze ab. **www.thevillas.net**

SEMINYAK The Legian $$$$$

Jl Laksmana (0361) 730 622 FAX (0361) 730 623 **Zimmer** 79 **Straßenkarte** C4

Dieses hervorragende Boutique-Hotel am Seminyak Beach hat elegantes, zeitgenössisches Dekor, ein Weltklasse-restaurant, ein De-luxe-Spa, Trainingsräume und einen tollen Pool, der ins Meer mündet. Zum Anwesen gehört auch The Beach House, eine opulente Unterkunft mit eigenem Swimmingpool. **www.ghmhotels.com**

TANJUNG BENOA Aston Bali Resort & Spa $$

Jl Pratama 68X, 80363 (0361) 773 577 FAX (0361) 774 954 **Zimmer** 187 **Straßenkarte** C5

Mit geräumigen Gästezimmern, fünf Restaurants, umfangreichem Unterhaltungsprogramm, Wassersportangeboten, Kinderclub, einer extra Etage für Frauen, Spa, Konferenzzimmer und großem Pool direkt am Strand zieht dieses Familienhotel Jahr für Jahr Stammgäste an. **www.astonbali.com**

TANJUNG BENOA Novotel Bali $$

Jl Pratama (0361) 772 239 FAX (0361) 772 237 **Zimmer** 197 **Straßenkarte** C5

Schrullige Architektur, Kokosholz und natürliche Materialien kennzeichnen dieses schöne Hotel. Es gibt ein luxuriöses Spa, luftige Open-Air-Pavillons mit Blick auf den goldenen Strand von Tanjung Benoa, drei Restaurants, eine Boutique, einen Kinderclub und eine große Tennisanlage. **www.novotelbali.com**

TANJUNG BENOA Conrad Bali Resort & Spa $$$

Jl Pratama 168, Tanjung Benoa (0361) 778 788 FAX (0361) 773 888 **Zimmer** 305 **Straßenkarte** C5

Das elegante, moderne Resort und Spa mit drei Flügeln, einem Lagunenpool und einem breiten Angebot an Einrichtungen ist großzügig über eine tropische Strandoase verteilt. Dazu gehören drei Restaurants, ein Kinderclub, ein Spielebereich, ein Konferenzzentrum und Tennisplätze mit Flutlicht. **www.conradhotels.com**

TUBAN Febri's $

Jl Kartika Plaza (0361) 754 575 FAX (0361) 754 560 **Zimmer** 67 **Straßenkarte** C5

Mitten in Tuban, nahe Strand, Shopping-Zentren, Waterbom Park und anderen Familien-Attraktionen, befindet sich dieses günstige Hotel mit 20 sehr großen Familienzimmern. Außerdem gibt es einen weitläufigen Pool, ein exzellentes Spa und ein Restaurant. **www.greenbali.com**

TUBAN Bali Dynasty $$

Jl Kartika Plaza Tuban (0361) 752 403 FAX (0361) 752 402 **Zimmer** 312 **Straßenkarte** C5

Dieses große 4-Sterne-Familienhotel präsentiert moderne balinesische Architektur und schöne Gärten in Strandnähe. Zu den Annehmlichkeiten gehören ein Kinderspielplatz, ein Kinderclub, Restaurants und Bars, Konferenzzimmer und ein Bankettsaal sowie drei Swimmingpools. **www.bali-dynasty.com**

TUBAN The Sandi Phala $$$$

Jl Wana Segara, Tuban (0361) 753 780 FAX (0361) 753 781 **Zimmer** 11 **Straßenkarte** C5

Das schicke Boutique-Hotel hat strohgedeckte Pavillons mit luxuriösen, indonesisch dekorierten Suiten samt breiten Veranden oder Balkonen, ein hervorragendes Restaurant, Ma Joly, eine Open-Air-Bar, einen großen Pool und 24-Stunden-Butler-Service. **www.the-sandiphala.com**

ULUWATU Uluwatu Resort $$

Jl Pantai Suluban (0361) 742 0610 **Zimmer** 16 **Straßenkarte** B5

Auf der Klippe, vom Padang Padang Beach jenseits des Flusses steht dieses attraktive Hotel mit wunderbarer Aussicht. Es kombiniert moderne Eleganz mit balinesischem Charme und bietet zwei unterschiedliche Zimmertypen. Das Café Top Rock am Pool serviert internationale Küche. **www.uluwaturesort.com**

ULUWATU Blue Point Bay Villas & Spa $$$$

Jl Lubuansit (0361) 769 888 FAX (0361) 769 889 **Zimmer** 29 **Straßenkarte** B5

Das Hotel im Villastil, samt Spa und Restaurant, steht auf der Klippe beim Uluwatu-Tempel. Es gibt vier Zimmertypen und zwei große Swimmingpools – einer mit Blick auf die südliche Klippe, der andere ist auf zwei Ebenen angelegt – zwischen den Villen. **www.bluepointbayvillas.com**

ULUWATU Bulgari Hotels & Resorts, Bali $$$$$

Jl Goa Lempeh, Banjar Dinas Kangin, Uluwatu (0361) 847 1000 FAX (0361) 847 1111 **Zimmer** 59 **Straßenkarte** C5

Bali wurde als weltweit zweiter Standort für Bulgari-Hotels gewählt. Die 2006 eröffnete Villenanlage ist schick und exklusiv, mit privaten Poolvillen, Spa, tollem Pool, zwei Restaurants und unbegrenztem Meerblick. Hinunter auf den natürlichen Strand gelangt man mit einem Aufzug. **www.bulgarihotels.com**

Zentralbali

AYUNG-SCHLUCHT Alila Ubud $$$$

Desa Melinggih Kelod Payangan, Gianyar, 80572 (0361) 975 963 FAX (0361) 975 968 **Zimmer** 64 **Straßenkarte** C3

Diese luxuriöse und romantische Ferienanlage auf dem Sayan-Gebirgskamm bietet Zimmer und Villen mit atemberaubender Aussicht auf das Flusstal und die Vulkane in der Ferne. Der herrliche Pool rangiert unter den »50 spektakulärsten der ganzen Welt«. Zur Anlage gehört auch ein Mandara Spa. **www.alilahotels.com**

AYUNG-SCHLUCHT Amandari $$$$$

Kedewatan (0361) 975 333 FAX (0361) 975 335 **Zimmer** 30 **Straßenkarte** C4

Schönes Boutique-Hotel mit opulenten Pavillons, die jeweils Veranda und Garten mit eigenem Pool haben. Der Infinity-Pool (sich bis zum Horizont erstreckender Pool) ist einer balinesischen Reisterrasse nachempfunden. Das Hotel bietet wunderbare Ausblicke, einen Souvenirshop, ein Spa und ein sehr gutes Restaurant. **www.amanresorts.com**

AYUNG-SCHLUCHT Como Shambala Estate at Begawan Giri $$$$$

PO Box 54, Ubud, Gianyar, 80571 (0361) 978 888 FAX (0361) 978 889 **Zimmer** 15 **Straßenkarte** C3

Diese einzigartige Wellness-Oase beim Zusammenfluss zweier Flüsse besteht aus fünf eindrucksvollen Residenzen, jeweils in einem anderen indonesischen Architekturstil gehalten, und mehreren Poolvillen. Es gibt zwei Restaurants und hervorragende Spa-Einrichtungen mit Erholungsangeboten und Seminaren. **www.comoshambala.biz**

AYUNG-SCHLUCHT Four Seasons Resort at Sayan $$$$$

Sayan, Ubud (0361) 977 577 FAX (0361) 977 588 **Zimmer** 60 **Straßenkarte** C3

Die außergewöhnliche Anlage erreicht man über eine Teakholzbrücke, die zu einem riesigen elliptischen Teich führt, der sich auf dem Dach des zentralen Gebäudes befindet. Der Villenkomplex erstreckt sich in Terrassen hügelabwärts. Zum Angebot gehören zwei Restaurants und ein preisgekröntes Spa am Fluss. **www.fourseasons.com**

AYUNG-SCHLUCHT Kayumanis $$$$$

Sayan (0361) 770 777 FAX (0361) 972 660 **Zimmer** 9 **Straßenkarte** C3

Am Rand des herrlichen Flusstals liegt das wunderbar abgeschiedene Kayumanis mit luxuriösen Villen in weitläufigen Gärten. Die Villen mit einem bis drei Schlafzimmern haben eigene Pools, Gärten und Grillbereiche. Das Restaurant und der 24-Stunden-Zimmerservice bieten thailändische und westliche Küche. **www.kayumanis.com**

Preiskategorien *siehe S. 170* **Zeichenerklärung** *siehe hintere Umschlagklappe*

AYUNG-SCHLUCHT Puri Wulandari Boutique Resort $$$$$

Kedewatan (0361) 980 252 FAX (0361) 980 253 **Zimmer** 34 — **Straßenkarte** C3

Inmitten grüner Reisfelder steht dieses luxuriöse Boutique-Hotel. Alle Villen haben eigene Pools und Marmorbäder. Das ruhige Spa kombiniert balinesische Tradition mit natürlicher Schönheit und Wellness-Ritualen. In den beiden Restaurants serviert man internationale und mediterran-italienische Küche. **www.puriwulandari.net**

AYUNG-SCHLUCHT Royal Pita Maha $$$$$

Kedewatan (0361) 980 022 FAX (0361) 980 011 **Zimmer** 52 — **Straßenkarte** C3

Ubuds Königsfamilie besitzt dieses von hiesigen Künstlern dekorierte Hotel mit Poolvillen, von denen man einen wunderbaren Blick auf die Schlucht hat. Ein von einer heiligen Quelle gespeister Pool, zwei Restaurants, Bars und Wassersportmöglichkeiten runden das Angebot ab. **www.royalpitamaha-bali.com**

LAPLAPAN Natura Resort & Spa $$$$

Banjar Laplapan, Ubud, 80571 (0361) 978 666 FAX (0361) 978 222 **Zimmer** 14 — **Straßenkarte** D3

Diese opulenten Villen befinden sich am steilen Ufer des Flusses Petanu. Sie haben eigene Gärten, Open-Air-Badezimmer und Tauchbecken sowie große Holzterrassen. Zum Resort gehören ein Restaurant, ein Spa und ein Swimmingpool sowie ein extra Infinity-Pool, der das Tal darunter zu überfluten scheint. **www.bali-natura.com**

NAGI The Viceroy $$$$$

Jl Lanyahan, Nagi, Ubud (0361) 971 777 FAX (0361) 970 777 **Zimmer** 11 — **Straßenkarte** D3

Luxuriöse Villen und die Annehmlichkeiten eines Nobelhotels in einer einzigartigen Lage. Die Einrichtungen, darunter ein Nobelrestaurant und ein Spa, stehen auf einem Hügel, die Villen am Hang zum Fluss hin. Es gibt einen Hubschrauberlandeplatz für den schnellen Flughafentransfer. **www.theviceroybali.com**

PAYANGAN Aston Nandini Ubud Resort & Spa $$$

Banjar Susut, Payangan (0361) 982 777 / 780 1611 FAX (0361) 982 727 **Zimmer** 18 — **Straßenkarte** C3

Der berühmte balinesische Architekt Popo Danes entwarf diese Regenwald-Ferienanlage an der steilen Böschung über dem Ayung, die erschwinglichen Luxus in grasgedeckten Häuschen mit spektakulärer Aussicht bietet. Eine Bambus-Seilbahn bringt die Gäste zum Pool und zum Spa hinunter. **www.astonnandini.com**

PAYANGAN Ubud Hanging Gardens $$$$

Buahan, Payangan (0361) 982 700 FAX (0361) 982 800 **Zimmer** 38 — **Straßenkarte** C3

Das ruhige Hotel steht auf einem atemberaubenden terrassierten Hügel mit spektakulärer Dschungelkulisse. Die Poolvillen, das Spa, der Swimmingpool und andere Annehmlichkeiten erreicht man über eine Seilbahn mit Blick auf einen beeindruckenden Tempel auf der anderen Seite der Schlucht. **www.pansea.com**

SANGGINGAN Uma Ubud $$$$

Jl Raya Sanggingan, Banjar Lungsiakan, 80571 (0361) 972 448 FAX (0361) 972 449 **Zimmer** 29 **Straßenkarte** C3

Von dem schöne Uma Ubud hat man eine prächtige Aussicht auf die grenzenlosen Reisfelder, den Dschungel, den Vulkan und das Tjampuhan-Tal. Das Shambala-Erholungszentrum hat einen traumhaften Pool und einen separaten Bereich für Anwendungen. In der Küche werden biologisch angebaute Produkte verwendet. **www.uma.como.bz**

TEGALLALANG Alam Sari Keliki $$

Tromol Pos 03, Tegallalang Gianyar, 80561 (0361) 981 420 FAX (0361) 981 421 **Zimmer** 10 **Straßenkarte** D3

Das zauberhafte Hotel bietet Doppel- und Familienzimmer sowie Suiten in einem herrlichen Garten, umgeben von Kokoshainen. Es gibt einen natürlichen Swimmingpool und ein Restaurant mit gesunder Küche. Zu den angebotenen Aktivitäten gehören Handwerkskurse für Kinder. **www.alamsari.com**

TENGKULAK The Chedi Club at Tanah Gajah $$$$$

Tanah Gaja, Tengkulak, Ubud (0361) 975 685 FAX (0361) 975 686 **Zimmer** 20 — **Straßenkarte** D3

Das Chedi bietet in seinem exklusiven Anwesen die ultimative Urlaubserfahrung in Suiten, Spa- und Poolvillen samt Butler-Service. Zu den Gemeinschaftseinrichtungen gehören ein Restaurant mit gesundheitsorientierter Küche, ein Spa, ein Yoga-Studio, ein großer Pool, ein Fitness-Zentrum und Tennisplätze. **www.ghmhotels.com**

UBUD Tegal Sari $

Jl Hanoman, Padang Tegal (0361) 973 318 FAX (0361) 970 701 **Zimmer** 21 — **Straßenkarte** C3

Das romantische Hotel steht in beneidenswerter Lage inmitten von Reisfeldern außerhalb von Ubuds Zentrum. Es gibt Zimmer und individuell gestaltete Duplex-Bungalows, einen Pool, einen Massage-Pavillon, eine Open-Air-Fitness-Arena, Speise-Pavillons, Lotusteiche und ein Restaurant. **www.tegalsari-ubud.com**

UBUD Siti Bungalows $$

Jl Kajeng No. 3 (0361) 975 699 / 974 271 FAX (0361) 975 643 **Zimmer** 8 — **Straßenkarte** C3

Diese Garten-Häuschen gehören der Familie des verstorbenen holländischen Malers Han Snel, der lange Jahre in Ubud lebte. Auf dem beschaulichen Gelände an einer Flussschlucht, fünf Gehminuten von der Stadt entfernt, findet man einen Pool, ein Restaurant und eine Bar. **www.hansnelbungalow.com**

UBUD Tjampuhan Hotel $$

Campuhan (0361) 975 368 / 9 FAX (0361) 975 137 **Zimmer** 67 — **Straßenkarte** C3

Der einstige Wohnsitz des deutschen Künstlers Walter Spies ist Teil dieses Hotels, das außerdem Bungalows in einem wunderbaren Garten mit Blick auf den Zusammenfluss von Sungai Wos und Campuan, einen von einer Quelle gespeisten Pool und ein Restaurant zu bieten hat. **www.tjampuhan.com**

UBUD Maya Ubud Resort & Spa $$$

Jl Gunung Sari Peliatan, PO Box 1001, 80571 (0361) 977 888 FAX (0361) 977 555 **Zimmer** 108 **Straßenkarte** D3

In einem 1,5 Hektar großen Garten zwischen dem Flusstal und Reisfeldern verteilen sich Pool- und Gartenvillen. Außerdem gibt es drei Restaurants, eine Lounge-Bar, einen großen Swimmingpool und ein bezauberndes Spa mit Pavillons über dem rauschenden Fluss Petanu. **www.mayaubud.com**

UBUD Waka Namya $$$

Jl Raya Penestanan (0361) 975 719 FAX (0361) 975 719 **Zimmer** 15 **Straßenkarte** C3

Dieses luxuriöse Boutique-Hotel bietet das makellose Ambiente aller Waka-Ferienanlagen, mit Möbeln aus natürlichen Materialien und interessanten Kunstwerken. Die Zwei-Zimmer-Villen sind im Stil traditioneller strohgedeckter Reisscheunen gehalten und haben Bäder mit versenkten Wannen. Es gibt ein Restaurant. **www.wakanamya.com**

UBUD Ibah Luxury Villas $$$$

Campuhan (0361) 974 466 FAX (0361) 974 467 **Zimmer** 15 **Straßenkarte** C3

Das Boutique-Hotel im Besitz von Ubuds Königsfamilie bietet Aussicht auf das Wos-Tal und den malerischen Pura Gunung Lebah. Die geräumigen Suiten sind mit heimischer Kunst dekoriert. Zum Angebot gehören ein Mandara Spa und ein in einen Hügel gehauenes balinesisches Badebecken. **www.ibahbali.com**

UBUD Komaneka Resort $$$$

Jl Monkey Forest, 80571 (0361) 976 090 FAX (0361) 977 140 **Zimmer** 20 **Straßenkarte** C3

Eine ruhige Oase mitten in der Stadt. Die De-luxe-Zimmer, Suiten sowie Garten- und Poolvillen haben eigene Tauchbecken und Veranden. Das Dekor aus natürlichen Materialien ist zeitgenössisch und elegant. Es gibt ein Restaurant, einen Pool, ein Spa, Massage-Räume, eine Boutique und eine Kunstgalerie. **www.komaneka.com**

Ostbali

AMED Good Karma Bungalows $

Selang (081) 2368 9090 **Zimmer** 17 **Straßenkarte** F2

Die einfachen, strohgedeckten Strandbungalows gehören dem schillernden Balinesen Baba, der gerne singt und auf Umweltschutz bedacht ist. Jeder Bungalow hat ein Open-Air-Badezimmer und eine Veranda zum Strand. Die freundliche, legere Atmosphäre macht den Ort bei Auslands-Balinesen so beliebt.

AMED Dancing Dragon Cottages $$

Bunutan (0363) 23 521 FAX (0363) 23 521 **Zimmer** 8 **Straßenkarte** F2

Die Feng-Shui-Autorin Karen Kingston besitzt und managt diese Bungalows mit Konferenzzentrum, in dem auch Feng-Shui-Seminare stattfinden. Die Häuschen verteilen sich auf einem Hügel, manche haben tollen Meerblick. Es gibt auch ein Restaurant und einen kleinen Pool am Strand. **www.dancingdragoncottages.com**

AMED Santai $$

Bunutan (0363) 23 487 FAX (0363) 23 585 **Zimmer** 10 **Straßenkarte** F2

Dieses hübsche Boutique-Strandhotel bietet traditionelle Bungalows mit Himmelbetten, Open-Air-Bädern und einem Loft, in dem ein zusätzliches Bett steht. Ein von blühenden Büschen umgebener Pool und ein Restaurant mit frischem Seafood und mediterranen sowie indonesischen Spezialitäten gehören zum Angebot. **www.santaibali.com**

CANDI DASA Temple Seaside Cottages $

Jl Raya Candi Dasa. (0363) 41 629 FAX (0363) 41 629 **Zimmer** 15 **Straßenkarte** F3

Dieser Komplex bietet verschiedene Bungalows, von der einfachen Ausführung mit Ventilator und kaltem Wasser bis hin zum Seaview Superior Deluxe mit Klimaanlage, warmem Wasser, Wohnzimmer und Küchenzeile. Im Temple Café bekommt man ein paar deutsche Gerichte. **www.bali-seafront-bungalows.com**

CANDI DASA Candi Beach Cottage $$$

Mendira Beach, Sengkidu, Karangasem (0363) 41 234 FAX (0363) 41 111 **Zimmer** 64 **Straßenkarte** F3

Traditionelle balinesische Architektur in einem Kokoshain bei einem Sandstrand. Der Komplex besteht aus komfortablen Bungalows und Zimmern, einem Strandrestaurant, zwei Swimmingpools und wunderbaren Massage-Pavillons. Im Angeobt stehen zahlreiche Ausflüge und andere Aktivitäten. **www.candibeachbali.com**

CANDI DASA Puri Bagus Candi Dasa $$$

Jl Raya Candi Dasa (0363) 41 131 FAX (0363) 41 290 **Zimmer** 46 **Straßenkarte** F3

Die luxuriöse Strandanlage in prächtigen Gärten am ruhigen östlichen Ende des Strands ist die luxuriöseste Unterkunft in Candi Dasa. Es gibt elegante Zimmer und Villen mit Open-Air-Badezimmern sowie ein exzellentes Restaurant und einen Pool mit Häuschen. **www.puribagus.net**

CANDI DASA Watergarden $$$

Jl Raya Candi Dasa. (0363) 41 540 FAX (0363) 41 164 **Zimmer** 14 **Straßenkarte** F3

In bezaubernder Lage in einem Wassergarten samt Wasserfällen und Lotusteichen voller Koi-Karpfen und großen Echsen stehen diese strohgedeckten Hütten (teils mit Ventilator, teils klimatisiert). Pool, Bibliothek und ein gutes Restaurant mit Bar stehen den Gästen zur Verfügung. **www.watergardenhotel.com**

Preiskategorien *siehe S. 170* **Zeichenerklärung** *siehe hintere Umschlagklappe*

GUNUNG BATUR Hotel Puri Bening Heyato $

Toya Bungkah (0366) 51 234 FAX (0366) 51 248 **Zimmer** 34 **Straßenkarte** D2

Am See unterhalb des Gunung Batur steht dieses moderne dreistöckige Hotel mit Zimmern und Bungalows. Das Wasser stammt von den heißen Quellen, die vom Vulkan »beheizt« werden. Es gibt ein einfaches Restaurant. Die Zimmer sind nicht klimatisiert – was im kühlen Bergklima auch nicht nötig ist. **puribening2002@yahoo.com**

GUNUNG BATUR Lakeview Restaurant & Hotel $

Penelokan (0366) 51 394 FAX (0366) 51 464 **Zimmer** 20 **Straßenkarte** D2

Das Hotel am Rand einer uralten Caldera bietet eine atemberaubende Sicht auf den aktiven Vulkan Gunung Batur und den Kratersee. Die Zimmer sind geräumig und komfortabel, das Restaurant mit Mittagsbüfett ist bei Reisegruppen beliebt. Das Frühstück ist im Preis inbegriffen. **www.indo.com/hotels/lakeview**

MANGGIS Alila Manggis $$$$

Buitan, Karangasem, 80871 (0363) 41 011 FAX (0363) 41 015 **Zimmer** 54 **Straßenkarte** E3

Die Boutique-Ferienanlage mit Spa in einem Kokoshain am Buitan Beach ist berühmt für ihre Kochschule. Jedes Zimmer hat einen Balkon mit gemütlichem Tagesbett für die totale Entspannung. Die zwei Suiten haben ein Esszimmer, einen großen Wohnbereich und eine Sonnenterrasse. Das Restaurant ist erstklassig. **www.alilahotels.com**

MANGGIS Amankila $$$$$

Karangasem (0363) 41 333 FAX (0363) 41 555 **Zimmer** 33 **Straßenkarte** E3

Spektakuläre Anlage mit drei Swimmingpools, die sich bis zum Meer erstrecken. Die Pavillons mit Strohdächern und Terrassen, Himmelbetten und luxuriösen Badezimmern samt versenkten Wannen bieten Blick auf die Inseln in der Badungstraße. **www.amankila.com**

PADANG BAI Hotel Puri Rai $

Jl Silayukti (0363) 41 385 FAX (0363) 41 386 **Zimmer** 30 **Straßenkarte** E3

Das Puri Rai ist das einzige Hotel mit Pool in Padang Bai. Das 1-Stern-Hotel am Strand bietet klimatisierte und von Ventilatoren gekühlte Zimmer, darunter vier Familienzimmer, die alle mit warmen Duschen ausgestattet sind. Es gibt ein Restaurant, eine Bar und Transport-Service. **puriraihotel@yahoo.com**

TULAMBEN Tauch Terminal Resort $

Tulamben (0363) 22 911 FAX (0363) 23 411 **Zimmer** 18 **Straßenkarte** F2

5-Sterne-Tauchschule und Ferienanlage rund um einen tiefen Pool. Die meisten der De-luxe- und Super-De-luxe-Zimmer haben Balkone mit Meerblick. Geboten werden Ausrüstungen und Kurse für Tauchanfänger und -profis. Das Wrack der SS *Liberty* liegt gleich vor der Küste. **www.tauch-terminal.com**

Nord- und Westbali

BEDUGUL Bali Handara Kosaido Golf & Country Club $$

Bedugul (0362) 22 646 FAX (0362) 23 048 **Zimmer** 77 **Straßenkarte** C2

Der 18-Loch-Golfplatz vor der wunderbaren Kulisse aus Bergen, Wäldern und dem Buyan-See ist ein Meisterwerk natürlicher Schönheit. Die Luxusunterkünfte erinnern an Holzhütten in den Bergen und bieten offene Kamine sowie ehrfurchtgebietende Ausblicke. Restaurants, Tennisplätze und Karaoke-Lounge. **www.balihandarakosaido.com**

BEDUGUL Pacung Mountain Resort $$$

Jl Raya Pacung, Baturiti, 82191 (0368) 21 038 / 039 FAX (0368) 21 043 **Zimmer** 35 **Straßenkarte** C2

Das Resort ist das einzige Hotel mit Swimmingpool in dieser Gegend. Man hat eine schöne Sicht auf das Tal und Gunung Batukau und nächtigt in strohgedeckten Häuschen mit Balkonen. Zum Pool wird man in Gondeln gefahren. Es gibt ein Restaurant, aber in dieser kühlen Region keine Klimaanlagen.

LOVINA Kubu Lalang $

Tukad Mungga (0362) 42 207 **Zimmer** 5 **Straßenkarte** B1

Kubu Lalang bedeutet »Kleines Haus des langen Grases«. Es handelt sich hier um erhöht stehende, traditionellen Reisscheunen nachempfundene Bungalows mit Schlafzimmer, Loft mit Deckenventilator und Open-Air-Badezimmer. Einige haben warmes Wasser und Wannen, andere nur kaltes Wasser. **www.kubu.balihotelguide.com**

LOVINA Lovina Beach Resort $

Jl Raya Sererit, Kalibukbuk (0362) 41 237 **Zimmer** 20 **Straßenkarte** B1

Das renovierte und umbenannte Hotel präsentiert zweistöckige Häuschen mit Strohdach und Terrasse inmitten grüner Gärten. Neben schöner Aussicht über die Bucht gibt es ein luftiges Strandrestaurant, viele Wassersportangebote und Delfin-Beobachtung mit dem Jetboot. **www.lovina-beach-resort.com**

LOVINA Rini Hotel $

Jl Ketapang, Kalibukbuk (0362) 41 386 FAX (0362) 41 386 **Zimmer** 30 **Straßenkarte** B1

Das makellos geführte Hotel versteckt sich in einer ruhigen Straße und bietet einfache Zimmer mit hübschen Möbeln. Teils mit Ventilatoren und kaltem Wasser, teils mit Klimaanlage und warmem Wasser. Es gibt einen Meerwasserpool und ein kleines Restaurant. **rinihotel@telkom.net**

LOVINA Sunari Villas & Spa Resort $$

Jl. Raya Lovina (0362) 41 775 FAX (0362) 41 659 **Zimmer** 129 **Straßenkarte** B1

Eine lange Auffahrt führt zu dieser Strandanlage mit Bungalows in einem üppig grünen Garten. Einige haben eigene Tauchbecken, andere Jacuzzis. Die Standardzimmer sind jedoch viel günstiger. Es gibt einen Pool mit schönem Meerblick, ein Spa, ein Restaurant und einen 24-Stunden-Coffeeshop. **www.sunari.com**

LOVINA Damai $$$

Jl Damai Desa, Kayu Putih (0362) 41 008 FAX (0362) 41 009 **Zimmer** 8 **Straßenkarte** B1

Dieses Hotel unter dänischer Leitung, hoch auf einem Berg gelegen, hat ein wunderbares Restaurant. Die Bungalows haben romantische Himmelbetten und Jacuzzis in Open-Air-Badezimmern. Am attraktiven Swimmingpool gibt es ein Café. **www.damai.com**

LOVINA Puri Bagus Lovina $$$

Jl Singaraja-Seririt (0362) 21 430 FAX (0362) 22 627 **Zimmer** 40 **Straßenkarte** B1

Das Puri Bagus Lovina gehört zu einer balinesischen Hotelkette und bietet komfortable Villen mit großen Schlafzimmern und einem großen Bad mit Innen- und Außendusche. Ein schöner Garten und ein großer Pool, ein Café und ein Restaurant runden das Angebot ab. **www.puribagusdiscovery.com**

MENJANGAN Mimpi Resort $$$

Menjangen, Banyuwedang (0362) 94 497 FAX (0362) 94 498 **Zimmer** 50

Das luxuriöse Taucherhotel am Strand, mit dem Boot 15 Minuten von der Insel Menjangan entfernt, hat herrliche Villen mit Bädern im Hof, deren Wannen mit Wasser aus den nahen heißen Quellen gefüllt werden. Einige haben eigene Tauchbecken und Blick auf die Lagune. **www.mimpi.com**

MENJANGAN Menjangan Jungle & Beach Resort $$$$

Desa Pejarakan, Kabupaten Buleleng Singaraja (0362) 94 700 FAX (0362) 94 708 **Zimmer** 14

Das Öko-Resort aus Villen auf einer Klippe mit Blick auf die Bajul Bay und die kleine, unbewohnte Insel Menjangan grenzt an den Nationalpark Westbali. Vom Restaurant in einem Turm hat man Rundumsicht. Akivitäten wie Vogelbeobachtung, Kajakfahren, Schnorcheln, Tauchen und Reiten. **www.menjangan.net**

MUNDUK Puri Lumbung $$

Munduk (0362) 92 810 FAX (0362) 92 514 **Zimmer** 18

Die von Seerosenteichen und Reisfeldern umgebenen Häuschen auf Stelzen bieten wunderbare Aussicht auf die Küste. Zu den Aktivitäten gehören Trekking, Tanz sowie Handarbeits- und Kochkurse. Im Restaurant serviert man köstliche Regionalküche aus frischen Produkten des nahen Waldes. **www.purilumbung.net**

PEMUTERAN Taman Sari Bali Cottages $$

Pemuteran, 81155 (0362) 93 264 FAX (0362) 93 264 **Zimmer** 29

Das Strandhotel hat Tauchvorrichtungen und Unterkünfte von einfachen Zimmern bis zu luxuriösen Suiten. Letztere sind mit Antiquitäten, Garten-Bädern und entweder Terrassen oder zweiter Etage mit wunderbarem Meer- und Bergblick ausgestattet. Zum Hotel gehört ein Restaurant am Strand. **www.balitamansari.com**

PEMUTERAN Matahari Beach Resort $$$$

Pemuteran (0362) 92 312 FAX (0362) 92 313 **Zimmer** 32

Eindrucksvolles Strandhotel unter französischer Leitung mit vier Zimmerkategorien. Einige Zimmer haben Garten-, andere Meerblick. Es gibt ein exzellentes Restaurant, Tennisplätze und ein luxuriöses Spa. Ausflüge zur nahen Insel Menjangan werden arrangiert. **www.matahari-beach-resort.com**

PEMUTERAN Puri Ganesha Villas $$$$$

Pantai Pemuteran, Gerokgak, Singaraja, 81155 (0362) 94 766 FAX (0362) 93 433 **Zimmer** 4

Die vier zauberhaften Strandvillen mit Strohdächern sind dem traditionellen *wantilan* (Versammlungsort im Dorf) nachempfunden. Jede hat zwei Schlafzimmer, ein Gartenbad, Essbereiche draußen und drinnen, Küche und einen eigenen Meerwasserpool. Restaurant und Butler-Service. **www.puriganeshabali.com**

PUPUAN Cempaka Belimbing Guest Villas $$$

Br Suradadi, Belimbing, Pupuan, Tabanan (0361) 745 1178 FAX (0361) 745 1179 **Zimmer** 16 **Straßenkarte** B3

Die preisgekrönten luxuriösen Villen stehen inmitten von Reisterrassen und Obsthainen vor einer schönen Bergkulisse. Jede Villa ist traditionell balinesisch gestaltet. Es gibt ein gutes Restaurant, einen Swimmingpool, eine Boutique und ein Spa mit traditioneller Massage. **www.cempakabelimbing.com**

SERIRIT Zen $$

Puri Jati, Desa Ume Anyar (0362) 93 578 FAX (0362) 93 579 **Zimmer** 7 **Straßenkarte** A1

Auf einem Hügel an der Javasee, ganz nahe an einem ruhigen Strand steht diese Ferienanlage mit Blick auf Reisfelder, Weinberge und die zentralen Berge. Die Zimmer mit Meerblick sind komfortabel und klimatisiert. Das Restaurant bietet gesundheitsorientierte Gourmetküche. Großer Yoga- und Meditationspavillon. **www.zenbali.com**

TABANAN Wakagangga $$$

Banjar Yeh Gangga, Dusun Sudimara, Tabanan (0361) 416 257 FAX (0361) 416 353 **Zimmer** 10 **Straßenkarte** B4

Das Konzept des Wakagangga auf einer Klippe über dem Indischen Ozean: »Zurück zur Natur« und spirituelle Harmonie. Das einzigartige Hotel ist ideal zum Meditieren. Bungalows, Spa, Restaurant und Pool inmitten von Reisfeldern und Lotusteichen unterhalb des mächtigen Gunung Batukau. **www.wakaexperience.com**

Preiskategorien *siehe S. 170* **Zeichenerklärung** *siehe hintere Umschlagklappe*

TANAH LOT Le Meridien Nirwana Golf & Spa Resort $$$$

Jl Raya Tanah Lot, Kedin (0361) 815 900 FAX (0361) 815 901 **Zimmer** 278 **Straßenkarte** B4

Die luxuriöse Golf-Ferienanlage passt sich der Küstenlinie an und bietet freien Blick übers Wasser zum Meerestempel Tanah Lot. Die Zimmer und Suiten sind modern und opulent eingerichtet. Es gibt ein Spa, einen Wellness-Club, zwei Restaurants, drei Pools und zwei Tennisplätze. **www.lemeridien.com/bali**

LOMBOK

GILI-INSELN Hotel Gili Air $

Gili Air (0370) 643 580 FAX (0370) 634 435 **Zimmer** 29

Die komfortablen Häuschen am Strand von Lomboks Nordküste haben Terrasse und Open-Air-Badezimmer, entweder Ventilatoren oder Klimaanlage sowie warmes Wasser. Eine Bar und ein Restaurant sorgen fürs leibliche Wohl der Gäste. **www.hotelgiliair.com**

GILI-INSELN Hotel Vila Ombak $$

Gili Isles (0370) 642 336 FAX (0370) 642 337 **Zimmer** 61

Das Hotel bietet luxuriöse Häuser mit Bambusgrasdach im Stil traditioneller Reisscheunen. Ein Swimmingpool mit drei Ebenen, ein Fitness-Zentrum und eine Tauchschule gehören zum Haus. Da es auf den Gili-Inseln wenig Süßwasser gibt, duscht man mit (kaltem) Meerwasser und spült es mit Süßwasser aus einem Krug ab. **www.hotelombak.com**

GILI-INSELN Villa Nautilus $$

Gili Meno (0370) 642 143 **Zimmer** 5

Luxuriöse Bungalows verteilen sich über einen schönen Garten am Strand. Sie sind sorgfältig dekoriert und haben einen großen Wohnbereich, eine Holzterrasse mit Meerblick und Badezimmer mit kalten und warmen Süßwasserduschen. Das Café serviert indonesisches und westliches Essen. **www.villanautilus.com**

GILI-INSELN Desa Dunia Beda Beach Resort $$$

Gili Trawangan (0370) 641 575 FAX (0370) 641 585 **Zimmer** 7

Das Resort in einem Kokoshain erinnert an ein javanisches Dorf. Die traditionellen Holzhäuser haben erhöhte Veranden, Fensterläden und Badezimmer im Garten. Jedes luftige Schlafzimmer ist mit einem Himmelbett ausgestattet. Es gibt einen großen Pool, ein Restaurant und ein Spa. **www.desaduniabeda.com**

KUTA Novotel Coralia Lombok $$$

Pantai Putri Nyale, Pujut (0370) 653 333 FAX (0370) 653 555 **Zimmer** 100

Das exzentrische, märchenhafte Hotel ist in blassen Wüstenfarben gehalten und einem traditionellen Sasak-Dorf nachempfunden. Die Zimmer sind einfach eingerichtet und mit heimischen Kunstwerken dekoriert. Zum Angebot gehören zwei Strandrestaurants und drei Swimmingpools. **www.novotel-lombok.com**

MANGSIT Puri Mas Boutique Hotel $$

Pantai Mangsit, Senggigi (0370) 693 831 FAX (0370) 693 023 **Zimmer** 17

Dieses Hotel, eines der schönsten auf Lombok, bietet strohgedeckte Bungalows, Zimmer und Suiten in verschiedenen architektonischen Stilen direkt am Strand in einem wunderbaren Garten mit blühenden Büschen, gewundenen Wegen, Seerosenteichen, Steingravuren und einem schattigen Pool. **www.boutiqueaccom.com**

MANGSIT Puri Mas Village $$

Puri Mas Village Kerandangan, Senggigi (0370) 693 596 FAX (0370) 693 596 **Zimmer** 4

Die vier mit Antiquitäten ausgestatteten Villen (für vier Personen) stehen rund um einen exotischen Pool, umgeben von hohen Kokospalmen und steinernen Hindu-Wassertraufen. Das einzigartige Anwesen steht vor einer dramatischen Kulisse aus Dschungelhügeln. Romantisches Spa, Essen per Zimmerservice. **www.boutiqueaccom.com**

SENGGIGI Holiday Resort Lombok $

Jl Raya Mangsit, Senggigi (0370) 693 831 FAX (0370) 693 023 **Zimmer** 188

Moderne Apartments, Häuser und Strandbungalows am Strand, zeitgenössisch eingerichtet und mit Balkonen, Open-Air-Bädern und Terrassen ausgestattet. Man blickt aufs Meer und in den Garten. Es gibt zwei Restaurants, ein Plantschbecken und viele Sportangebote. **www.bluebirdgroup.com/holiday/index.html**

SENGGIGI Sheraton Senggigi $$$

Jl Raya Senggigi, Senggigi (0370) 693 333 FAX (0370) 693 140 **Zimmer** 154

Die 5-Sterne-Ferienanlage bietet viele Einrichtungen für Erwachsene und Kinder. Zimmer, Suiten und Villen, darunter zwei Strandvillen mit eigenen Pools, außerdem ein Lagunenbecken, Restaurants, Bars, Tennisplätze, ein Fitness-Zentrum mit Sauna und Dampfbad sowie Spa-Anwendungen. **www.sheraton.com/senggigi**

TANJUNG The Oberoi Lombok $$$$

Medana Beach, Tanjung, PO Box 1096, Mataram, 83001 (0370) 638 444 FAX (0370) 632 496 **Zimmer** 50

Dieses abgeschiedene, mit Preisen ausgezeichnete Paradies in einem Garten mit Kokospalmen an einem exklusiven Strand hat seinen Gästen luxuriöse einstöckige Poolvillen und Terrassenpavillons sowie einen 40 Meter langen Pool, der ins Meer mündet, zu bieten. **www.oberoihotels.com**

Restaurants

Von einheimischen Speisen im *warung* und *rumah makan* bis hin zu internationaler Restaurantküche bieten Bali und Lombok für jeden Geschmack etwas. Gutes Essen bekommt man auch für wenig Geld. Mit steigender Urlauberzahl wurden viele Restaurants eröffnet. Die Auswahl ist in den besser entwickelten Teilen Balis größer – in den entlegeneren Teilen der Insel und auf Lombok ist sie noch begrenzt. Kreditkarten werden in gehobeneren Restaurants und Cafés akzeptiert. Die Preise sind auf Speisekarten meist in US-Dollar angegeben, doch die Zahlung in Rupiah wird akzeptiert. Restaurants sind Behinderten gegenüber zuvorkommend, obwohl die meisten keine speziellen Einrichtungen haben.

Chilischoten sind sehr beliebt

In einer Hotelküche werden Meeresfrüchte gegrillt

Essenszeiten

Die Balinesen haben keine festen Zeiten fürs Essen, und die meisten Restaurants servieren den ganzen Tag. Doch es gibt nicht viele Speisemöglichkeiten vor 19 Uhr oder nach Mitternacht.

Einheimische Speisen

Alltägliches balinesisches Essen besteht aus mehreren Reisgerichten mit etwas Fleisch, Gemüse und eventuell einem Ei. Diese Kombination heißt *nasi campur (siehe S. 182)*. Diese und andere balinesische Speisen servieren die meisten Restaurants.

Auf der Suche nach »echter« – und oft geschmackvollerer – Kost versuche man *warung* (Imbissstände) oder *rumah makan* (Speisehäuser), in denen die Einheimischen außer Haus essen. Die Speisen sind billig, frisch und würziger als in Restaurants. An Straßen und auf Nachtmärkten stehen *kaki lima* (Imbisswagen), die oft wegen mangelnder Hygiene nicht zu empfehlen sind.

Internationale Restaurants

Bali bietet die Welt auf dem Teller, von asiatischen Küchen bis zu westlichem Essen. Große Hotelketten lockten viele internationale Küchenchefs nach Bali, und manche machten ihr eigenes Lokal auf. Sie haben wiederum vielen einheimischen Köchen die Zubereitung fremder Gerichte beigebracht. Französische, italienische und andere Mittelmeerküchen sind Teil des breiten Spektrums, das die Restaurants der Insel bieten, und der Standard ist zumeist hoch. Die Preise sind gemessen an internationalen Standards vernünftig. Sehr gutes japanisches Essen kann man beispielsweise auf Bali für viel weniger Geld als in anderen Teilen der Welt genießen.

Hotelrestaurants

Viele balinesische Hotels bieten hervorragendes Essen in viel luxuriöserer Umgebung als in den meisten anderen Feriengegenden. Die besten sind oft zu Recht in internationalen Gourmet- und Reisemagazinen erwähnt. Die Aman-Hotels stehen in dem Ruf, junge Köche mit individuellem Stil anzuheuern, wie etwa die Four Seasons Resorts und das GHM-Hotel Legian *(siehe S. 173)*. Alle großen Hotelketten bieten das volle »Programm« von Coffeeshops über Cafés bis zu Restaurants an. Oft speist man unter freiem Himmel. Hotelbars und -restaurants sind auch für die Öffentlichkeit geöffnet *(siehe S. 170–179 und S. 184–191)*.

Das Essen im Hotel ist generell kostspieliger als in anderen Restaurants. Die Preise in den Hotelrestaurants sind in US-Dollar ausgezeichnet.

Warung mit einem Angebot indonesischer Reisgerichte

Cafés und Coffeeshops

Seit den 1970er Jahren, als Surfer und Individualreisende Bali auf die Reise-Landkarte setzten, kamen die zwanglosen Mahlzeiten auf. Bars und Strandimbisse, die einfache Kost servieren, sind ein gewohnter Anblick. Sie bieten *nasi goreng* (gebrate-

Café mit Tischen im Freien, Senggigi-Strand auf Lombok

nen Reis), Bananenpfannkuchen, frische Fruchtsäfte und körnigen Balikaffee. Die steigende Nachfrage der Besucher und das Interesse der Einheimischen belebten die Café-Szene. Besonders im Künstlerdorf Ubud sind Cafés in europäischem Stil mit Espressomaschinen mittlerweile üblich, und immer mehr gehobene Kaffeehäuser bieten Feinschmecker-Mischungen frisch gerösteter indonesischer Kaffeearten an, daneben alles vom Tiramisu bis zum *bubur hitam* (schwarzer Reispudding). Im eleganten Seminyak, nördlich von Kuta, sind zahlreiche Cafés neu eröffnet worden. Hier kann man die modernen Kaffeehäuser in allen Variationen sehen, von der französischen Patisserie bis hin zur Espressobar, die italienische Tramezzini und frische Salate anbietet.

Fast Food und Take-aways

Bali kennt auch die rapide Entwicklung der Fast-Food-Ketten. McDonald's, Pizza Hut, Kentucky Fried Chicken, Starbucks und Dunkin' Donuts findet man in jedem Ferien- und Stadtgebiet. Die meisten Restaurants bieten *bungkus* (Take-aways), und manche liefern ins Haus.

Alkohol

Es wäre schade, Bali und Lombok zu besuchen, ohne einheimische alkoholische Getränke zu probieren, besonders da importierter Alkohol hoch besteuert und teuer ist. Bintang ist ein beliebtes, erfrischendes Lagerbier; Bali Hai ist billiger, aber nicht so gut. Der Roséwein Hatten's ist leicht, trocken, preiswert und einigermaßen trinkbar. *Arak*-Cocktails aus Palmbranntwein sind beliebt.

Alkohol ist überall in Bali erhältlich, selbst in kleinen *warung* außerhalb der Feriengegenden. Im moslemischen Lombok gibt es Alkohol nur in Urlaubsgebieten und gehobenen Hotels und sollte auch nur dort konsumiert werden.

Kinder

Die Restaurants in Bali und Lombok bieten keine speziellen Karten für Kinder, aber es ist leicht, etwas zu finden, das Kinder mögen. Manche Restaurants servieren halbe Portionen und haben auf Anfrage Hochstühle. Für Kinder unter zwölf Jahren bieten die größeren Hotels oft kostenloses Frühstücksbüfett.

Blick auf Jimbaran Bay vom PJ's im Four Seasons Resort ***(siehe S. 184)***

Vegetarische Gerichte

Es gibt eine Menge nahrhafter und geschmackvoller vegetarischer Speisen in Bali und Lombok. *Tahu* (Tofu) und *tempe* (Kuchen aus gepressten, gegorenen Sojabohnen) sind beliebt und überall zu kriegen, ebenso *bubur sayur bayam* (Reisporridge mit Spinatblättern, Chili, Kokosraspeln und -milch).

Viele Restaurants haben vegetarische Speisen auf der Karte, die chinesischen haben ein größeres Angebot. Es ist möglich, auf Anfrage vegetarische Versionen von nichtvegetarischen Speisen zu erhalten. Man muss nur klar und deutlich bestellen.

Abendessen im Hof des Hard Rock Hotel in Kuta ***(siehe S. 171)***

Restaurant-Etikette

Viele Balinesen essen mit der rechten Hand ohne Besteck (die linke Hand wird nie benutzt), und man kann oft gut gekleidete Einheimische sehen, die so selbst in westlichen Restaurants essen.

Die Speisen kommen oft in zufälliger Folge. Es ist besser, einfach zu beginnen, als zu warten, bis jeder etwas hat.

Zwanglose Kleidung wird überall akzeptiert, aber man tendiert dazu, sich in gehobeneren Restaurants eleganter zu kleiden. Viele Restaurants sind unter freiem Himmel, so ist Rauchen generell erlaubt, nur die exklusiveren Häuser haben Nichtraucherzonen.

Trinkgeld ist nun üblicher als früher; teurere Restaurants haben sowieso meist einen Service-Zuschlag. Personal in billigeren Restaurants ist zufrieden mit etwas Trinkgeld.

Spezialitäten in Bali und Lombok

Viele Gerichte und Zubereitungsarten in dieser Region wurden von chinesischen, indischen, arabischen und holländischen Händlern und Siedlern beeinflusst. Currys werden mit frisch gemahlenen Gewürzen aromatisiert, z. B. mit Ingwer, Zitronengras, Kaffirlimettenblättern und Tamarinde. Für Saucen werden Kokosmilch und das übliche Trio aus Koriander, Pfeffer und Knoblauch verwendet. Mit einer Paste aus gesalzenen, fermentierten Shrimps wird so manches Gericht aufgepeppt. Scharfe Chilischoten würzen Saucen *(sambals)*, Erdnüsse werden als Garnierung oder als Grundlage für eine süß-scharfe Sauce verwendet.

Erdnüsse

Chilischoten – eine Grundzutat südostasiatischer Küchen

Produkte aus Bali

Die Bergkette, die Bali teilt, ist für unterschiedliche Klima- und Bodenverhältnisse verantwortlich. Resultat ist eine enorme Vielfalt an Feldfrüchten. Die Ebenen im Süden dominieren Reisterrassen, im Landesinneren wachsen Zwiebeln, Kohl, Papayas, Spinat, Salat, Kartoffeln, Karotten, Kaffee, Gewürznelken und Erdnüsse. Früchte wie Erdbeeren gedeihen im kühlen Bergklima von Bedugul. Kintamani ist für Orangen, Buleleng für Durians berühmt. In Tejakula gibt es große Mangoplantagen. *Wani* von Singaraja ist eine weiße Mango mit charakteristischem Duft, den die Balinesen sehr schätzen. Die Bauern an der heißen, trockenen Nordküste bauen Mais, Maniok, Bohnen und überraschenderweise auch Trauben an, die hier seit dem frühen 20. Jahrhundert gezüchtet werden.

Seafood der Jimbaran Bay

Bei Tagesanbruch kommen Jimbarans Fischer in ihren bunt bemalten Booten

Tropische Früchte von den indonesischen Inseln

Regionale Gerichte und Spezialiäten

Ingwer, Zitronengras, Kaffirlimette, Limonenblätter

Zu einer alltäglichen indonesischen Mahlzeit gehören Reis, Gemüse, Eier und eventuell Fleisch oder Fisch. Das *nasi campur* genannte Gericht wird meist morgens gekocht und verzehrt, sobald man Hunger kriegt. Auf Bahasa Indonesia bedeutet das Wort *lombok* Chili, und die Inselbewohner verwenden diese scharfen Schoten gern. Weißer Reis, die Grundzutat der Sasak-Küche, wird mit Currys oder Suppen aus Gemüse, Fisch und Fleisch (nicht aber Schweinefleisch) serviert. *Taliwang*-Gerichte bestehen aus gebratenen oder gegrillten Zutaten und Chilisauce, und auch alles mit *pelecing* im Namen wird mit Chilisauce gegessen.

Gado gado *ist ein warmer Salat aus blanchiertem Gemüse, Tofu, hart gekochtem Ei und Erdnusssauce.*

Obst- und Gemüseverkäufer auf einem indonesischen Markt

vom Meer zurück, um auf dem quirligen Kedonganan-Fischmarkt ihren Fang zu verkaufen. Bei Sonnenuntergang findet am Strand ein Ritual statt, bei dem Hunderte von Besuchern in den vielen *warung* – einfachen Seafood-Cafés – Platz nehmen, um frischen Fisch zu genießen. Die Meeresfrüchte werden auf Eis präsentiert, und die Gäste suchen sich ihre Mahlzeit selber aus – hauptsächlich Red und White Snapper, Barracudas, Tintenfische, Riesengarnelen und Hummer. Dazu werden Reis im Bambustopf, gedämpfter balinesischer Wasserspinat, köstliche Saucen aus Knoblauch, Tomaten oder Chilischoten und Kartoffeln serviert. Danach gibt es einfache Desserts wie frische Ananas, Wassermelonen und Bananen.

Padang-Küche

Die Padang-Küche aus der Region Minangkabau in West-Sumatra wird in den Rumah-Makan-Padang-Lokalen serviert. In Glastheken sind Platten und Töpfe mit Gemüse, Fleisch und Fisch ausgestellt. Das ursprünglich indische Essen – z.B. Chiligerichte oder Fleisch-Currys – ist zumeist scharf gewürzt. Die Gäste stellen mehrere Gerichte zu einer Mahlzeit zusammen. Zur Auswahl stehen beispielsweise Rindfleisch-*rendang*, *perkedel* (Kartoffelküchlein), frittierte Maiskuchen, mit Sesam umhüllter, frittierter Bohnenquark namens *tempe*, hart gekochte Eier, Leber, Hirn, Lunge, gebratenes Hühnchen, Thunfisch-Steaks, Auberginen, Cassava-Blätter und Wasserspinat – all das wird mit Reis, würzigen Saucen und Chili-Sambals serviert.

Frisch gefangener Fisch auf dem Kedonganan-Markt

Rijstafel

Die Bezeichnung Rijstafel, »Reistafel«, prägten die niederländischen Plantagenbesitzer, die gerne mehrere indonesische Gerichte zugleich probierten. Gedämpfter weißer oder gelber Reis bildet immer die Grundzutat. Dazu gibt es mehrere Fleisch-, Geflügel-, Meeresfrüchte- und Gemüsegerichte, die häufig in handgefertigten Kokosnusstöpfchen auf Bananenblättern serviert werden. Zu diesen gekochten, gegrillten, gebratenen, gedämpften, im Wok gegarten oder frittierten Gerichten gibt es *krupuk* (Reis-Cracker), *acar* (sauer eingelegtes Gemüse) und eine Auswahl an Chili- und Zwiebel-Sambals sowie scharfe Saucen.

Sate lilit *besteht aus gehacktem Fleisch oder Fisch mit Kokossauce, auf Zitronengrasspießen gegrillt.*

Bebek betutu, *mit Gewürzen gefüllte Ente wird in Bananenblätter gewickelt und im Ofen gegart.*

Kue dadar *sind kleine Crêpe-Päckchen, mit Palmzucker, Vanille und frischen Kokosraspeln gefüllt.*

Restaurantauswahl

Balis und Lomboks Restaurants bieten eine breite Palette von Gerichten, meist zu vernünftigen Preisen. Einige Hotels *(siehe S. 170–179)* haben gute Restaurants, die jedoch oft teurer sind. Die folgenden Lokale wurden wegen ihres guten Essens, ihrer interessanten Lage und des guten Preis-Leistungs-Verhältnisses ausgewählt.

PREISKATEGORIEN
für ein Drei-Gänge-Menü für eine Person, inklusive Service, aber ohne Getränke (Angaben in Rupiah).

Rp unter 75 000 Rp
RpRp 75 000–150 000 Rp
RpRpRp 150 000–250 000 Rp
RpRpRpRp 250 000–350 000 Rp
RpRpRpRpRp über 350 000 Rp

SÜDBALI

CANGGU The Beach House
Rp

Jl Pura Batu Mejan (Echo Beach) *(0361) 738 471* **Straßenkarte** C4

Dieses Restaurant mit Bar bietet Tische an einem Steilufer am Strand, eine umfangreiche Getränkekarte, freundliche Bedienung und großartige Sonnenuntergänge. Auf der schlichten Speisekarte stehen z. B. indonesische Gerichte und Snacks. Am Sonntagabend gibt es Seafood-Barbecue mit Live-Musik. Künstlerisch angehauchte Gästeschar.

CANGGU Waroeng Tugu
Rp

Jl Pantai Batu Bolong *(0361) 731 707 / 731 702* **Straßenkarte** C4

Das Hotel Tugu schaffte es, ein Ambiente aus dem Hindu-Königreich Majapahit zu kreieren. Das rustikale Restaurant hat eine einfache Backsteinküche, in der der javanische Koch Iboe Soelastri auf einem mit Kokosnussschalen beheizten Lehmofen authentische Saucen und traditionelle balinesische und javanische Gerichte zubereitet.

DENPASAR Rasa Sayang
RpRp

Jl Teuku Umar, Denpasar *(0361) 262 006* **Straßenkarte** C4

Dies ist eines der besten chinesischen Restaurants in Denpasar. Auf der umfangreichen Speisekarte stehen Fisch-, Geflügel-, Fleisch- und Gemüsegerichte. Zu den Spezialitäten gehören Fischkopfsuppe, Froschschenkel, Salatbrötchen, roher Hummer mit *wasabi* und frittierter Tintenfisch in Worcestersauce.

JIMBARAN Jimbaran Seafood Cafés
RpRp

Kedonganan und Jimbaran Beach **Straßenkarte** C5

Eine Reihe einfacher Strandcafés bieten frisches Seafood wie Snapper, Barracuda, Riesengarnelen, Tintenfisch und Hummer. Plastikstühle und -tische mit flackernden Kerzen darauf erstrecken sich bis zum Sand. Die Gäste wählen ihre Meeresfrüchte selbst aus, dazu gibt es Reis, Gemüse, selbst gemachte Saucen und frische Früchte.

JIMBARAN PJ's
RpRpRpRp

Four Seasons, Jimbaran Bay *(0361) 701 010* **Straßenkarte** C5

Das Restaurant im Four Seasons Resort liegt direkt am Strand und ist von der Straße aus zugänglich, ohne dass man durchs Hotel gehen muss. In luftigen Pavillons speist man mediterran beeinflusste Gerichte und Dips, frisches Seafood, Pizza aus dem Holzofen und sündhaft gute Desserts.

KUTA Hook
Rp

Jl Legian, Kuta *(0361) 765 777* **Straßenkarte** C5

Im stilvollen Ambiente dieses zentral gelegenen Restaurants serviert man schmackhaftes Essen und Trinken zu unschlagbaren Preisen, dazu gibt es DJ-Musik und Live-Unterhaltung. Auf der westlich-indonesischen Karte stehen z. B. in Honig marinierte gegrillte Hähnchenflügel und Desserts wie Mousse au Chocolate. Bis spätabends geöffnet.

KUTA Aromas
RpRp

Jl Legian, Kelod *(0361) 751 003* **Straßenkarte** C5

Ein großes Angebot an vegetarischen Gerichten, Salaten und Dips aus Indien, Thailand, dem Nahen Osten, Mexiko und Europa bietet dieses etablierte Restaurant in einem großen Open-Air-Pavillon, umgeben von Büschen und Teichen – eine ruhige Oase an der verkehrsreichen Jalan Legian.

KUTA The Balcony
RpRp

Jl Benesari 16, Kuta *(0361) 757 409* **Straßenkarte** C5

In diesem halb offenen mediterranen Restaurant werden frisches warmes Kümmelbrot, üppige Salate, Pasta und Hauptgerichte wie gebratenes Rosmarinhühnchen, Rindfleisch-*Entrecôte* und die Spezialität des Hauses, Seafood- und Fleisch-*Brochettes* serviert. Es gibt auch ein großes Tapas-Angebot und hervorragende Desserts.

KUTA Hard Rock Café
RpRp

Jl Pantai, Kuta *(0361) 755 661* **Straßenkarte** C5

Die Wände dieses amerikanischen Live-Musik- und Familienlokals schmücken Rock'n'Roll-Andenken. Sehr freundliche Bedienungen und Kellner servieren gutes amerikanisches Fast Food in riesigen Portionen. Die Musik beginnt, sobald das Restaurant öffnet.

Zeichenerklärung *siehe hintere Umschlagklappe*

KUTA Kopi Pot Rp Rp
Jl Legian 139, Kuta (0361) 752 614 **Straßenkarte** C5

Das hübsche Gartenrestaurant mit Bar ist für Kaffee und Kuchen sowie für den schwarzen Reispudding bekannt. Außerdem gibt es Suppen, Salate, Würstchen mit Kartoffelpüree und Zwiebelsauce. Zu den indonesischen Spezialitäten gehört *ayam betutu* (zarte Hähnchenteile in scharfer balinesischer Sauce).

KUTA The Macaroni Club Rp Rp
Jl Legian 52, Kuta (0361) 754 662 **Straßenkarte** C5

Das von Giovanni D'Ambrosio gestaltete Macaroni präsentiert sich mit poliertem grauem Beton und Metallrohren. Die Sitznischen sind durch Weinranken voneinander getrennt. Auf der innovativen Karte stehen italienische Klassiker, Seafood und neue Kreationen des italienischen Küchenchefs.

KUTA Nero Bali Rp Rp
Jl Legian 384, Kuta (0361) 750 756 **Straßenkarte** C5

Dieses ebenfalls von Giovanni D'Ambrosio entworfene Avantgarde-Restaurant mit Cocktailbar gehört zu den 25 schönsten Lokalen der Welt. Auf der langen Speisekarte stehen Mittelmeergerichte wie Kebabs, Seafood, Pasta, Pizza und Tapas. Es gibt auch eine Sushi-Bar. Täglich mittags und abends geöffnet.

KUTA TJ's Rp Rp
Gang Poppies I, Kuta (0361) 751 093 **Straßenkarte** C5

Dieser strohgedeckte Open-Air-Pavillon mit farbenfrohem Dekor und schönem Garten ist seit der Eröffnung 1984 eine Institution in Kuta. Serviert wird kalifornisch-mexikanische Küche wie Tacos, Enchiladas, Fajitas, Salate und Backkartoffeln sowie Desserts wie Mango-Käsekuchen mit Himbeersauce.

KUTA Kori Restaurant & Bar Rp Rp Rp
Gang Poppies II, Kuta (0361) 758 605 **Straßenkarte** C5

In dem von einem Lotusteich umgebenen offenen Pavillon serviert man Köstlichkeiten wie thailändischen Salat aus frischen Krabben mit Mango, roten Zwiebeln, Zitronengras und Koriander, Bratwürstchen mit Kartoffelpüree und warmen Dattelpudding mit Karamellsauce.

KUTA Made's Warung I Rp Rp Rp
Jl Pantai, Kuta (0361) 755 297 **Straßenkarte** C5

Kutas ältestes und berühmtestes Restaurant wurde 1969 als Balis erstes *warung* für westliches Essen gegründet. Im Angebot stehen indonesische, japanische und westliche Gerichte sowie europäische Desserts. Zu den indonesischen Klassikern gehören Nasi Campur Special, Nasi Goreng à la Mode, *gado gado* und *satay*. Zuweilen sehr voll.

KUTA Papa's Café Rp Rp Rp
Jl Pantai, Kuta (0361) 755 055 **Straßenkarte** C5

Papa's Café serviert hochwertige authentische italienische und asiatische Küche. Es gibt mehrere Essbereiche. Auf der asiatischen Speisekarte stehen Gerichte des ganzen Kontinents, z. B. Currys, Sushi, *bebek betutu* und *tum be pasih*. Der Ingwer-Dattel-Pudding in Karamellsauce ist ein Muss.

KUTA Sailfin at The Wave Rp Rp Rp
Jl Pantai, Kuta (0361) 760 068 **Straßenkarte** C5

Die Gäste sitzen auf der Terrasse mit Blick auf den Strand oder in dem kühlen, schicken Restaurant. Es gibt modernes australisches Seafood, Steaks, Geflügelgerichte, Pizza und Pasta. Zu den Spezialitäten gehören Bloody Mary Oyster Shooters, Riesengarnelen in Teig und die »Paradiesplatte« mit frischen Früchten und Seafood.

KUTA Un's Restaurant Rp Rp Rp
Abseits Gang Poppies I (0361) 752 607 **Straßenkarte** C5

Das für sein Entrecôte »Café de Paris« berühmte Un's Restaurant bietet gute europäische Küche und indonesische Spezialitäten. Probieren Sie Sashimi-Thunfischmedaillons, Kalbskoteletts in *Porcini*-Sauce, Snapper im Kartoffelmantel, Rindfleisch-*rendang* und *Crème Catalan*. Typisch balinesische Architektur mit offenem Patio.

LEGIAN Drops Rp Rp
Casa Padma Suites, Jl Padma (0361) 753 073 **Straßenkarte** C5

Auf der Speisekarte des stilvollen Restaurants im Casa Padma Suites Hotel steht zeitgenössische internationale und klassisch balinesische Küche. Eine Auswahl: Sandwiches, Pizza, Pasta, *nasi campur*, Salat aus gebratener Ente, Steaks, Rippchen, Schweineschnitzel und Bananen-Frühlingsrollen.

LEGIAN Poco Loco Rp Rp
Jl Padma Utara, Legian (0361) 756 079 **Straßenkarte** C5

Abseits der Straße liegt dieses farbenfrohe mexikanische Restaurant auf zwei Ebenen. Geboten wird die übliche kalifornisch-mexikanische Küche, etwa Enchiladas, Tortillas und Fajitas, es gibt aber auch gute Lachssteaks und Grillgerichte, danach gönnt man sich einen Tequila oder eine Margarita.

LEGIAN Teras Rp Rp
Jl Legian 494, Legian Kaja (0361) 730 492 **Straßenkarte** C5

Die Pizzeria auf dem Dach verströmt mit ihren schmiedeeisernen Möbeln und rosaroten Bougainvilleen mediterranes Flair. Zu essen gibt es echte Pizzas und große Portionen selbst gemachter Pasta, Lammkoteletts, Seafood, Steaks, *fragole con panna*, *crema al mascarpone* und *tiramisu*.

NUSA DUA Nampu im Grand Hyatt Bali Rp Rp Rp Rp Rp
Nusa Dua (0361) 771 234 **Straßenkarte** C5

Japanisches Nobelrestaurant im Grand Hyatt. Es gibt einen *Teppanyaki*-Raum, *Tatami*-Bereiche und einen eleganten Speiseraum mit offener Küche. Auf der Karte stehen Sashimi, Sushi, Grillgerichte und vieles andere. Als Nachspeise kann man z.B. schwarzen Sesampudding mit *Yuzu*-Sorbet bestellen. Große Auswahl an Sake.

NUSA DUA Sorrento im Melia Bali Rp Rp Rp Rp Rp
Melia Bali Villas & Spa Resort, Nusa Dua (0361) 771 510 **Straßenkarte** C5

Dieses noble mediterran-spanische Restaurant hat von Kerzen beleuchtete Tische unter Palmen. Der klimatisierte elegante Innenraum hat eine dramatisch bemalte Decke. In der Küche werden Produkte wie Serranoschinken, Chorizo-Würste und frischeste Meeresfrüchte zum authentischen Gerichten verarbeitet.

NUSA DUA Tetaring im Kayumanis Rp Rp Rp Rp Rp
Kayumanis Private Villa & Spa, Nusa Dua (0361) 770 777 **Straßenkarte** C5

Das Ambiente ist industriell-minimalistisch, mit schwarzem Obsidian-Marmor, Glas und Kieselsteinen. Die Küche ist westlich und südostasiatisch mit modernem Einschlag. Zu den Spezialitäten gehören pochierter Hummersalat, javanisches Fischcurry, gebratene Entenbrust und gefrorene Passionsfrucht-*Sabayon* mit Banane und Honigsauce.

NUSA LEMBONGAN JoJo's Restaurant Rp Rp
Nusa Lembongan Resort (0361) 725 864 **Straßenkarte** E4

Auf der Speisekarte stehen frisches Seafood, Pizza, Pfannengerichte und Gemüse-Tempura sowie in Bananenblättern gegrillte Meeresfrüchte und ein Salat aus gebratenen Muscheln und jungen Kartoffeln. Das JoJo's gehört zu einer idyllischen Ferienanlage am Rand einer abgeschiedenen Korallenbucht.

SANUR Ketut's Warung Rp
Jl Danau Poso 78, Blanjong (0361) 289 757 **Straßenkarte** C4

Das von einer Familie betriebene *warung* hat eine nette Atmosphäre, lange Holztische in einfachem Open-Air-Ambiente. Ketut, eine lebhafte Balinesin, ist eine hervorragende Köchin. Sie bietet westliche Mahlzeiten, Snacks und indonesische Delikatessen. Auf Vorbestellung bereitet sie ein wunderbares balinesisches Bankett vor.

SANUR Café Batu Jimbar Rp Rp
Jl Danau Tamblingan 75 (0361) 287 374 **Straßenkarte** C4

Das beliebte Straßencafé zog vor Kurzem in ein größeres Lokal um und hat jetzt einen großen Vorgarten, in dem man unter Bäumen sitzen kann. Es gibt italienische und mexikanische Gerichte, außerdem Salate, selbst gebackenes Brot, Kuchen, Kräutertees und Fruchtsäfte. Gemüse und Kräuter kommen vom Hof des Besitzers bei Bedugul.

SANUR Jazz Bar & Grille Rp Rp
Komplex Pertokoan Sanur Raya No. 15–16, Jl By Pass Ngurah Rai (0361) 285 892 **Straßenkarte** C4

Regelmäßig spielen hier bekannte Jazzbands aus Bali und dem Ausland. Zu essen gibt es alles Mögliche, von Sandwiches, Snacks und Pizzas bis zu Vier-Gänge-Menüs. Westliche und indonesische Klassiker wie Jazz Grille Nachos, mongolische Lammkoteletts, *sop buntut*, *gado gado* und Pekan-Pasteten. Nur Abendessen.

SANUR Kafe Wayang Rp Rp
Komplex Pertokoan Sanur Raya No. 12–14, Jl By Pass Ngurah Rai (0361) 287 591 **Straßenkarte** C4

Das moderne, geräumige Restaurant mit Bäckerei serviert eine Mischung aus asiatischer und mediterraner Küche, darunter Salate, Suppen, Pasta, Reis und Nudeln, importierte Steaks, Grillgerichte, Sandwiches und Snacks. Zu den Favoriten zählen Käse-Samosa, Tequila-Muscheln, Hühnchenbrust *piemontese* und Tamarinde-Lachs.

SANUR Massimo Il Ristorante Rp Rp
Jl Danau Tamblingan 206 (0361) 288 942 **Straßenkarte** C4

In diesem populären italienischen Ristorante herrscht immer eine tolle Atmosphäre. In einem schönen, offenen Pavillon in einem Garten werden hochwertige authentische Regionalgerichte serviert, z.B. Bruschetta, frittierter Mozzarella, Risotto, Pasta und Pizza, Hühnchen, Ente und Fisch sowie das beste italienische Eis in Bali.

SANUR Stiff Chilli Rp Rp
Jl Kesumasari 11, Semawang (0361) 288 371 **Straßenkarte** D4

Italienische Küche mit asiatischem Touch bietet dieses einfache Open-Air-Restaurant am Strand. Berühmt für seine knusprigen Grillwürstchen, frisch gebackenes Ciabatta, thailändische Kürbissuppe und echt italienische Pizzas. Empfehlenswert sind auch die dreifarbigen *fettuccine* mit einer Sauce aus geräuchertem Marlin.

SANUR Pepper's Latino Grill & Bar Rp Rp Rp
Hotel Sanur Beach, Jl Danau Tamblingan (0361) 288 011 **Straßenkarte** D4

Lateinamerikanisches Essen in einem Weinkeller-Ambiente oder auf der Veranda mit dekorativen schmiedeeisernen Bogen und einer Pergola, an der Passionsfruchtbüsche hochwachsen. Probieren Sie *gazpacho*, Nachos, Steaks, Paella, kubanische Schweinelende, Hummer und Mangoeis mit Pinacolada-Sauce. Nur Abendessen.

SANUR Pergola Rp Rp Rp
Jl Danau Toba 2, Sanur (0361) 288 462 **Straßenkarte** C4

Auf der Karte des Pergola stehen östliche und westliche Gerichte, mit starkem britischem Akzent, etwa Stilton-Käse, Schweinekotelett »Summerset«, brutzelnde Pfannengerichte, Sherry-Trifle und Bananen-*flambé*. Viele Stammgäste, v.a. Familien genießen hier Sonntagsbraten und die am Tisch zubereiteten *flambés*.

Preiskategorien *siehe S. 184* **Zeichenerklärung** *siehe hintere Umschlagklappe*

SEMINYAK/KEROBOKAN Baku Dapa
Jl Abimanyu (Dhyana Pura) 11A, Seminyak (0361) 731 148 — **Straßenkarte** C5

Das einfache, rund um die Uhr geöffnete Straßen-*warung* ist für *sop buntut* (Ochsenschwanzsuppe) bekannt. Daneben gibt es *nasi goreng*, Hühnchen-*satay*, *gado gado* mit Erdnusssauce, gebratene Sojabohnen und zischend heiß gebratenen Tofu, dazu frische, scharfe Chili-*sambals*. Danach genießt man z. B. gebratene Banane mit Honig.

SEMINYAK/KEROBOKAN Zula
Jl Abimanyu (Dhyana Pura) No. 5, Seminyak (0361) 732 723 — **Straßenkarte** C5

Das farbenfrohe vegetarische Café bietet gesundheitsorientierte, vitamin- und mineralienreiche Gerichte sowie das Immunsystem stärkende Obst- und Gemüsesäfte. Die Mittelmeer-Platte ist eine Zusammenstellung nahöstlicher Köstlichkeiten mit authentischen Aromen und Gewürzen, die Planet-Platte basiert auf makrobiotischen Prinzipien.

SEMINYAK/KEROBOKAN Khaima
Jl Laksmana (0361) 742 3925 — **Straßenkarte** C4

Mogul-Architektur, farbige Glaslaternen und leise arabische Musik, Minztee, dekorative Shisha-Pfeifen und Bauchtänzerinnen sorgen für ein echt marokkanisches Erlebnis. Serviert werden z. B. Salate, *briwattes*, Suppen, Brot, *tagines*, Couscous und *mechoui* sowie Desserts wie Orangenkuchen und Mandelpudding-Plätzchen.

SEMINYAK/KEROBOKAN La Sal
Jl Drupadi II, No. 100, Seminyak (0361) 780 0681 — **Straßenkarte** C5

La Sal bietet spanische Küche und ebensolches Flair mit Tischen im Garten. Auf der Speisekarte stehen traditionelle und moderne Tapas, darunter Sardinen im Teigmantel, Oktopussalat, *croquetas*, gefüllte Muscheln, Garnelen und gebratener Tintenfisch, außerdem großartige Salate und kreative Nachspeisen.

SEMINYAK/KEROBOKAN Mykonos
Jl Laksmana No. 52 (0361) 733 253 — **Straßenkarte** C4

Das beliebte Restaurant serviert traditionelle griechische Küche in authentischer, lebhafter Atmosphäre samt griechischer Musik. Das Mykonos ist für seine Spezialitäten wie *garrottes skaras* mit *kaseri*-Käse, *dolmades*, *sikotakia tiganita* und sündhaftes *baklava* berühmt.

SEMINYAK/KEROBOKAN Queen's Tandoor
Jl Raya Seminyak 73 (Gallery Seminyak) (0361) 732 770 — **Straßenkarte** C5

Auf der umfangreichen Karte stehen allein 30 Tandoori-Gerichte und 25 *bageeche se* aus dem Gemüsegarten, außerdem Huhn-, Lamm-, Fisch- und Garnelencurrys, ein paar vegetarische Gerichte aus dem Süden wie *masala dosa* und *sambhar* sowie eine große Auswahl an Broten aus dem Lehmofen.

SEMINYAK/KEROBOKAN Ryoshi
Jl Raya Seminyak 17, Seminyak (0361) 731 152 — **Straßenkarte** C5

Das oftmals volle und zuweilen laute authentische japanische Fast-Food-Restaurant hat niedrige Tische und Kissen, aber auch Holztische mit Bänken, eine Sushi-Bar und ein großes Speisenangebot. Probieren Sie z. B. Sashimi, Sushi, Misosuppe, Pilzsalat und Sake.

SEMINYAK/KEROBOKAN Sate Bali
Jl Laksmana/Oberoi No. 22a (0361) 736 734 — **Straßenkarte** C4

Das rustikale Lokal ist auf traditionelle balinesische Gerichte spezialisiert, mit Zitronengras-Spießen, Bananenblättern, Frangipani-Blüten und Tontöpfen. Ein großartiges Restaurant für große Gruppen, die sich an der wunderbaren balinesischen Rijstafel aus zehn verschiedenen Gerichten gütlich tun können.

SEMINYAK/KEROBOKAN Aurora
Jl Laksmana 27 (0361) 741 2480 / 731 060 — **Straßenkarte** C4

Superbe Mittelmeerküche in stilvollem Ambiente. Gerichte wie Baby-Oktopus vom Grill und traditionelle marokkanische *bstilla* – ein Gericht aus geräuchertem Hühnchen und Süßkartoffeln, in Filoteig gewickelt und mit Zimt und Zucker überstäubt. Exquisite Desserts wie Haselnuss-Käsekuchen mit Kirschpüree.

SEMINYAK/KEROBOKAN La Lucciola
Kaya Ayu Beach, Petitenget-Tempel, Kerobokan (0361) 261 047 — **Straßenkarte** C4

Italienische und mediterrane Gerichte sowie tolles Frühstück bietet dieses offene, zweistöckige Strandhaus mit herrlichem Meerblick. Die Terrasse eignet sich für den Cocktail bei Sonnenuntergang. Im Angebot stehen z. B. Pasta, Salate, Grillhähnchen, Schwertfischsteak, tropische Fruchtsorbets und Schoko-Soufflé.

SEMINYAK/KEROBOKAN Gado Gado
Jl Abimanyu (Dhyana Pura) 99, Seminyak (0361) 730 955 — **Straßenkarte** C5

In diesem schönen, noblen Restaurant bekommt man sehr gutes Essen in romantischem Ambiente mit Blick aufs Meer. Die Lounge-Bar erstreckt sich über eine breite, von Bäumen beschattete Terrasse. Auf der Mittags- und Abendkarte stehen wunderbar präsentierte exotische Gerichte mit viel Seafood und üppige Desserts.

SEMINYAK/KEROBOKAN Hu'u Bar
Jl Petitenget, Kerobokan (0361) 736 443 — **Straßenkarte** C4

Das schicke Restaurant mit Lounge-Club zieht mit seinen Lychee-Martinis und Tapas eine hippe Gästeschar an. Gerichte wie orientalische Enten-Pfannkuchen, Rindfleisch-*tagine* und *pandan crème brulée*. Zen-beeinflusste minimalistische Architektur mit tollem Swimmingpool. Spätabends sorgen Discjockeys für Stimmung.

SEMINYAK/KEROBOKAN Kafe Warisan

Jl Raya Kerobokan 38, Br Taman, Kerobokan (0361) 731 175 **Straßenkarte** C4

In diesem international bekannten französischen Restaurant, das einem Straßenbistro in einer französischen Altstadt ähnelt, speist man in einem gepflasterten Hof. Zu den Klassikern gehört der Krabbensalat. Zu Mittag gibt es Salate, Sandwiches und leichte Mahlzeiten sowie ein Tagesmenü. Die Weinkarte ist ehrfurchtgebietend.

SEMINYAK/KEROBOKAN Ku Dé Ta

Jl Laksmana 9, Kerobokan (0361) 736 969 **Straßenkarte** C4

Balis berühmtes Strandrestaurant und Treffpunkt der gehobenen Art ist der Ort zum Sehen und Gesehenwerden. Wundervolles Frühstück, exzellente Speisekarte und abends sehr romantisch. Zu den australischen Angeboten gehören Austernfleisch, Lammrücken mit Polenta, weißes Schokoladen-Tiramisu und Käseplatten.

TANJUNG BENOA Bumbu Bali

Jl Pratama Matahari Terbit (0361) 774 502 **Straßenkarte** C5

Der ehemalige Küchenchef des Grand Hyatt Bali schuf dieses berühmte Etablissement, das authentische balinesische Küche, Kochkurse und Tanzvorführungen bietet. Das Restaurant besteht aus mehreren Pavillons im *Wantilan*-Stil, die sich um einen Innenhof gruppieren.

TANJUNG BENOA Spice

The Conrad Bali Resort & Spa, Jl Pratama 168 (0361) 778 788 **Straßenkarte** C5

Gourmetrestaurant mit exotischer, moderner Asia-Küche, die auf Rezepten aus dem Nahen und Fernen Osten basiert. Der elegante Speiseraum im dritten Stock bietet Blick auf den Wassergarten und den Indischen Ozean. Auf der Karte stehen z. B. Mandarin-Pfannkuchen mit Entenfüllung und Chili-Schoko-Kuchen mit Crème Chantilly.

TUBAN Blue Fin

Complex Kuta Sidewalk an der Jl Kartika Plaza, Tuban (0361) 764 100 **Straßenkarte** C5

In den vier Bereichen dieses angesagten japanischen Fusion-Restaurants werden Kreationen geboten, die traditionelle japanische Zutaten mit Kochstilen aus der ganzen Welt kombiniert. Probieren Sie z. B. Röllchen mit fantastischen Namen wie Rolls Royce, Rock & Roll, Jalan Jalan Roll, Rose Blossom oder Volcano Roll.

TUBAN Ma Joly

Jl Wana Segara, Tuban (0361) 753 780 **Straßenkarte** C5

Von diesem schönen Strandrestaurant mit klassisch französischer Küche hat man wunderbare Aussicht über die Küste. Zu den wunderbar zubereiteten Gerichten gehören frisches Seafood, importiertes Fleisch und schmackhafte vegetarische Genüsse, dazu gibt es selbst gebackenes Brot, hausgemachte Saucen und gute Weine.

Zentralbali

AYUNG-SCHLUCHT Ayung Terrace im Four Seasons Sayan

Four Seasons Resort Sayan, Gianyar, Ubud (0361) 977 577 **Straßenkarte** C3

Das beim Four Seasons Resort in die Wand der Schlucht gebaute Restaurant bietet Panoramasicht über den Fluss Ayung, der sich unten seinen Weg bahnt. Auf der Karte steht asiatisch-pazifische Küche mit Flair, darunter scharfes südindisches Curry und Karottenkuchen.

AYUNG-SCHLUCHT The Restaurant in Alila Ubud

Alila Ubud, Desa Melinggih Kelod Payangan (0361) 975 963 **Straßenkarte** C3

Dieses Restaurant bietet eine harmonische Balance aus balinesischen, indonesischen und mediterranen Spezialitäten, darunter Regionalgerichte aus Ubud wie langsam gegarte Ente und balinesische Rijstafel aus verschiedenen Köstlichkeiten. Vegetarier mögen die »Cuisine Au Naturel« aus den besten und frischesten Zutaten.

NAGI CasCades in The Viceroy

The Viceroy Bali, Jl Lanyahan, Nagi, Ubud (0361) 972 111 **Straßenkarte** D3

The Viceroy gilt als eines der besten Restaurants in ganz Asien, nicht nur wegen seiner atemberaubenden Lage am Rand des Tals. Auf der Karte stehen z. B. *foie gras*, Trüffel- und Morchel-*velouté*, Beluga-Kaviar und gebratene Entenbrust auf Gerstenrisotto mit Lakritzsauce. Den Höhepunkt bildet »Orgasme de Chocolat«.

PAYANGAN Beduur in Ubud Hanging Gardens

Ubud Hanging Gardens, Buahan, Payangan (0361) 982 700 **Straßenkarte** C3

Dieses wunderbare Nobelrestaurant in den Hängenden Gärten von Ubud steht dramatisch über dem Fluss Ayung und bietet Blick auf einen Tempel mit Flutlichtbeleuchtung. Man speist französisch, z. B. *Foie-gras*-Terrine, in der Pfanne gebratenes Lammfilet mit Ahornsirup, karamellisierten Apfelkuchen und Limonen-Käsekuchen.

SANGGINGAN Naughty Nuri's

Jl Raya Sangiggan, Ubud (0361) 977 547 **Straßenkarte** C3

Das Open-Air-Lokal im *Warung*-Stil erinnert an einen englischen Pub und ist für seine Martinis berühmt. Es ist immer recht voll. Steaks, Lammkoteletts, Rippchen und Würstchen kommen vom Grill, außerdem gibt es Hühnchen, *nasi goreng*, *nasi campur* und Gemüsecurrys. Dazu trinkt man gut gekühltes Bier.

Preiskategorien *siehe S. 184* **Zeichenerklärung** *siehe hintere Umschlagklappe*

SANGGINGAN Mozaic

Jl Raya Sanggingan, Ubud (0361) 975 768 — **Straßenkarte** C3

Im einzigen Restaurant Indonesiens, das die Ehre hat, im internationalen *Les Grandes Tables du Monde* aufgeführt zu sein, kann man in einem romantischen Garten essen. Machen Sie sich auf einen Abend kulinarischer Entdeckungen gefasst, da die Kreationen zuweilen kühn, aufregend und nicht nur visuell interessant sind.

TEGALLALANG Kampung Café

Ceking, Tegallalang (0361) 901 201 — **Straßenkarte** D3

Die kurze, aber abwechslungsreiche Speisekarte bietet Gerichte aus frischen Zutaten, etwa Thunfisch auf *arugula* mit *wasabi* und Ingwer, würziges Hühnchen mit Zitronengras und Spinat, *Mahi-mahi*-Filet auf *fettuccine* und leckere, ohne Mehl gebackene Orangen- und Mandelkuchen.

UBUD Barandi

Jl Hanoman (0361) 975 894 — **Straßenkarte** C3

Die Karte des Barandi ist eine Reise um die Welt, mit Gerichten aus Mexiko, Frankreich, dem Libanon, Thailand und Indonesien. Sehr zu empfehlen sind Hühnchen Provençal, *escargots*, selbst gemachte Gnocchi, Tabbouleh, *merguez*, *quesadillas* sowie Sandwiches und zum Niederknien köstliche Desserts.

UBUD Batan Waru

Jl Dewi Sita (0361) 977 528 — **Straßenkarte** C3

Das Lokal im Kolonialstil bietet authentisch indonesische Gerichte, internationale Küche und gesundheitsorientiertes Frühstück. Verwendet werden die allerbesten biologischen Produkte und frisch zubereitete Saucen. Das Dessert »Klappertart« ist niederländischer Brotpudding mit Kokos, Rosinen und Vanille-Rum-Creme.

UBUD Casa Luna

Jl Raya Ubud (0361) 973 283 — **Straßenkarte** C3

Janet De Neefe, für ihre balinesischen Kochkurse und als Organisatorin des alljährlichen Ubud Writers' & Readers' Festival bekannt, ist Besitzerin dieses Restaurants mit tollem Sonntagsbrunch, Frühstück und Kuchen. Probieren Sie auch die vegetarischen Frühlingsröllchen und die leckeren Erzeugnisse der Honeymoon Bakery.

UBUD Dirty Duck (Bebek Bengil)

Padang Tegal (0361) 975 489 — **Straßenkarte** C3

Das Gartenrestaurant, eine Institution in Ubud, ist von Reisfeldern umgeben und bietet mehrere gemütliche Ecken zum Trinken und Essen. Im Angebot stehen heimische und europäische Gerichte, u. a. importierte Steaks und der altmodische Apple Crumble.

UBUD Dragonfly

Jl Dewi Sita (0361) 972 973 — **Straßenkarte** C3

Dieses urban-elegante Restaurant hat farbenfrohes Dekor, hervorragende Küche und San-Francisco-Flair. Zu den Favoriten gehören *Edamame*-Klößchen, knusprige Calamari, Rosmarinhähnchen und *Gazpacho*-Suppe im Martiniglas, danach gibt es cremigen Käsekuchen mit frischem Zitrusaroma. Hier finden auch Tangokurse statt.

UBUD Terrazo

Jl Suweta (0361) 978 941 — **Straßenkarte** C3

Die Atmosphäre in diesem beliebten Lokal ist leger. Zu den Spezialitäten gehören zweimal gebackenes Ziegenkäse-Soufflé und geschmorte marokkanische Lammkeule mit Tomaten und Linsen auf Couscous oder Kartoffelpüree, außerdem gibt es Steinofenpizzas, Suppen und Salate. Die Schokolade-*dégustation*-Platte ist verführerisch.

UBUD Tut Mak

Jl Dewi Sita (0361) 975 754 — **Straßenkarte** C3

Das nette Restaurant im Café-Stil war eines der ersten Lokale in Ubud, in denen Gourmetkaffee serviert wurde. Zu essen gibt es herzhaftes Frühstück, berühmte Omelettes, Sandwiches, Burger, Dips, Snacks und auch volle Mahlzeiten, z. B. indonesische Spezialitäten. Extra Speisekarte für Kinder.

UBUD Lamak

Monkey Forest Road, Ubud (0361) 974 668 — **Straßenkarte** C3

Der schillernde Designer Made Wijaya schuf hier ein wunderbares Ambiente – etwas schrullig, aber voller Tradition und Witz. Man speist im Freien oder im klimatisierten Innenraum. Die Gerichte basieren auf Rezepten aus Südfrankreich und Asien. Probieren Sie z. B. pazifischen *Ketu*-Lachskaviar.

Ostbali

AMED Restaurant Gede

Lipah Beach (0363) 23 517 — **Straßenkarte** F2

Rustikales kleines Lokal auf dem Hügel mit Blick auf den Lipah Beach. Die umfangreiche Speisekarte dominiert frisches Seafood, außerdem gibt es Sandwiches, Omelettes, chinesische und indonesische Gerichte. Spezialitäten sind z. B. Garnelensalat in Ananas-Schiffchen, Spare Ribs und grünes Papayacurry.

CANDI DASA The Watergarden Café

Jl Raya Candi Dasa (0363) 41 540 — **Straßenkarte** F3

Europäische und asiatische Küche – Salate, Seafood, Sandwiches und Burger – werden an einem kühlen Wassergarten zu hervorragenden Preisen serviert. Im Angebot stehen z. B. thailändischer Fischkuchen, Antipasti-Platten, mexikanische Wraps, indisches Hühnchen und Rinderfilet, Frühlingsröllchen, Tempura und Samosas.

GUNUNG BATUR Lakeview

Lakeview Hotel, Kintamani (0366) 51 394 — **Straßenkarte** D2

Dieses hoch gelegene Hotelrestaurant bietet wunderbaren Blick auf den rauchenden Vulkan Gunung Batur und seinen Kratersee. Auf der schmalen Terrasse kann man in der frischen Bergluft speisen. Beliebt bei Ausflugsgruppen. Es gibt gebratene Bananen zum Frühstück, ab 11 Uhr ein indonesisches Büfett, und abends isst man à la carte.

MANGGIS The Restaurant im Alila Manggis

Alila Manggis, Buitan (0363) 41 363 — **Straßenkarte** E3

In einem luftigen strohgedeckten Pavillon im Kokoshain des Alila Manggis isst man Gerichte aus frischen Produkten des eigenen Gartens. Man bekommt Vegetarisches, ein Fünf-Gänge-Probiermenü sowie vielerlei internationale und regionale Gerichte, darunter köstlichen frischen Fisch.

PADANG BAI Puri Rai Restaurant & Bar

Jl Silayukti (0363) 41 396 — **Straßenkarte** E3

Dieses Restaurant, eines der vielen am Strand mit Blick auf den Hafen, gehört zu einem Hotel und gilt als das beste hier. Zur typischen Strand- und Urlauberkost gehören westliche und indonesische Klassiker, Fish and Chips, frisches Seafood und vegetarische Gerichte. Auf der innovativen Getränkekarte steht z. B. Arak-Kaffee.

TULAMBEN Tunkung im Mimpi Resort

Mimpi Resort, Tulamben (0366) 21 642 — **Straßenkarte** F2

Das Tunkung, eines der spärlich gesäten Restaurants in dieser Gegend, gehört zu einer gehobenen Ferienanlage. Der Bambuspavillon steht unter Bäumen am Swimmingpool, mit Blick auf das Meer und den schwarzen Strand der Tulamben Bay. Genießen Sie das schöne Ambiente und hochwertige internationale wie indonesische Küche.

Nord- und Westbali

BLIMBING Star Fruit Café (Café Blimbing)

Banjar Suradadi — **Straßenkarte** B3

Hoch über der Straße zum Gungung Batukau bietet das Star Fruit Café herrlichen Panoramablick auf Balis spektakulärste Reisterrassen, umgeben von Kaffee- und Gewürznelkenplantagen. Das zauberhafte Open-Air-Café serviert sehr gutes indonesisches und westliches Essen, Salate, Snacks und frisch gepresste Fruchtsäfte.

LOVINA Khi Khi

Jl Raya Singaraja, Kalibukbuk, (0362) 41 548 — **Straßenkarte** B1

Das renommierte, große Seafood-Restaurant ist bei den Anwohnern sehr beliebt. Zu essen gibt es indonesische und japanische Gerichte, darunter Sushi, *mie goreng*, *nasi goreng*, gegrillten Fisch, Garnelen und Calamari sowie chinesische Spezialitäten wie süß-sauren Fisch und süße Chiligerichte.

LOVINA Sea Breeze

Jl Bina Ria (0362) 41 138 — **Straßenkarte** B1

Wie der Name schon sagt, steht dieses Lokal direkt am Strand, mit Blick auf die schöne schwarze Sandbucht. Auf der Karte stehen indonesische und westliche Bistrogerichte: superbes Frühstück, Sandwiches und Snacks, Salate, frisches te Meeresfrüchte und leckere Desserts. Toller Platz für ein kaltes Bintang-Bier zum Sonnenuntergang.

LOVINA Saraswati Restaurant im Puri Bagus Hotel

Puri Bagus Hotel, Lovina (0362) 21 430 — **Straßenkarte** B1

Das elegante Restaurant befindet sich in einem strohgedeckten Pavillon neben dem Hotelpool und überblickt die Gärten. Es gibt balinesische und indonesische Gerichte wie *gado gado*, *nasi goreng*, *bebek betutu* (gebratene Ente), *pepes ikan* (in Bananenblätter gewickelter Fisch), daneben Grillfisch und westliche Gerichte mit asiatischem Touch.

LOVINA The Restaurant in Damai Villas

Damai Villas, Jl Damai, Kayu Putih (0362) 41 008 — **Straßenkarte** B1

Dieses Restaurant, eines der besten in Südostasien, schmiegt sich an einen Berg mit freiem Blick übers Meer. Das Fünf-Gänge-Abendmenü wechselt täglich und bringt balinesische Desserts richtig zur Geltung. Zu Mittag bestellt man Innovationen wie Bloody-Mary-Suppe mit Tomatensorbet à la carte.

MUNDUK Ngiring Ngewedang Restaurant

Munduk Village, Nordbali (8123) 807 010 — **Straßenkarte** B2

Zauberhaftes, von einer Familie betriebenes Open-Air-Restaurant und Coffeehouse oberhalb der Straße mit spektakulärem Blick auf die Nordwestküste und Ostjavas Vulkane. Die hier verarbeiteten Robusta- und Arabica-Kaffeebohnen stammen aus den nahen Wäldern. Hier gibt es die besten gebratenen Nudeln und Bananen der Insel.

Preiskategorien *siehe S. 184* **Zeichenerklärung** *siehe hintere Umschlagklappe*

PEMUTERAN Warung Sehat im Puri Ganesha

Puri Ganesha Villas, Pantai Pemuteran, Gerokgak (0362) 94 766

Besitzerin Diana Von Cranach ist eine einfallsreiche Köchin und kreiert gesundheitsorientierte Gourmetkost, u.a. balinesische Gerichte nach Rezepten ihrer Schwiegermutter. Das auf einer Tafel angeschriebene Angebot aus biologisch angebauten Produkten, heimischen Gewürzen und frischem Fisch wechselt täglich. Kein rotes Fleisch.

LOMBOK

GILI-INSELN The Beach House

Hauptstraße, Gili Trawangan (0370) 642 352

Beliebtes, lebhaftes Lokal mit Seafood- und Steak-Barbecues am Abend. Es gibt auch Suppen, Pasta, frische Vorspeisenteller, Hühnerleberpastete mit Gewürzgurken und Croûtons, *nasi goreng*, gegrillte Lende mit Sauce und Kartoffelpüree, vietnamesischen Calamarisalat mit Bohnensprossen, Papaya-Garnelensalat und vieles mehr.

GILI-INSELN Tir Na Nog

Hauptstraße, Gili Trawangan (0370) 639 463

Das quirlige irische Restaurant mit Bar am Strand bietet riesige Portionen von Fish and Chips und Irish Stew, außerdem Sandwiches, Seafood-Barbecues, Nachos, indonesische Gerichte und Puddings, Apple Crumble und Banoffi Pie. In extra DVD-Pavillons kann man aus 550 Filmen wählen.

GILI-INSELN Waves Restaurant im Hotel Vila Ombak

Hotel Vila Ombak, Gili Trawangan (0370) 642 336

Gili Trawangans nobelstes Hotel hat ein elegantes zweistöckiges Restaurant mit viel Kunsthandwerk, gemütlichen Ecken, Strandterrasse und Tischen am Pool. Serviert werden internationale, asiatische und Fusion-Gerichte, frisches Seafood, Salate, Pizza aus dem Holzofen und Burger.

KUTA Empat Ikan im Novotel

Novotel Coralia Lombok, Mandalika, Kuta (0370) 653 333

Das romantische Empat Ikan mit Strohdach und Statuen gehört zum exotischen Novotel Coralia am weißen Sandstrand von Putri Nyale. Serviert wird französische Küche, z.B. frischer Hummer und wunderbar zubereitete Fischgerichte, sowie australisches Rinderfilet mit Wildpilzen.

MANGSIT The Sunset Beach Restaurant im Puri Mas

Puri Mas Boutique Hotel, Pantai Mangsit, Senggigi (0370) 693 831

Dieses malerische Hotelrestaurant am Mangsit Beach mit Blick über die Lombokstraße bis zum Gunung Agung auf Bali ist auf frisches Seafood spezialisiert. Probieren Sie die exquisite Meeresfrüchteplatte mit gegrilltem Hummer, Garnelen, Snapper und Tintenfisch. Danach gibt es z.B. den guten alten Apple Crumble.

SENGGIGI Asmara

Jl Raya Senggigi (0370) 693 619

Das luftige, zweistöckige Restaurant mit Strohdach gehört Deutschen und gilt als bestes Speiselokal der Stadt. Es ist auf Seafood spezialisiert, bietet aber auch Steaks, Pasta, europäische Gerichte und Traditionelles aus Lombok. Vegetarier haben eine große Auswahl. Es gibt einen Billardtisch, eine Bibliothek, ein Plantschbecken und einen Spielplatz.

SENGGIGI Lotus Bayview

Jl Raya Senggigi (0370) 693 758

Genießen Sie im Lotus Bayview, einem bezaubernden Strandrestaurant hinter dem alten Markt, den Sonnenuntergang. An Tischen mit Lotusblumenfliesen speist man italienisch oder international – Käse-Samosas, Salate, Pasta, Krabbencocktail, exzellenten frischen Fisch und Pizzas aus dem Holzofen.

SENGGIGI Papaya

Jl Raya Senggigi (0370) 693 616

Im Herzen von Senggigi, abseits der Hauptstraße, liegt dieses angesagte Restaurant mit viel Holz und einheimischer Kunst. Spezialität des Hauses ist Seafood, außerdem gibt es chinesische, indonesische und westliche Küche. Man kann kleine, mittlere oder große Portionen bestellen. Regelmäßig gibt es Live-Musik.

SENGGIGI Taman Restaurant

Jl Raya Senggigi (0370) 693 842

Dieses luftige, halbmondförmige Restaurant mitten in der Stadt ist von blühenden Büschen und Grünflächen umgeben. Es gibt frische Sandwiches, Burger und Seafood sowie einfallsreiche Pastagerichte, große Salatportionen, importierte australische Steaks und indische Currys. Die Brathähnchen kommen von Senggigis einziger Rotisserie.

TANJUNG Lumbung in The Oberoi Lombok

The Oberoi Lombok, Medana Beach, Tanjung (0370) 638 444

Lomboks bestes Restaurant befindet sich im Kokoshain des schönen Oberoi Hotel. Man speist im Freien oder in romantischen Lauben mit Blick auf Wasserbecken internationale Gerichte und Seafood, z.B. Ziegenkäse-Artischocken-Soufflé, Riesengarnelensalat und köstliche Desserts.

Läden und Märkte

Besucher, die im Verhandeln ungeübt sind, mögen Einkaufen in Bali und Lombok eventuell als frustrierend empfinden, aber die Verlockung kann unwiderstehlich sein – tatsächlich reisen viele Leute auf die Inseln, nur um einzukaufen. Vieles, das in Bali leicht zu haben ist, ist anderswo modisch, und es kann sich lohnen, es direkt an der Quelle zu erwerben. Es gibt viele Produkte mit »Designer«-Etiketten. Manche davon sind schwer vom Original zu unterscheidende Kopien. Andere sind echt, unter Lizenz in Indonesien produziert. Fast alles, was in Bali und Lombok hergestellt wird, kann man in Kuta, Sanur und Ubud kaufen. Generell bezahlt man für die Waren umso mehr, je besser der Laden repräsentiert ist. Läden mit ähnlichen Waren, zum Beispiel Korbwaren, Stoffe, Möbel, Schmuck und Bilder, sind oft zusammen gruppiert – praktisch für den Preisvergleich.

Tischlampe aus Bambus und Holz

Kuta Square – ein beliebtes Einkaufsziel für Urlauber

Öffnungszeiten

Öffnungszeiten variieren von Ort zu Ort, aber die Läden sind meist von 10 bis 18 Uhr (in Kuta bis 22 Uhr) geöffnet. Märkte beginnen sehr früh und schließen vor den Läden – die Stände packen meist ab 15 Uhr ein. Einkaufen in Bali und Lombok kann anstrengend sein – meiden Sie am besten die Mittagshitze.

Bezahlung

Viele Läden für Urlauber zeichnen ihre Waren in US-Dollar aus, aber Rupiah werden akzeptiert. Mit den wichtigsten Kreditkarten wie American Express, Visa und MasterCard kann meist in gehobeneren Läden und größeren Kaufhäusern bezahlt werden. Einige schlagen eine Gebühr (drei bis fünf Prozent) für Kartenzahlung auf. Bargeld lacht in kleineren Läden.

Verhandeln

Außer in teureren Läden, in denen Preise deutlich ausgezeichnet sind, ist Feilschen normal. Man fragt nach dem Preis, dann macht man ein Angebot, gewöhnlich ein oder zwei Drittel des genannten Preises, bevor man sich auf einen vernünftigen Kompromiss einigt.

Strassenhändler

Straßenhändler können aggressiv und lästig sein. Viele Waren, die sie verkaufen, sind von minderer Qualität und nicht immer billig. Wenn Sie nicht interessiert sind, vermeiden Sie Augenkontakt und ignorieren Sie sie völlig. In manchen Gegenden Balis müssen die Händler farbige Hemden mit Seriennummern tragen. Wenn sie Ärger machen, merken Sie sich die Nummer und melden den Vorfall der Polizei. Meist reicht schon die Drohung.

Straßenhändler bieten ihre Waren an

Eingang von Matahari, der größten Ladenkette Balis

Kaufhäuser und Einkaufszentren

Kaufhäuser und Einkaufszentren sind klimatisiert und komfortabel. Sie verkaufen einheimische und importierte Waren zu guten Preisen. Schuhe, Kosmetikartikel und Kleidung sind beliebt. Die größte Kette ist **Matahari** mit vier Läden in Legian, Denpasar und Kuta.

Ramayana befindet sich um die Ecke von Matahari und hat eine Vielfalt von Läden. Die Bali Galleria, Simpang Siur in Kuta, hat zwei Buchhandlungen, Mode- und Musikläden und einen großen Duty-free-Shop. Balis größte Einkaufszentren sind Kuta Square mit Sportläden und Designerboutiquen, Discovery Mall vor der Discovery Kartika Plaza in Kuta und Kuta Galleria mit Restaurants und Surfläden.

Auslage mit Bambusprodukten in Pasar Ubud

Märkte

Märkte sind überlaufen und oft stickig, aber gut für Kunstgewerbe. **Kumbasari Market** in Denpasar ist ein Kaninchenbau kleiner Läden mit Waren aus ganz Indonesien. **Pasar Ubud** in Ubud *(siehe S. 89)* verkauft traditionelle Stoffe, Kleidung, Haushaltswaren und Nippes. **Sukawati Art Market** in Gianyar ist laut und eng, aber eine exzellente Quelle für vor Ort produziertes Handwerk. Auf Lombok ist der **Sweta Market** am geschäftigen Busbahnhof auf der Ostseite von Sweta *(siehe S. 154)* voll mit bunten Ständen, die Lomboks Handwerk, unter anderem *Ikat*- und *Songket*-Stoffe, Körbe und Töpferwaren, anbieten.

Supermärkte

Der größte Supermarkt der Inseln ist **Hero Supermarket** in Denpasar. Neben einheimischen Produkten gibt es auch eine Menge westlicher Kost. **Bintang Supermarket** und **Alas Arum** in Seminyak haben frische Waren und eine große Auswahl einheimischer und importierter Produkte. Auf Lombok hat der **Pacific Supermarket** in Mataram ein umfassendes Angebot. Bintang und **Delta** sind Ubuds größte Supermärkte.

Delikatessen und Bäckereien

Für Besucher, die eine Abwechslung von der einheimischen Küche brauchen, gibt es hervorragende Feinkostläden. In diesen Patisserien kriegt man Brot, Kuchen und Delikatessen: **Bali Deli** und **Roti Segar** in Seminyak, **Le Bake**, **Bali Bakery** und **Dijon Deli** in Kuta, **Sanur Deli** in Sanur, **Casa Luna** und **Kakiang Bakery** in Ubud.

Textilien

Es gibt zahlreiche Schneider in Bali, und viele Besucher wollen Kleidung nach Maß haben. Für Textilien ist das Zentrum die **Jalan Sulawesi** in Denpasar *(siehe S. 60)*. Hier findet man alles von traditionellen Stoffen bis zu Saris, Seide, Baumwolle, Samt, Spitze, Wolle und Kunstseide in jeder Farbe. Für feine Seide, Spitze und Leinen ist **Duta Silk**, neben dem Matahari in Denpasar, beliebt. Der **Klunkung-Textilmarkt** ist die beste Adresse für traditionelle Textilien. **Threads of Life** in Ubud unterstützt eine Weberei-Kooperative.

Kleidung

Boutiquen am Kuta Square und an den Hauptstraßen in Legian und Seminyak gehören zu den besten Häusern für Damenmode. Empfehlenswert sind **Paul Ropp** und **Body & Soul** in Kuta und Seminyak sowie **Mama and Leon** in Nusa Dua. Auch einen Besuch wert sind die Boutiquen im Sheraton Nusa Indah in Nusa Dua und im Novotel in Tanjung Benoa. Balinesische Gewänder, wie fein bestickte *kebaya* und Seidensarongs, findet man bei **Wira's** in Kuta.

Kinderkleidung

Kindersachen in Kaufhäusern sind preiswert. **Kuta Kids** führt bedruckte Lycramode, Surf- und Badesachen für Kinder unter zehn; **Rascals** hat eine Menge bunter Kinderkleidung. **Kahuna Surf Kids** in Legian bietet Markensurfkleidung für Mädchen und Jungen. Weibliche Teenager mögen die Sport- und Surfkleidung bei **Surfer Girl** in Kuta, während Jungen Original-Surf-Labels bei **Billabong** und **Rip Curl**, auch in Kuta, bekommen.

Individuelle Ladenfront einer Designerboutique, Südbali

Sport- und Surfkleidung in einem Laden in Kuta

Schmuck

Silberschmuck kommt meist aus Celuk *(siehe S. 82)*. **Suarti** bietet eine große Auswahl und aktuelle Stile, hat Filialen auf der Insel und eine große Fabrik in Celuk. In Kuta bieten **Jonathan Silver** und **Yusuf Silver** eine gute Auswahl. In Seminyak hat **Talismans of Power** ein ungewöhnliches Sortiment an Silber mit Steinen, und in Ubud bietet **Treasures** bei Ary's Warung eine große Auswahl an Designerschmuck. **Perlu** ist ein neuer Laden in Seminyak.

Goldschmuck mit verschlungenen Designs aus sehr hellem, 24-karätigem Gold ist bei den Balinesen äußerst beliebt. Der Preis für Gold wird generell nach Gewicht berechnet, mit Aufpreis, wenn das Stück sehr arbeitsintensiv war. Am besten kauft man Goldschmuck in der **Jalan Hasanudin** in Denpasar, wo es viele Läden gibt. Die Preise sind gut.

Lederwaren

Handgefertigte Lederkleidung und Schuhe sind beliebt und nicht teuer. In vielen Läden entlang der **Jalan Padma** und der kreuzenden **Jalan Menu** in Legian gibt es Lederjacken, -röcke, -schuhe und -stiefel.

Puppen

Puppen für die *Wayang-kulit*-(Schattenpuppen)-Vorführungen werden mit Geschick aus Leder hergestellt, das sorgfältig geschnitten wird. Am besten kann man Puppen im Gebiet Babakan nahe den Pasar-Seni-Märkten in Sukawati oder in Kunst- und Antiquitätenläden kaufen. Bei **Wayan Mardika** und Wayan Nartha in Sukawati sieht man, wie sie gemacht werden. Javanische *Wayang-golek*-Puppen, die vor einer Leinwand gespielt und in Java benutzt werden, um alte Volkssagen aufzuführen, sind beliebt. **Wayan Wija** in Peliatan ist auf Tierpuppen spezialisiert.

***Wayang-golek*-Puppe**

Korbwaren

Zwei Haupttypen von Korbwaren werden angeboten: aus dem balinesischen Dorf Tenganan *(siehe S. 110)* und aus Lombok *(siehe S. 37)*. Rattankörbe aus Tenganan sind verschlungen und dicht geflochten. Die Preise können hoch sein, und Besucher sollten erwägen, direkt im Dorf zu kaufen. Rattankörbe aus Lombok sind meist billiger. Ein guter Ort, sie zu kaufen, ist der **Sweta Market**.

Holz- und Steinarbeiten

Das Dorf Mas ist das traditionelle Zentrum der Holzschnitzerei in Bali, und die Straßen dort sind gesäumt von den Werkstätten der Schnitzer.

Die größte Konzentration von Steinmetzen gibt es im Dorf Batubulan und in den Dörfern um Singapadu. Sonst sind die Läden an der Jalan Bypass Ngurah Rai in Südbali einen Besuch wert, und die **Jimbaran Gallery** ist eine gute Quelle für Steinmetzarbeiten der ganzen Insel.

Werkstatt in Seminyak mit meist aus Teakholz hergestellen Möbeln

Töpferwaren

Lomboks Töpferwaren werden traditionell geformt und in Erdgruben zu starkem Ziegelrot gebrannt *(siehe S. 36)*. Farbe und verschiedene andere Überzüge wurden vor Kurzem eingeführt. Das **Lombok Pottery Centre** hat Filialen in Kuta (Südbali) und in Mataram (Lombok).

In Jimbaran bietet **Jenggala Keramik** eine attraktive Auswahl von Steingut und Porzellan. Hier können Besucher sich im Herstellen und Bemalen von Töpfen versuchen.

Gemälde

Es gibt viele begabte Maler in Bali, und der Standard ist hoch. Gemälde in vielen Stilen kann man in den Galerien an den Straßen von Ubud kaufen. Bilder werden auch in den Galerien am **Neka Art Museum**, am ARMA und im Pendent Museum in Nyuh Kuning Village verkauft. Die Ausstellungen in der **Ganesha Gallery** am Four Seasons in Sayan sind ebenfalls einen Besuch wert. Zeitgenössische Kunst zeigen **Komaneka** in Ubud und **Tony Raka** in Mas.

Balinesisches Gemälde mit Blumenthema

Möbel und Verschiffung

Indonesische Teakmöbel sind weltweit beliebt. Es gibt nicht viele echte Antiquitäten. Manchmal wird altes Holz mit neuen Stücken kombiniert, um gebrochene oder verlorene Teile zu ersetzen. Das Ergebnis kann gut sein, bedarf aber genauer Betrachtung. Beim Kauf neuer Holzmöbel achten Sie darauf, dass sie ein Zertifikat des Amts für Wälderverwaltung tragen.

An der Hauptstraße nördlich von Seminyak ist ein Möbelzentrum mit vielen Läden, die neue und alte Möbel anbieten. **Warisan** ist eines der besten – und teuersten. Ein noch größeres Sortiment bietet ihre Sempidi-Fabrik. Tarita & Tops, Jalan Seminyak in Nord-Kuta, bietet viel fürs Geld. Ein weiteres Gebiet für Möbel befindet sich an der Jalan Bypass Ngurah Rai zwischen Sanur und Kuta; die beliebtesten Häuser dort sind **Nostalgia** und **Victory**.

Feuchtigkeit, trockeneres Klima oder klimatisierte Räume beeinflussen Holz. Neue Möbel aus Holz, das nicht richtig getrocknet wurde, können später reißen. Kaufen Sie von angesehenen Händlern, und seien Sie bereit, für echte Qualitätsware mehr zu bezahlen. Nehmen Sie eine gute Schiffsgesellschaft, wie **MSA**, **CSA** und **PAL**, um sicherzugehen, dass das Objekt wohlbehalten ankommt.

Auf einen Blick

Kaufhäuser

Matahari
Jalan Dewi Sartika, Denpasar.
Jalan Legian Kuta, Legian.
Kuta Square, Kuta.
Simpung Siur, Jalan Bypass, Kuta.

Ramayana
Mal Bali, Jalan Diponegoro, Denpasar.
(0361) 246 306.

Märkte

Klungkung Market
Hauptkreuzung, Semarapura, Klungkung.

Kumbasari Market
Jalan Gajah Mada, Denpasar.

Pasar Ubud
Jalan Raya Ubud, Ubud.

Sukawati Art Market
Sukawati, Gianyar.

Sweta Market
Jalan Sandubaya, Sweta, Lombok.

Supermärkte

Alas Arum
Jalan Raya Seminyak, Seminyak.
(0361) 730 914.

Bintang Supermarket
Jalan Raya Seminyak, Seminyak.
(0361) 730 552.
Jalan Raya Sangginen 45, Ubud.
(0361) 972 972.

Delta Supermarket
Jalan Raya Andong, Ubud.
(0361) 973 049.

Hero Supermarket
Jalan Teuku Umar, Denpasar.
(0361) 262 038.

Makro
Jalan Bypass Ngurah Rai 222x, Sesetan, Denpasar.
(0361) 723 222.

Pacific Supermarket
Jalan Langko, Mataram.
(0370) 623 477.

Delikatessen und Bäckereien

Bali Bakery
Jalan Iman Bonjol, Kuta.
(0361) 755 149.

Bali Deli
Jalan Kunti 117x, Seminyak.
(0361) 733 555.

Casa Luna
Jalan Raya Ubud, Ubud.
(0361) 977 409.

Dijon Deli
Kuta Ploeng Art and Antique Mall, Blok A1–A2, Jalan Setiabudi, Kuta.
(0361) 759 636.

Kakiang Bakery
Jalan Pengosekan, Pengosekan.
(0361) 978 984.

Le Bake
Jalan Griya Anyari, Kuta.
(0361) 753 979.

Roti Segar
Jalan Oberoi 99x, Seminyak.
(0361) 731 916.

Sanur Deli
Jalan Danau Poso, Sanur.
(0361) 270 544.

Textilien

Duta Silk
Next to Matahari, Denpasar. (0361) 232 818.

Jalan Sulawesi
Denpasar. Mehrere Läden.

Threads of Life
Jalan Kajeng 24, Ubud.
(0361) 972 187.

Wardani's
Monkey Forest Road, Ubud. (0361) 975 538.

Kleidung

Biasa
Jalan Raya Seminyak 36.
(0361) 730 308.

Body & Soul
Kuta Square und Jalan Legian 162, Kuta.
(0361) 756 297.

Mama and Leon
Nusa Dua Galleria.
(0361) 288 044.

Paul Ropp
Jalan Raya Seminyak 39, Seminyak.
(0361) 731208.

Kinderkleidung

Billabong
Kuta Square, Kuta.
(0361) 756 296.

Kahuna Surf Kids
Jalan Legian, Kuta.
(0361) 755 927.

Kuta Kids
Bemo Corner, Kuta.
(0361) 755 810.

Rascals
Kuta Square, Kuta.
(0361) 754 253.

Rip Curl
Jalan Legian, Kuta.
(0361) 757 404.

Surfer Girl
Jalan Legian, Kuta.
(0361) 752 693.

Schmuck

Jalan Hasanuddin
Denpasar. Mehrere Läden.

Jonathan Silver
Jalan Legian 109, Kuta.
(0361) 754 209.

Perlu
Jalan Laksmana, Seminyak. (0361) 780 2553.

Suarti
Jalan Raya Celuk 100X, Celuk. (0361) 751 660.

Talismans of Power
Jalan Seminyak 30, Seminyak.
(0361) 732 959.

Treasures
Ary's Warung, Ubud.
(0361) 976 697.

Yusuf Silver
Jalan Legian, Kuta.
(0361) 758 441.

Lederwaren und Puppen

Jalan Padma & Jalan Menu
Legian. Mehrere Läden.

Wayan Mardika
Banjar Babakan, Sukawati. (0361) 299 646.

Wayan Wija
Banjar Kalah, Peliatan.
(0361) 973 367.

Holz- und Steinarbeiten

Jimbaran Gallery
Jalan Bypass Ngurah Rai, Jimbaran.
(0361) 774 957.

Töpferwaren

Jenggala Keramik
Jalan Uluwatu II, Jimbaran.
(0361) 703 310.

Lombok Pottery Centre
Jalan Kartika Plaza 8X, Kuta. (0361) 753 184.
Jalan Sriwijaya 111A, Mataram, Lombok.
(0370) 640 351.

Gemälde

Ganesha Gallery
Four Seasons, Sayan.
(0361) 977 577.

Komaneka Gallery
Jalan Monkey Forest, Ubud.
(0361) 977 140.

Neka Art Museum
Jalan Raya Campuhan, Ubud. (0361) 975 074.

Tony Raka Gallery
Jalan Raya Mas, Mas 88.
(0361) 974 538.

Möbel und Verschiffung

CSA
Jalan Ngurah Rai 109x, Suwung Kauh, Denpasar.
(0361) 720525.

MSA Cargo
Jalan Hayam Wuruk 238, Denpasar.

Nostalgia
Jalan Bypass Ngurah Rai, Sanur. (0811) 395 082.

PAL
Jalan Sekar Jepun 5, Gatsu Timor, Tohpati.
(0361) 466 999.

Victory
Jalan Bypass Ngurah Rai, Sanur.
(0361) 722 319.

Warisan
Jalan Kerobokan, Seminyak. (0361) 731 175.

Souvenirs

Batikschuhe

Dekorative Kunsthandwerksprodukte sind wahrscheinlich die besten Käufe in Bali und Lombok. Sie werden in allen Ferienzentren angeboten. Unternehmungslustigere Besucher kaufen die Objekte in den Dörfern, in denen sie hergestellt werden. Gewebte Textilien, z.B. *songket* und *ikat*, werden hauptsächlich in Ostbali produziert. Schmuck kommt aus Celuk südlich von Ubud. Gute Korb- und Töpferwaren sowie Textilien können auf Lombok gekauft werden. Surf- und Sportbekleidung gibt es vielerorts, vor allem in den Urlaubsgebieten Südbalis.

Masken
Kunstvolle Figuren aus der balinesischen Mythologie werden von Holzschnitzern hergestellt; die Masken werden bei Theateraufführungen benutzt.

Bildhauerei
Die Bildhauer arbeiten mit verschiedenen Materialien, darunter paras *(ein weiches Vulkangestein), Keramik, Holz und Silber. Kleine Figurinen zeigen Gadurdas und Buddhas.*

Holzskulptur

Paras-Skulptur

Lombok-Töpferwaren
Diese ziegelroten oder schwarzen Töpferwaren, überall in Bali und Lombok erhältlich, werden in die ganze Welt exportiert. Die meisten Händler sorgen für Verpackung und Transport.

Puppen aus Bali und Java
Auf Bali werden schöne Puppen gemacht und verkauft, darunter handbemalte Puppen aus gegerbtem Leder für das wayang kulit (siehe S. 31) *und diese Puppen in javanischem Stil.*

Lontar-Inschriften
Das Dorf Tenganan (siehe S. 110f) *ist für diese Inschriften auf Blättern der Lontarpalme bekannt.*

Möbel
Moderne und reproduzierte Stücke sind aus Teak und Mahagoni. Holländische Möbel aus der Kolonialzeit sind beliebt, doch gibt es nicht viele. Nicht jedes neue Möbelstück ist aus widerstandsfähigem Holz; manche Läden verwenden recyceltes Holz.

Teakholzstuhl

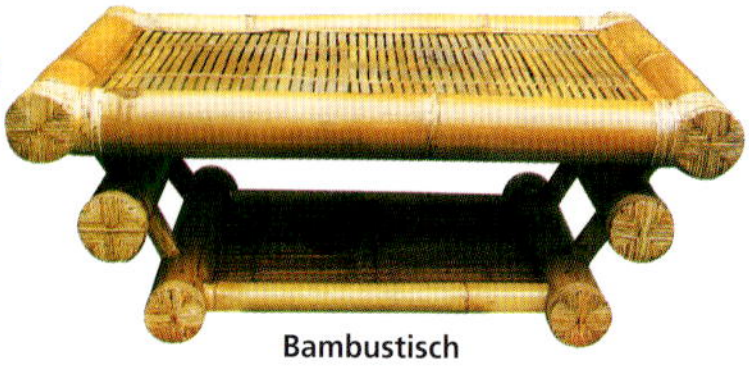

Bambustisch

Geschnitzte Holztafel

Drachen
In der Drachensaison in Bali (siehe S. 41) *stellen die Gemeinden zusammen Drachen von Hand her. Massenware aus Bambus und Nylon ist auch attraktiv.*

Armreif

Silberanhänger

Ohrringe

Halsschmuck

Schmuck
Celuk ist das Schmuckzentrum Balis. Gold- und Silberstücke von guter Qualität werden hier entworfen, gefertigt und verkauft. Die Entwürfe sind zeitgenössisch und traditionell.

Ikat

Textilien
Das am häufigsten produzierte Tuch ist endek, *mit einem einzigen* Ikat-*Färbeprozess.* Ikat *in Erdtönen findet man auf den Märkten. Doppel*-ikat geringsing *aus Tenganan ist einzigartig in Bali.* Songket *ist mit Gold- und Silberfäden durchwirkt.*

Schärpe

Kinderweste

Batikkleid

Stoffe und Maßkleidung
Maßgeschneiderte Kleidung kann man sich hier gut leisten – es gibt viele Schneider in Bali. Angebotene Stoffe sind meist aus Kunstseide, aber es gibt importierte Baumwolle. Am besten kauft man Stoffe an der Jalan Sulawesi in Denpasar.

Lombok-Korbwaren
Rattankörbe kann man direkt in den Dörfern, in denen sie hergestellt werden, oder auf Märkten erwerben.

Taschen
Bali produziert gewebte Rattantaschen und handgemachte Lederwaren, die man in Läden und auf Märkten kaufen kann. Die Muster sind meist geometrisch.

Ledertasche

Stofftasche

Sternfrucht

Muskat

Mango

Papaya

Ananas

Salak

Trockenfrüchte und Nüsse
Getrocknete Früchte und Nüsse sind günstige und leckere Snacks, die man fertig verpackt in Supermärkten kaufen kann. Die örtlichen Märkte und einige warung *verkaufen Streifen aus mehreren Früchten wie Mango, Papaya und Ananas. Die Geschmacksrichtung variiert von süß bis würzig oder scharf.*

Unterhaltung

Unterhaltung wird traditionell mit religiösen Festen und Zeremonien assoziiert, zu denen Musik und Tanzvorführungen gehören. Die meisten Tänze sind also mit religiösen Zeremonien verbunden, einige werden jedoch seit ein paar Jahren auch zu weltlichen Anlässen getanzt und regelmäßig für Besucher aufgeführt. Das Nachtleben im westlichen Stil konzentriert sich in Feriengebieten, besonders in Südbali, das voller Discos und Bars für alle Altersgruppen, musikalischen Geschmäcker und Geldbeutel ist. Seminyaks Szene ist moderner als Kutas. Sanur ist relaxter, ebenso Nusa Dua, und Ubud hat gute Live-Musik und Theater.

Geschnitzte Theatermaske

Information

Exzellente Veranstaltungslisten findet man in *Hello Bali*, *Bali Plus*, *The Beat* und *Bali Advertiser*. *Bali Echo* und die englischsprachige tägliche *Jakarta Post* liefern gute Informationen, ebenso die Hotels und die Aushänge in verschiedenen Einrichtungen.

Kartenkauf

Es ist nicht schwierig, balinesische Tänze zu finden, in den Ferienzentren sind fast jeden Abend Aufführungen. Die Eintrittspreise fangen bei etwa 50 000 Rupiah an. Bei Agenten gebuchte Fahrten zu den Aufführungen kosten viel mehr, doch der Preis schließt meist den Transport ein.

Der beste Ort, um Karten für Aufführungen an öffentlichen Bühnen zu erwerben, sind Hotel-Tourschalter, Tourunternehmer und Geldwechsler, die man überall in Balis Ferienzentren findet. Bezahlt wird gewöhnlich in bar mit Rupiah, US-Dollar werden jedoch auch genommen.

Tänzer in kunstvollen Kostümen und Masken in Denpasar

Traditioneller Tanz

Die meisten der balinesischen Tänze, die für Besucher aufgeführt werden, sind nicht vollkommen authentisch. Viele sind eine Mischung von Auszügen und Höhepunkten verschiedener traditioneller Tänze. Der Standard ist generell hoch, und Besucher erhalten eine erklärende Broschüre in mehreren Sprachen, meist Englisch, Japanisch, Französisch und Deutsch. Es gibt keine Platzreservierung, also ist frühes Erscheinen ratsam.

In Ubud, das generell als die künstlerische Wiege Balis gilt, finden viele Tanzaufführungen statt, und die meisten Besucher verbringen einen guten Teil ihrer Abende bei den zahlreichen Shows. Einer der besten Veranstaltungsorte ist **Puri Saren** *(siehe S. 90)*, wo die äußeren Höfe eine spektakuläre Kulisse liefern. Die wichtigsten Tänze sind das *Ramayana*-Ballett und der *legong*; Letzterer ist ein stilisierter Tanz zweier Mädchen. Karten für Puri Saren kann man bei einem Tourunternehmer oder am Eingang kaufen. Die Abendvorstellung beginnt um 19.30 Uhr.

Das Dorf Batubulan *(siehe S. 82)* hat mehrere Tanzbühnen. Tägliche Barong- und Keris-Aufführungen *(siehe S. 25)* der gefeierten Denjalan-Truppe beginnen im **Pura Puseh** um 9.30 Uhr. Die Bühne Sila Budaya im **Puri Anom Tegehe Batubulan** ist ein Freilufttheater, das täglich um 9.30 Uhr Barong- und Keris-Tänze und abends um 18.30 Uhr *kecak (siehe S. 30)* und Feuertänze zeigt. Man braucht meist keine Karten vorher zu kaufen.

Das **Taman Werdhi Budaya** *(siehe S. 61)* in Denpasar hat zahlreiche Ereignisse im Jahresprogramm; man findet es in der *Bali Post*. Am Samstagabend sind oft besondere Aufführungen. Das Taman Werdhi Budaya ist der Hauptveranstaltungsort für das Bali Arts Festival, Balis wichtigstes kulturelles Ereignis, das im Juni/Juli stattfindet.

***Legong*-Tänzerinnen in golden bemalten *Prada*-Kostümen**

Ein *Gamelan*-Orchester begleitet einen Tanz in Ubud

Traditionelle Musik

Alle traditionellen balinesischen Tänze werden von Musik begleitet, aber ein *Gamelan*-Orchester *(siehe S. 32f)* tritt auch alleine auf. Viele Hotels engagieren Musiker für *Gamelan*-Konzerte. Die Musik ist laut, perkussiv und spannend, und Besuchern gefällt die effektvolle Darbietung wie auch die Musik selbst.

Ein Tempel ist der beste Ort, um ein *Gamelan*-Orchester spielen zu sehen; Besucher sind immer willkommen. Lokale Touristenbüros, Hotels und Führer liefern Details.

In Ubud bieten die Vorführungen von **Semara Ratih** in Kutuh und **Cudamani** in Pengosekan hervorragende Musik. Letzteres bietet auch Kurse für einheimische Kinder und Besucher.

Puppentheater

Das Schattenpuppenspiel *wayang kulit* spielt im balinesischen Leben eine große Rolle. Sorgfältig hergestellte und vergoldete Lederfiguren sind eindimensionale Abbilder der Götter und Tausender Gestalten aus antiken Hindu-Epen, dem *Ramayana* und dem *Mahabharata*.

Das hinter einer Scheibe – im Widerschein einer flackernden Kerze – von einem *dalang* oder Puppenspieler aufgeführte *wayang kulit* wird von den Balinesen geliebt. Es wird selten als Ganzes für Besucher gezeigt, da diese Vorstellungen meist Stunden dauern und außerdem auch schwierig zu verfolgen sind. Dennoch wird *wayang kulit* – mit Betonung der dramatischen Aspekte – manchmal in Hotels gezeigt. Eine authentischere *Wayang-kulit*-Vorstellung kann man bei **Oka Kartini's** in Ubud mittwochs und samstags um 20 Uhr sehen. *Wayang kulit* wird auch bei balinesischen Familien- und Tempelfesten aufgeführt. Spezielle Vorführungen von **Wayan Mardika**, **Wayan Wija** und **Nyoman Sumandhi** können arrangiert werden.

Eine sehr dramatische Innovation ist *wayang listrik* (nach der besonderen Beleuchtung und den riesigen Schattenbildern benannt).

Kunstvoll bemalte Puppe

Spass für Kinder

Kinder können auf Bali leicht beschäftigt werden. Die größeren Hotels haben oft gute Kinderprogramme, und einige akzeptieren Kinder von Nichtgästen gegen Gebühr. Die **Kidzone** beim Kuta-Kreisverkehr hat einen Pool, Fußball- und Minigolfplatz und zahlreiche weitere Angebote. Die Einrichtungen des **Westin Resort Nusa Dua**, auch für Nichtgäste, sind sehr zu empfehlen. Das **Bali Cliff** bietet sein Schwimmbecken ebenfalls Nichtgästen an. Der Eintritt ist zwar recht teuer, aber sonntags beinhaltet der Preis für den riesigen Brunch die Nutzung von Pool und Spielplatz.

Kinder werden die Farben und den Prunk der dramatischeren balinesischen Tänze mögen. Zwei der spektakuläreren Stätten sind die Höhle von **Bali Cliff**, wo ein hinreißender *Kecak*-Tanz auf dem Strand aufgeführt wird – die Tänzer besteigen dabei die Klippen – sowie **Grand Hyatts** Pasar Senggol, wo man sich Snacks von den vielen Imbissständen holt und die Show beim Essen genießen kann.

Wildwasser-, Wander- und Fahrradtouren sind ein gut betreuter, sicherer Spaß für größere Kinder. Kamelreiten beim Nikko in Nusa Dua und Elefantenreiten nördlich von Ubud *(siehe S. 206)* sind beliebt. **Bali Adventure Tours** und **Sobek** sind hervorragende Unternehmen. Bei **Pemuteran Stables** und **Umalas Stables** sind Reitstunden für Kinder und beaufsichtigte Ausritte zu buchen. Kinder werden auch die Wildwasserfahrten der **Bali Adventure Tours** mögen.

Viele Wasser- und Naturparks sind für Familien angelegt. Der beliebteste ist **Waterbom Park & Spa**. Der Park ist gut geführt, und Sicherheit ist oberstes Gebot. Dampf ablassen können Kids aller Altersstufen im **Treetop Adventure Centre**. Südlich von Ubud liegen der **Bali Bird Park** *(siehe S. 84f)* mit über 1000 Vögeln und der **Bali Reptile Park** *(siehe S. 82)*. Beide sind für die ganze Familie geeignet.

Spaß für jedes Alter im Waterbom Park & Spa in Tuban

Nachtleben

Bali hat sich zur Partyinsel entwickelt, seit in den 1970er Jahren die ersten Surfer kamen. Die großen Hotels bieten Unterhaltung im Haus an. Außerhalb der Hotels findet man Nachtleben nur in den Feriengebieten.

Die Individualität jedes Gebiets zeigt sich in der Unterhaltung. Einige von Kutas ältesten Nachtclubs machen immer noch gutes Geschäft, indem sie Marmeladengläser voll *arak* (destillierten Palmbrandy) an Nachtschwärmer verkaufen. Ausgefallene und elegante Treffs entstanden, um die Bedürfnisse der 5-Sterne-Urlauber zu befriedigen. Das Nachtleben konzentriert sich hauptsächlich auf die Feriengebiete von Kuta, Sanur, Seminyak, Ubud und Nusa Dua.

In Kuta sind **Kori**, **Peanuts**, **The Bounty**, **TJ's** und **Un's** beliebt für einen Drink. **Macaroni Club** hat eine Jazzband und serviert gute Cocktails. An Poppies Lane I und II bieten einfache, relaxte Bars günstiges Bier, Videos und Ähnliches. Die meisten richten sich an Urlauber mit kleinerem Budget.

Das **Hard Rock Beach Hotel** hat eine gute Cocktailbar mit Akustikmusik, während das **Hard Rock Café** nach 23 Uhr ein exzellentes Programm mit heimischen und fremden Bands bietet; es ist meist voll, und die Bar im ersten Stock ist ein beliebter Treff. **Holiday Inn Bali Hai** hat eine idyllische, romantische Dachbar. **Ku Dé Ta** hat eine klimatisierte Zigarrenbar mit Blick über den Strand und einer großen Cocktailkarte. In Tuban bietet das **All Stars Surf Café** musikalische Themenabende und eine Live-Band.

The Bounty ist einer der vielen großen Clubs Südbalis

Sanurs bester Nachtclub ist die **Koki Bar** mit jungem, einheimischem Publikum. **The Jazz Bar and Grill** bietet jeden Abend Live-Musik; **Kafe Wayang** ist freitagabends am belebtesten. Am Donnerstag kann man im **Pergola** das Tanzbein schwingen.

Am Strand vom **Hotel Padma** nach **La Lucciola** in Seminyak ist die Dämmerung die Zeit für Volleyball, einen Imbiss und kaltes Bier. Dann geht man für eine Dusche ins Hotel und danach in eines der vielen Restaurants.

Einige etablierte Häuser wie Goa 2001, **Warisan** und das **Jaya Pub** haben eine zwanglose Atmosphäre. In der **Q Bar** trifft sich spätabends die Schwulenszene. **Double Six** ist der beliebteste Tanzclub auf der Insel und hat eine Anlage zum Bungee-Jumping. Die meisten Einrichtungen in Seminyak gibt es an der Jalan Dhyana Pura, z.B. **Gado Gado** und **Santa Fe**.

Das Peanuts gehört zu Kutas beliebtesten Bars

In Ubud gibt es eigentlich keine Bars für die spätere Nacht – alles schließt um 1 Uhr. Das **Jazz Café** mit Live-Musik von Dienstag bis Samstag ist hier die In-Kneipe. In der **Warung Opera** in Pengosekan, evenfalls Ubud, tritt der bekannte Gitarrist Balawan auf. Die **Wunderbar** bietet montags Jazz und Blues.

Lovina hat lokal geführte Bars mit passablen Reggae- und Standard-Coverbands. Die Zeile zum Strand hinunter ist die Gegend für die Happy Hour – wählen Sie eine Bar, die Ihnen gefällt, setzen Sie sich, lehnen Sie sich zurück und genießen Sie ein kaltes Bintang-Bier.

Das **Four Seasons Resort** in Sayan bei Ubud besitzt eine spektakulär gelegene Bar. Für diejenigen, die etwas Extra-Luxus suchen, sind **Alila** und **Amankila** in Manggis gute Orte, um einen Abend zu verbringen.

Nusa Duas Hotels haben Cocktailbars, Strandbars, in denen man den Sonnenuntergang genießen kann, und oftmals Nachtclubs im Haus. Bei Vollmond finden häufig Strandpartys statt – spätnachts und meist mit Tanzmusik für die jüngeren Gäste.

Auf einen Blick

Traditioneller Tanz

Pura Puseh
Jalan Raya, Batubulan, Gianyar.
Tel. *(0361) 298 038.*

Puri Anom Tegehe Batubulan
Jalan Raya Batubulan, Gianyar.
Tel. *(0361) 298 505* oder *(0361) 298 092.*

Puri Saren
Jalan Raya Ubud, Ubud.
Tel. *(0361) 975 057.*

Taman Werdhi Budaya
Jalan Nusa Indah, Denpasar.
Tel. *(0361) 222 776.*

Traditionelle Musik

Cudamani
Jalan Raya Pengosekan, Ubud.
Tel. *(0361) 977 067.*
www.cudamani.org

Semara Ratih
Banjar Kutuh, Ubud.
Tel. *(0361) 973 277.*

Puppentheater

Nyoman Sumandhi, M. A.
Jalan Katrangan Lane 5B/6, Denpasar.
Tel. *(0361) 742 3981.*

Oka Kartini's
Jalan Raya Ubud, Ubud.
Tel. *(0361) 975 193.*
www.okakartini.com

Wayan Mardika
Banjar Babakan, Sukawati.
Tel. *(0361) 299 646.*

Wayan Wija
Banjar Kalah, Peliatan.
Tel. *(0361) 973 367.*

Unterhaltung für Kinder

Bali Adventure Tours
Adventure House, Jalan Bypass Ngurah Rai, Pessanggaran.
Tel. *(0361) 721 480.*
FAX *(0361) 721 481.*

Bali Bird Park
Jalan Serma Cok Ngurah Gambir, Singapadu, Batubulan, Gianyar.
Tel. *(0361) 299 352.*

Bali Cliff
Jalan Pura Batu Pageh, Uluwatu.
Tel. *(0361) 771 992.*

Bali Reptile Park
Jalan Serma Cok Ngurah Gambir, Singapadu, Batubulan, Gianyar.
Tel. *(0361) 299 344.*

Grand Hyatt
Nusa Dua.
Tel. *(0361) 771 234.*

Kidzone
Jalan Ngurah Rai 45B, Kuta.
Tel. *(0361) 761 939.*
www.kidzonebali.com

Pemuteran Stables
Jalan Singaraja, Gilimanuk.
Tel. *(0362) 92 339.*
FAX *(0362) 92 339.*

Sobek
Jalan Tirta Ening 9, Sanur.
Tel. *(0361) 287 059.*
FAX *(0361) 289 448.*

Treetop Adventure Centre
Kebun Raya Botanical Gardens, Jalan Raya, Bedugul.
Tel. *081 338 306 898.*
www.balitreetop.com

Umalas Stables
Banjar Umalas, Kerobokan.
Tel. *(0361) 731 402.*

Waterbom Park & Spa
Jalan Kartika Plaza, Tuban.
Tel. *(0361) 755 676.*

Westin Resort Nusa Dua
Nusa Dua, Bali.
Tel. *(0361) 771 906.*
www.westin.com/bali

Nachtleben

Alila
Manggis.
@ manggis@alilahotels.com

All Stars Surf Café
Kuta Centre, Jalan Kartika Plaza, Tuban.
Tel. *(0361) 757 933.*

Amankila
Manggis, nahe Candi Dasa.
Tel. *(0363) 41 333.*

Bali Hai
Jalan Wanasegara 33, Tuban.
Tel. *(0361) 753 035.*

Double Six
Jalan Double Six, Seminyak.
Tel. *(0361) 731 266.*

Four Seasons Resort
Sayan, Ubud.
Tel. *(0361) 977 577.*

Gado Gado
Jalan Dhyana Pura, Seminyak.
Tel. *(0361) 730 955.*

Hard Rock Beach Hotel and Café
Jalan Pantai, Kuta.
Tel. *(0361) 731 869.*

Hotel Padma
Jalan Padma 1, Legian.
Tel. *(0361) 752 111.*

Jaya Pub
Jalan Legian, Kuta, Seminyak.
Tel. *(0361) 730 973.*

Jazz Café
Jalan Sukma 2, Tebesaya, Ubud.
Tel. *(0361) 976 594.*

Kafe Wayang
Lippo Plaza, Sanur.
Tel. *(0361) 283 133.*

Koki Bar
Jalan Bypass Ngurah Rai 9X, Sanur.
Tel. *(0361) 287 503.*

Kori
Poppies Lane II, Kuta.
Tel. *(0361) 758 605.*

Ku Dé Ta
Jalan Kayu Aya 9, Seminyak.
Tel. *(0361) 736 969.*

La Lucciola
Jalan Kayu Aya, Kayu Aya Beach, Seminyak.
Tel. *(0361) 261 047.*

Macaroni Club
Jalan Legian 52, Kuta.
Tel. *(0361) 751 631.*

Peanuts
Jalan Raya Kuta, Kuta.
Tel. *(0361) 752 364.*

Pergola
Jalan Danau Toba 2, Sanur.
Tel. *(0361) 288 462.*

Q Bar and Café
Abimanyu Arcade, 1–2 Jalan Dhyana Pura, Seminyak.
Tel. *(0361) 730 927.*

Santa Fe
Jalan Dhyana Pura, Seminyak.
Tel. *(0361) 731 147.*

The Bounty
Jalan Legian Kelod, Kuta.
Tel. *(0361) 754 040.*

The Jazz Bar and Grill
Jalan Bypass Ngurah Rai 15–16, Sanur.
Tel. *(0361) 285 892.*

T. J.'s
Poppies Lane I, Kuta.
Tel. *(0361) 751 093.*

Un's
Poppies Lane I, Kuta.
Tel. *(0361) 752 607.*

Warisan
Jalan Raya Seminyak.
Tel. *(0361) 731 175.*

Warung Opera
Jalan Raya Pengosekan, Ubud
Tel. *(0361) 977 564.*

Wunderbar
Jalan Raya Pengosekan, Pengosekan, Ubud.
Tel. *(0361) 978 339.*

Sport und Aktivurlaub

Windsurfen ist ein beliebter Sport in Bali

Angebot und Qualität der Aktivitäten auf Bali und Lombok sind außergewöhnlich, und sie gehören zu den besten der Welt. Neben den bekannten und beliebten Sportarten wie Surfen, Fischen, Segeln, Schnorcheln, Wandern und Tauchen gibt es »Adrenalin fördernde« Aktivitäten wie Bungee-Jumping, Fallschirmspringen, Gleitschirmfliegen, Kajak- und Wildwasserfahren. Besucher können auf Wellen und auf Pferden reiten, ebenso auf Elefanten im Dschungel und auf Motorrädern auf der Straße. Man kann Reptilien, Vögel und manchmal Delfine beobachten und Radtouren in die Hügel und Wandertouren abseits der ausgetretenen Pfade unternehmen. Tennis und Golf kann man in den 5-Sterne-Anlagen von Nusa Dua spielen. Auch in dieser Hinsicht ist Lombok weniger entwickelt und ungezwungener als Bali. Hier kann man surfen, schnorcheln und wandern.

Mietbare Surfbretter am Strand von Legian

Surfen

Bali ist ein sehr beliebtes Surfzentrum, es bietet fast das ganze Jahr perfekte Bedingungen, für Anfänger wie für erfahrenere Surfer. Bretter und Ausrüstung kann man an den meisten Stränden kaufen oder mieten. Gute Surfschulen in Sanur und Kuta, wie die **Rip Curl School of Surf**, geben stunden- oder tageweise Kurse. Die quirligste Surfszene in Bali ist um Kuta. Mehr über die besten Surfgegenden auf Bali und Lombok finden Sie auf *S. 208f.*

Tauchen und Schnorcheln

Organisierte Touren mit erfahrenen Führern sind ideal, um die Gewässer von Bali und Lombok zu erkunden. Neben Tagestrips sind auch Fahrten, die das Tauchen vor Inseln wie Komodo und Sumbawa beinhalten, beliebt. Eine gültige Lizenz ist Voraussetzung für die Tauchausflüge; PADI (Professional Association of Diving Instructors) wird generell anerkannt. Die meisten Unternehmen sind professionell geführt. Es gibt gute Mietausrüstungen. **Bali Marine Sports**, **Dream Divers**, **Geko Dive**, **Reef Seen Aquatic**, **Aquamarine Diving Centre** und **Reefseekers Dive Centre** (fünf Sterne) bieten eine breite Auswahl von Fahrten. Information über Tauchplätze finden Sie auf *S. 210f.*

Windsurfen und Wasserski

Sanur ist der ideale Ort zum Windsurfen; die Lagune *(siehe S. 64f)* bietet Schutz vor der Brandung. Hier, wie auch sonst in Bali und Lombok, verleihen die meisten Strandhotels Ausrüstungen.

Die Einrichtungen des **Blue Oasis Beach Club** in Sanur sind die besten auf der Insel. Neben Windsurfen wird auch Wasserski geboten. Trickskier und Kielwasserbretter kann man mieten. Das Personal ist professionell und qualifiziert.

Kurse im Windsurfen, von asiatischen Windsurf-Meistern geleitet, gibt es für alle Leistungsklassen. Sie dauern vier bis sechs Stunden.

Fischen

Tourunternehmen wie **Bali Fishing** und **Moggy Offshore Cruising Catamaran** sind spezialisiert auf Tiefseeangel-Ausflüge; sie haben Büros im Kuta-Legian-Gebiet *(siehe S. 66–69)*, im Osten um Padang Bai und Candi Dasa *(siehe S. 108)* und im Norden bei Singaraja *(siehe S. 144–146)*. Die Boote laufen auch bei Padang Bai, Candi Dasa, Amed, Tulamben, Singaraja und Sanur, aber meist vom Benoa Harbour *(siehe S. 72)* aus, und die Fahrten dauern den ganzen Tag.

Manche Gesellschaften bieten Yachten und Boote mit Führern; das Ziel ist, Thunfisch, *mai-mai*, Makrele und Schwertfisch zu fangen. Dorsch, Snapper und Korallenforelle angelt man am Riff.

Je nach Budget kann man in einem Auslegerboot oder einem hochmodernen Black-Watch-Fischerkahn mit erfahrener Crew, Versicherung, elektronischer und Sicherheitsausrüstung auf Fischzug gehen. Fahrten nach Lombok und zu den Inseln weiter östlich lassen sich ebenfalls arrangieren.

Auslegerboote bieten Angeltrips vor Lombok

Benoa Harbour, der bestausgestattete Yachthafen der Gegend

Kreuzfahrten

Es gibt eine Menge Segelgelegenheiten vor Bali und Lombok, von Tagestrips zu Inseln vor der Küste und zu entlegenen Riffen bis hin zu Dinnerfahrten in der Dämmerung an Bord eines Luxusliners, eines traditionellen Bugis-Schoners oder einer Yacht.

Segeltouren von Benoa Harbour, dem wichtigsten Hafen aus, dauern drei bis 14 Tage, man kann aber auch Tagestouren buchen. Yachtgesellschaften nutzen den Hafen als Basis; dies ist ein interessanter Platz für Bootliebhaber. Eine Bar überschaut die Pontons. Von Benoa kann man mit einem Schiff zur Westküste von Lombok segeln, um die Gili-Inseln und Senggigi *(siehe S. 156)* zu erkunden, oder eine Luxusyacht für eine Hochzeitskreuzfahrt chartern. Die meisten ziehen es vor, einen Tag zu den Inseln Nusa Lembongan oder Nusa Penida *(siehe S. 74f)* zu segeln.

Quicksilver Cruises organisiert Tagesfahrten nach Nusa Penida auf einem 37-Meter-Katamaran. **Bali Hai** bietet Touren nach Nusa Lembongan auf luxuriösen Katamaranen, die zum Schnorcheln ausgerüstet sind. Auf den Inseln ist mit Strandclubs, Restaurants, Pools, Tauch- und Schnorchelausrüstungen (gegen Gebühr) für Ferienstimmung gesorgt. Ein Segelboot von Bali Hai fährt nach Lembongan. Island Explorer Cruises bietet auf dem Weg nach Lembongan Kajakfahrten, Schnorcheln und Bananenbootfahrten. **Bounty Cruises** bietet Dinnerfahrten um Nusa Dua und Fahrten nach Lembongan. Auf den meisten Fahrten erhalten Kinder unter 14 Jahren eine Ermäßigung von 50 Prozent.

Wenn Sie selber Kapitän sein wollen, können Sie in Sanur, Nusa Dua und Jimbaran ein Dinghi mieten. Oder Sie chartern eine Yacht bzw. einen Schoner mit zwei bis 16 Kabinen samt einer erfahrenen Crew und einem Führer.

Wildwasser- und Kajakfahrten

Mehrere Unternehmen bieten Wildwasserfahrten über Stromschnellen von Grad II bis IV (einfach bis anspruchsvoll) an. Der Sicherheitsstandard ist im Allgemeinen hoch, die Umwelt wird dabei fast nicht belastet.

Sobek Bali Utama wurde 1989 als erste Organisation ihrer Art gegründet und ist noch immer eine der besten. Sie bietet Weltklasse-Führer und Stromschnellen Grad III. Die Flüsse Ayung nordwestlich von Ubud *(siehe S. 96f)* und Unda nördlich Klungkung *(siehe S. 105)* sind beliebte Startpunkte. Die Fahrten von **Ayung River Rafting** dauern drei bis vier Stunden. Der Fluss Telaga Waja in Ostbali bei Muncan und Sidemen *(siehe S. 105)* ist auch beliebt. **Bali Adventure Tours** bieten Umkleidekabinen, warme Duschen, Handtücher, Essen und Getränke. Man fährt entlang von Regenwald, Reisfeldern und Schluchten acht Kilometer durch Wildwasser, teils Grad II und III. Nehmen Sie Kleidung zum Wechseln, Hut und Sonnenschutz mit. Der Preis sollte Hoteltransfer, Einweisung, Führer, Essen und Versicherung enthalten.

Abenteuerlustigere können auf dem Ozean auf einem Gummifloß mit Personal fahren. Schnorcheln, Erkundung der Inseln, Getränke und Essen sind im Preis enthalten. Captain Zodiac Ocean Rafting bietet ganz- und halbtägige Inseltouren.

Kajakfahrten auf dem Fluss, von **Ayung River Rafting** angeboten, sind relativ neu. Durch die Stromschnellen im aufblasbaren Zweier-Kajak zu sausen, ist eine intensivere Erfahrung als auf dem Floß.

Kajakfahrten auf dem See, eine entspanntere Alternative, wird von **Sobek Bali Utama** am Tamblingan-See *(siehe S. 140f)* angeboten.

Wildwasserfahrt auf dem Fluss Ayung

Ein »Ritt« auf einem Bananenboot in Südbali

Schwimmen

Balis und Lomboks Strände mit ihren abgeschiedenen Buchten und dem kristallklaren Wasser sind prima zum Schwimmen. Doch es ist wichtig, wegen der starken Strömung, die besonders an der Südküste sehr gefährlich sein kann, auf die Warnschilder zu achten. Sicherer ist der Hotelpool.

Viele der internationalen Luxushotels in Nusa Dua auf Bali *(siehe S. 73)* und in Senggigi auf Lombok *(siehe S. 156)* haben gute Poolanlagen.

Der **Club Med** in Nusa Dua bietet ein ganztägiges Gastticket (gültig bis 17 Uhr), das für den Pool und andere Sportmöglichkeiten gilt. Es beinhaltet außerdem ein asiatisches und westliches Mittagsbüfett mit Wein, Bier und Softdrinks, so viel man will.

In Kutas **Waterbom Park & Spa** stehen einige sehr gute Wasserrutschen. 2006 kamen noch mehr Rutschbahnen hinzu.

Golf und Tennis

Es gibt vier herausragende Golfplätze in Bali, alle für Nichtmitglieder gegen eine Gebühr, vor dem Hintergrund des Meeres oder der diesigen Berge. In Nusa Dua befindet sich der 18-Loch-Platz des **Bali Golf and Country Club**, und ganz in der Nähe, in Sanur, ist ein 9-Loch-Platz am Grand Bali Beach Hotel. An den Ufern des Bratan-Sees, hoch in den Hügeln bei Bedugul *(siehe S. 141)*, befindet sich der **Bali Handara Kosaido Country Club**, ein preisgekrönter 18-Loch-Golfplatz. Der spannendste Golfplatz in Bali ist der 18-Loch-Platz des **Nirwana Bali Golf Club** bei Tanah Lot in Tabanan.

Die meisten größeren Hotels bieten gute Tennisplätze mit Flutlicht, fachmännischem Training, Spielpartnern und Schlägervermietung.

Geringelter Hornschnabel

Öko-Touren

Öko-Tourismus nimmt zu auf Bali und Lombok, und einige Unternehmen kümmern sich nun um Besucher, die ökologische Ferien und Aktivitäten vorziehen.

Die innovativsten Öko-Touren Balis bietet **JED** (Jaringian Ekowisata Desa oder Village Eko Tourism Network), z.B. einen Ausflug zu einem Dorf, wo man mit den Einwohnern ein traditionelles Mahl einnimmt. Von den Einnahmen profitiert das ganze Dorf.

Delfinbeobachtung ist zu einer beliebten Ausflugsbeschäftigung geworden; es werden vierstündige Fahrten in den Gewässern vor Südbali angeboten. **Bali Hai Cruises** bietet morgendliche Hochgeschwindigkeitsfahrten mit dem Boot entlang der Küste von Nusa Dua und Uluwatu, um Delfine spielen zu sehen, während **Ena Dive Centre** Delfintouren und Wassersport bietet. Vor der Küste von Lovina im Norden Balis *(siehe S. 147)* werden kleine Auslegerboote zur Delfinebeobachtung benutzt.

Da Delfine wild lebende Tiere sind, ist es freilich nicht garantiert, dass man welche sieht.

Der **Bali Bird Park** *(siehe S. 84f)* bei Singapadu gewährt einen exzellenten Blick auf die Vogelwelt in Bali und den Tropen. Der **Bali Reptile Park** *(siehe S. 82)* ist ebenso eindrucksvoll.

Bootsfahrt auf dem Bratan-See beim Bali Handara Kosaido Country Club

Für Besucher, die Vögel in der freien Wildbahn sehen möchten, werden Touren zum **Taman Nasional Bali Barat** *(siehe S. 136f)* arrangiert.

Touren zu anderen Teilen Balis und Lomboks sind nach Absprache möglich. Morgendliche Wanderungen um Ubud kann man mit dem Bali Bird Club (via Sobek Bali Utama) vereinbaren. Vogelbeobachtung und Wanderungen um den Tamblingan-See *(siehe S. 140f)* und den angrenzenden Wald sind mit **Puri Lumbung** *(siehe S. 178)* möglich.

Eine andere Sicht auf Bali gewährt das **Treetop Adventure Centre**, bei dem Sie (mit Sicherheitsgeschirr) in den Baumwipfeln der Eka Karya Botanical Gardens klettern. Hier gibt es Herausforderungen für alle Fitnessgrade.

Große Tümmler tollen in den Gewässern vor Südbali

Wandern und Camping

Die Erkundung zu Fuß zeigt das unverdorbene Bali und Lombok. Die Touren reichen von Halb- bis Ganztagesausflügen zu Übernachttrips zum Gunung Rinjani auf Lombok *(siehe S. 158f)*.

Keep Walking Tours bietet Reisfeld- und Tempelwanderungen, **Herb Walks in Bali** geruhsame Wanderungen durch die Hügel von Ubud, bei denen Sie balinesische Heilpflanzen kennenlernen.

Führer sind in abgelegenen Gegenden wichtig, aber viel benutzte Hügelpfade wie die in Manggis *(siehe S. 102)*, nördlich von Tenganan in Ostbali *(siehe S. 109)*, in Ubud *(siehe S. 94f)* und in der Ayung-Schlucht *(siehe S. 96f)* sind sicher genug, um sie alleine zu erkunden.

Traditionelle Dörfer wie die Bali-Aga-Dörfer von Tenganan *(siehe S. 110f)* und Trunyan an den Ufern des Batur-Sees *(siehe S. 121)* sind interessant. Zelten Sie in Nordbali bei Air Sanih *(siehe S. 147)* oder in den Nationalparks wie Taman Nasional Bali Barat oder Gunung Rinjani *(siehe S. 136f, 158f)*. **Bali Camping Tours** bietet viele Campingtouren mit aller Ausrüstung.

Wanderer in Balis schöner Natur

Bergwandern

Liebhaber der Berge und besonders der Vulkane können Wanderungen zu Balis Gunung Agung *(siehe S. 114)* und Gunung Batur *(siehe S. 120f)* sowie zu Lomboks Gunung Rinjani *(siehe S. 158f)* unternehmen. In der Regenzeit (Okt–Apr) können die Berge gefährlich sein, dann ist Klettern nicht angesagt. Alle Vulkanwanderungen sollten von professionellen Führern begleitet sein. Verlässliche Unternehmen wie **Mandalika Tours** organisieren interessante Ausflüge, z. B. Wanderungen durch den Regenwald um Gunung Batukau *(siehe S. 133)*. **Bali Sunshine Tours** bietet eine Sonnenaufgangswanderung zum Krater des Gunung Batur. **Puri Agung Inn Trekking** bringt Sie auf Balis höchsten Berg, den Gunung Agung.

Motorrad- und Autotouren

Organisierte Geländetouren bieten Abkehr von bebauten Gebieten. Der Preis für die Tagestrips sollte Mittagessen, Getränke und Transfer beinhalten. **Waka Land Cruise** bietet Landrover-Fahrten zum Regenwaldcamp Waka Louka in den Bergen.

Sie können sich auch einen Wagen mieten. Straßenkarten sind leicht erhältlich (jedoch nicht immer verlässlich), die Straßen sind meist gut. Doch kann Fahren in Bali und Lombok gefährlich sein. Personen und Tiere laufen häufig auf die Straße. Prüfen Sie, ob der Mietvertrag eine entsprechende Versicherung enthält.

Mit dem Motorrad macht das Erkunden Spaß, obwohl Unfälle häufig sind. Untersuchen Sie Motorrad und Helm, und bestehen Sie auf Versicherungen. Achten Sie auf Schlaglöcher und Kies. **Bali Adventure Tours** organisiert Motorradfahrten abseits der Straße. Dies ist aufregender und sicherer, als sich durch den Verkehr zu kämpfen.

Bali Bicycle Tours bringt Sie mit dem Auto auf den Gunung Batur, hinunter fahren Sie mit dem Mountainbike.

Motorradfahren auf den Panoramastraßen am Batur-See

Radfahren

Organisierte Touren mit Mountainbikes eignen sich ebenfalls, um die Landschaft um Ubud, beim Gunung Batur *(siehe S. 120f)* und bei Sangeh *(siehe S. 132)* zu genießen. **Bali Adventure Tours** bietet Touren in Balis zentralem Hochland. Für Ausrüstung und Handtücher, Getränke, Transfer und Versicherung wird gesorgt. Für Kinder unter zehn Jahren sind die Touren nicht geeignet.

Reiten

Auf Bali kann man bei Sonnenuntergang an einsamen Stränden oder durch üppige grüne Reisfelder in den Zentralhügeln reiten. **Umalas Stables** und **Pemuteran Stables** bieten idyllische Ausritte für Anfänger wie für erfahrene Reiter.

Pferde bekommt man in verschiedenen Größen – von kleinen Ponys bis hin zu großen Tieren. Man kann mit Führer reiten oder auch ohne. Eine lange Hose, ein Paar feste Schuhe (keine Sandalen) und Sonnenschutz sind wichtig.

Ritt im Elephant Safari Park

Elefanten-Safaris

Das Tollste unter den tropischen Outdoor-Aktivitäten ist eine Elefantensafari in den Hügeln und Dschungeln von Zentralbali. Der **Elephant Safari Park** *(siehe S. 99)* liegt etwa 20 Minuten nördlich von Ubud in landschaftlich wunderschönen Gärten bei Desa Taro. Er bietet die Gelegenheit, die Tiere mit der Hand zu füttern und zu berühren. Am Parkeingang stehen ein Mammutskelett und grafische Tafeln, die die Naturgeschichte des Elefanten erklären.

Man kann auf Elefanten reiten, und es gibt auch spezielle Ritte für Kinder. In den Preisen der Ausflüge sind üblicherweise Mittagessen, Hoteltransfer und Versicherung enthalten. Buchungen sind durch die Muttergesellschaft **Bali Adventure Tours** möglich. Zum Elephant Safari Park gehört ein Museum mit über 1000 Exponaten, darunter fünf Millionen Jahre alte Fossilien, prähistorische Hörner, jahrhundertealte Mammut-Stoßzähne und Knochenschnitzereien. Im Museumseingang steht das Skelett eines 30 Jahre alten Sumatra-Elefanten.

Nervenkitzel beim Bungee-Jumping in Kuta

Der indonesische Elefant ist eine gefährdete Art. Der Safari-Park will das Bewusstsein für den Erhalt der Elefanten schärfen und wilde Elefanten in bestimmten Reservaten aussetzen, wo Zuchtprogramme durchgeführt werden können. Der Erlös des Geschenkeladens, der Bilder, Schnitzereien, Souvenirs und Schmuck verkauft, unterstützt die Elephant Foundation des Parks.

Das Asian Elephant Art and Conservation Project wurde 1999 gestartet und konnte schon spektakuläre Erfolge erzielen. Sein Ziel ist es, den Elefanten des Safari-Parks beizubringen, mithilfe ihrer Rüssel Kunstwerke zu malen. Die daraus resultierenden Bilder werden verkauft, das Geld wird wiederum für die Erhaltung der Elefanten verwendet.

Bungee-Jumping

In den letzten Jahren kam in Bali der Extremsport auf, als der weltberühmte Neuseeländer A. J. Hackett das Bungee-Jumping beliebt machte. Die **A J Hackett Company** bietet einen Sprung von einem in Australien hergestellten Turm aus 44 Meter Höhe. Der Turm steht am Legian Beach nahe Kutas Zentrum über einem fünf Meter tiefen Wasserbecken. Ein Aufzug bringt die Wagemutigen auf den Turm hinauf, von dem man spektakuläre Aussicht in alle Richtungen über Bali und das Meer hat.

Springen kann man jeden Tag in der Woche zwischen 12 und 20 Uhr, freitags und samstags sogar nachts zwischen 2 und 5 Uhr.

Paragliding und Parasailing

Paragliding an den windigen Klippen bei Uluwatu im Süden von Bali *(siehe S. 76)* ist ein spannendes Erlebnis, nur nachmittags und je nach Wetterlage. Alle Instruktoren sind trainiert und erfahren und begleiten Neulinge auf einem 20-Minuten-Tandemflug. Die Preise von **Bali Adventure Tours** enthalten den Hoteltransfer und die Versicherung. Paragliding eignet sich nicht für Kinder unter zehn Jahren.

Tanjung Benoa *(siehe S. 72)* ist der beste Ort zum Parasailing. **Bali Hai Cruises** bietet zehnminütige Trips.

Parasailing über dem Bratan-See in den zentralen Bergen

Auf einen Blick

Surfen

Rip Curl School of Surf
Jalan Arjuna, Seminyak, Kuta.
(0361) 735 858.

Surf Goddess Retreats
(08133) 870 5553.
www.surfgoddessretreats.com

Tauchen und Schnorcheln

Aquamarine Diving Centre
Jalan Raya Seminyak 2A, Seminyak.
(0361) 730 107.
www.aquamarine.com

Bali Marine Sports
Jalan Bypass Ngurah Rai, Blanjong Sanur.
(0361) 270 386.
www.bmsdivebali.com

Dream Divers
PT Samudra Indah Diving, Lombok.
(0370) 692 047.
www.dreamdivers.com

Geko Dive
Jalan Silayukti, Padang Bai, Klungkung.
(0363) 41 516.
www.gekodive.com

Reef Seen Aquatic
Jalan Raya Pemuteran, Nordbali.
(0362) 92 339.
www.reefseen.com

Reefseekers Dive Centre
Gili Air Harbour, Lombok.
(0370) 541 008.

Windsurfen und Wasserski

Blue Oasis Beach Club
Sanur Beach Hotel, Sanur.
(0361) 288 104.
www.blueoasisbeachclub.com

Fischen

Bali Fishing
Jalan Candi Dasa 007, Candi Dasa, Karangasem.
(0361) 774 504.
www.bali-fishing.com

Moggy Offshore Cruising Catamaran
Bali International Marina, Jalan Pelabuhan, Benoa Harbour, Denpasar.
(0361) 723 601.

Kreuzfahrten

Bali Hai Cruises
Benoa Harbour.
(0361) 720 831.

Bounty Cruises
Benoa Harbour.
(0361) 726 666.
FAX *(0361) 730 404.*
www.balibountycruises.com

Quicksilver Cruises
Jalan Kerta Dalem 96, Sidhakarya, Denpasar.
(0361) 727 946.
www.quicksilver-bali.com

Wildwasser- und Ozean-Rafting und Kajakfahrten

Ayung River Rafting
Jalan Diponegoro T508-29, Denpasar.
(0361) 238 759.
www.ayungriverrafting.com

Bali Adventure Tours
Adventure House, Jalan Bypass Ngurah Rai, Pesanggaran.
(0361) 721 480.
www.baliadventuretours.com

Sobek Bali Utama
Jalan Tirta Ening 9, Sanur.
(0361) 287 059.
www.balisobek.com

Schwimmen

Club Med
Lot N-6, Nusa Dua.
(0361) 771 521.

Waterbom Park & Spa
Jalan Kartika Plaza, Tuban.
(0361) 755 676.
www.waterbom.com

Golf

Bali Golf and Country Club
Nusa Dua.
(0361) 771 791.
www.baligolfandcountryclub.com

Bali Handara Kosaido Country Club
Pancasari Village, Bedugul.
(0362) 221 182.

Nirwana Bali Golf Club
Jalan Raya Tanah Lot, Kediri, Tabanan.
(0361) 815 970.

Öko-Touren

Bali Bird Park
Siehe S. 201.

Bali Reptile Park
Siehe S. 201.

Ena Dive Centre
Jalan Tirta Ening 1, Sanur.
(0361) 288 829.
www.enadive.co.id

JED
Jalan Pengubengan Kauh St 94, Kerobokan-Kuta.
(0361) 735 320.
www.jed.or.id

Taman Nasional Bali Barat
Jalan Raya Gilimanuk, Cekik.
(0361) 61 060.

Treetop Adventure Centre
Siehe S. 201.

Camping und Wandern

Bali Sunshine Tours
Jalan Pondok Indah Raya III/1, Gatsu Barat, Denpasar.
(0361) 414 057.

Herb Walks in Bali
Jalan Jembawan, Ubud.
(0361) 975 051.

Keep Walking Tours
Jalan Hanoman 44, Ubud.
(0361) 970 581.

Mandalika Tours
Jalan Hang Tuah Raya 11, Sanur.
(0361) 287 129.

Puri Agung Inn Trekking
Tirta Gangga.
(0366) 23 037.

Motorrad- und Autotouren

Bali Adventure Tours
Siehe Wildwasser-Rafting

Bike Baik Bicycle Tours
Ubud.
(0361) 978 052.

Bali Car Rentals
Jalan Tunjung Sari 20, Kerobokan, Kuta.
(0361) 418 381.
www.balicarrentals.com

Waka Land Cruise
Jalan Pandang Kartika 5x, Denpasar
(0361) 426 972.

Reiten

Pemuteran Stables
Jalan Raya Pemuteran, North Bali.
(0362) 92 339.
FAX *(0362) 92 339.*

Umalas Stables
Jalan Lestari 9x, Umalas Kauh, Kuta.
(0361) 731 402.

Elefanten-Safaris

Elephant Safari Park
Taro, Tegallalang, Gianyar.
(0361) 721 480.

Bungee-Jumping

A J Hackett Company
Jalan Arjuna, Legian Beach.
(0361) 731 149.

Paragliding und Parasailing

Bali Adventure Tours
Siehe Wildwasser-Rafting

Bali Hai Cruises
Siehe Kreuzfahrten.

Surfen und Strandvergnügen

Muschel

Bali und, in geringerem Maße, Lombok haben eine lebhafte Strandkultur. Surfer machten in den 1960er Jahren Bali zu einem beliebten Ziel, und für viele der Besucher sind die Strände das Verlockendste an beiden Inseln. Alle Strandaktivitäten sind möglich – von Surfen, Windsurfen und Wasserski bis zu weniger anstrengenden Dingen wie Sonnenbaden und einer Strandmassage. Die Bedingungen für das Strandleben, inklusive Surfen, sind am besten von Mai bis September. Wenn man keine eigene Ausrüstung hat, kann man an allen beliebten Stränden, besonders an denen von Südbali, Wassersportgeräte mieten.

Surfbrett-Vermietung in Kuta Beach

Canggu Beach *bietet gute Bedingungen zum Surfen. Die Brandung rollt – am besten vormittags – über den Felsgrund und formt Gipfel, die sich nach rechts und links teilen.*

Windsurfen

An vielen Stränden Balis kann man gut surfen, wobei Sanur und Tanjung Benoa mit Weltklasse-Wellen als die besten Orte zum Windsurfing gelten.

Das Segel ermöglicht, über die Wellen zu springen und sich vorwärts zu bewegen.

Das Brett aus Glasfaser hat einen Mast und ein Segel.

Die besten Surfgebiete

Surfer vor Bali und Lombok benutzen meist die im Süden gelegenen Strände. Diese fangen die Brandung aus Richtung Südafrika und Westaustralien auf. Gezeitenkarten gibt es in Surfshops. Das Magazin *Surf Time* liefert Informationen über Wettbewerbe und andere Veranstaltungen.

Strandmassage *ist an den meisten von Balis beliebten Stränden üblich. Die Preise für eine einstündige Massage sind generell niedrig.*

Balis Wellen geben Gelegenheiten für Kunststücke.

Sicherheitstipps

- *Nicht alle Strände haben medizinische Einrichtungen.*
- *Rettungsschwimmer sind nur an Kutas und Nusa Duas Stränden.*
- *Halten Sie sich zwischen den Sicherheitsflaggen, wenn welche da sind.*
- *Benutzen Sie Sonnenschutzcreme, Sonnenbrille und Hut.*
- *Packen Sie ein Erste-Hilfe-Set ein.*

Parasailing, *wie hier in Tanjung Benoa, wurde zur beliebten Aktivität. Andere Möglichkeiten sind Paragliding, Jet-Ski, Bananenboot- und Floßfahrten.*

Kuta Beach *ist der Geburtsort von Balis Surftradition. Die Brechung der Wellen an den sandigen Stränden zieht Surfer aller Klassen an – dies ist ein guter Ort für Anfänger. Vorsicht jedoch vor der Unterströmung!*

An Sanur Beach *kann man Segelboote mieten. Hier ein Hobiecat, ein kleiner, schneller Katamaran. Diese Boote kippen leicht, so ist bei starkem Wind oder Seegang – Bedingungen, die hier gelegentlich auftreten – Vorsicht geboten.*

Tauchen vor Bali und Lombok

Schmetterlingsfisch

Balis Tauchgebiete sind reich an Meeresleben, üppigen Korallengärten und Riffwänden. Zu den besten Gebieten gehören die Menjangan-Insel *(siehe S. 138)* wegen der Vielfalt an weichen und harten Korallen, Tulamben mit dem *Liberty*-Wrack sowie Nusa Penida und Nusa Lembongan *(siehe S. 74f)*, weil man dort den Mondfisch sieht. Lombok bietet Tauchen und Schnorcheln vor den Gili-Inseln. Das PADI(Professional Association of Dive Instructors)-Zertifikat wird überall anerkannt. Die meisten Tauchunternehmen sind in Südbalis Urlaubsgebieten.

Tauchlehrgang *vor Pemuteran, wo die Strömung gering und die Sicht gut ist. Es gibt viele solcher Tauchschulen auf Bali, bei denen man das PADI-Zertifikat erlangen kann.*

Den Schwarzflecken-Kugelfisch *sieht man in den Korallengärten der Menjangan-Insel.*

Die Riffwand ist Zufluchtsort vielfältigen Meereslebens.

Tauchausrüstung kann bei Unternehmen mit PADI-Zertifikat gemietet werden.

Tauchgebiete

Es gibt eine Vielzahl an Tauchgebieten um die Inseln. Taucher sollten sich informieren, welche Erfahrung für ein bestimmtes Tauchgebiet benötigt wird.

	Schnorcheln	Tauchanfänger	Gute Taucher	Profitaucher
Candi Dasa ④	●		●	■
Gili-Inseln ⑧	●	■	●	■
Menjangan-Insel ①	●	■	●	■
Nusa Dua ⑦	●	■	●	■
Nusa Penida ⑤			●	■
Pemuteran ②	●	■	●	■
Sanur ⑥	●	■	●	■
Tulamben ③	●	■	●	■

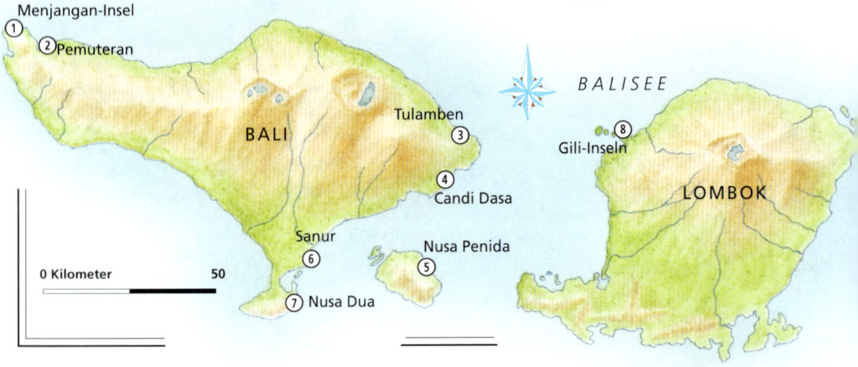

Eine Taucherplattform *ist am Heck eines Bootes angebracht. Sie wird oft für Anfängerlehrgänge für Tauchgänge bis zu 15 Meter Tiefe gebraucht.*

Zu entlegenen Tauchgebieten

Die meisten organisierten Fahrten schließen Transport ein, und es gibt einige, die von Hotels veranstaltet werden. Für Individualreisende sind die ***Menjangan-Insel*** *und* ***Pemuteran*** *am besten mit dem Auto oder Motorrad zu erreichen.* ***Tulamben*** *und* ***Candi Dasa*** *sind näher an Südbali, dorthin kommen Sie am besten mit dem bemo. Die* ***Gili-Inseln*** *vor Lombok erreicht man leicht von* ***Senggigi****.*

Den Gefleckten Büschelbarsch *sieht man manchmal in den Gewässern von Nusa Penida, wo es auch Hecht, Thunfisch, Mantarochen, Riffhai und – selten – Walhai gibt.*

Unterwasserleben

Der seltene Mondfisch, in Bali als *Mola Mola* bekannt, zieht von November bis Februar in großer Zahl durch balinesische Gewässer – ein denkwürdiger Anblick. Das Fehlen einer ausgeprägten Hinterflosse gibt dem Fisch eine »abgehackte« Erscheinung.

Ein gut ausgerüsteter Taucher *kann das Meer- und Korallenleben sicher erkunden, wenn er auf die starken Strömungen in manchen Gegenden achtet.*

Fische der Gobiidae-Familie *leben in den Spalten und Zweigen der Korallen. Es gibt viele hundert Fischarten in der indopazifischen Region, und man kann sie beim Tauchen in den Gewässern von Bali und Lombok gut beobachten.*

GRUND-INFORMATIONEN

Praktische Hinweise

Bali und Lombok sind wie der Rest Indonesiens seit dem Ende des Suharto-Regimes im Jahr 1998 gründlichen und schnellen Änderungen unterworfen. Die schnellen Entwicklungen üben anhaltenden Druck auf die soziale und physische Landschaft aus. Als Besucher sollten Sie auf unerwartete Änderungen bei Preisen, Bestimmungen, Einrichtungen, Telefonnummern, Öffnungszeiten und Straßennamen, selbst im Verhalten gefasst sein. Informieren Sie sich im Internet *(siehe S. 217)* über aktuelle Änderungen.

Logo des Projekts zur Tourismusentwicklung

Bali ist generell dichter bebaut als Lombok. Es gibt einen internationalen Flughafen in Denpasar. Die touristische Infrastruktur ist am meisten entwickelt in den Feriengebieten Südbalis, in Ubud, Balis »kulturellem Herzen«, und zunehmend im Norden und Osten. In Lombok konzentriert sich der Tourismus auf die Nordwestküste um Senggigi. Die meisten besuchen erst Bali, um das Nachtleben auszukosten, die Kultur zu genießen und sich ans Klima zu gewöhnen. Dann geben sie sich auf Lombok der Ruhe und der Natur hin.

Beste Reisezeit

Hauptsaison in Bali und Lombok, mit Besuchermassen und höheren Preisen, ist von Mitte Dezember bis Mitte Januar (Weihnachten/Neujahr) sowie im Juli und August. Das Wetter ist von Mai bis September angenehm: trocken und kühler, mit gelegentlichen Regenschauern *(siehe S. 40–43)*.

Visa und Pässe

Seit 2004 brauchen Bürger von Deutschland, Österreich, der Schweiz und vieler anderer Länder zur Einreise nach Indonesien ein Visum. Es wird bei der Einreise am Flughafen ausgestellt. Außerdem muss Ihr Reisepass noch mindestens sechs Monate gültig sein (Einreisestempel von Israel im Pass können unter Umständen zu Problemen führen). Der Einwanderungsbeamte am Flughafen kann nach dem Rückreiseticket fragen und nach den Geldmitteln für die Dauer des Aufenthalts und zur Weiterreise, ohne die man Ihnen die Einreise verwehrt.

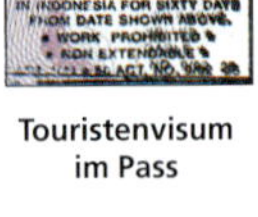

Touristenvisum im Pass

Behalten Sie auf jeden Fall die weiße Einwanderungskarte (wird Ihrem Pass bei der Einreise beigefügt), weil sie bei der Ausreise zurückgegeben wird.

Fahrerlaubnis

Wenn Sie selbst in Indonesien fahren wollen, benötigen Sie einen internationalen Führerschein, den Sie am besten im eigenen Land bekommen, wenn Sie im Besitz eines gültigen Führerscheins sind.

Wenn Sie ein Motorrad fahren wollen, gehen Sie sicher, dass Ihr internationaler Führerschein dies einschließt – das ist besser, als durch einen mühseligen Prozess eine Fahrerlaubnis in Bali zu beantragen.

Impfungen und Gesundheitsvorsorge

Obwohl es für die Besucher aus den meisten Ländern keine rechtlichen Vorschriften gibt, sind Cholera-, Hepatitis-A-, Typhus- und Polioimpfung zu empfehlen. Die Tetanusimpfung sollte aufgefrischt sein. Da das Dengue-Fieber in Bali und Lombok auftritt und Malaria ein wirkliches Risiko in Lombok darstellt, sollten Sie Ihren Arzt zurate ziehen.

Reisegepäck

Sie sollten zwanglose Kleidung aus leichten Materialien und etwas Formelleres *(siehe S. 218f)* für den Besuch eines Regierungsbüros mitnehmen. Sportausrüstung

Am Strand von Sanur kann man Surfbretter mieten

zum Tauchen, Golf, Surfen, Schnorcheln und Tennis kann man mieten oder kaufen.

Die meisten Arzneien sind in den größeren Städten erhältlich, aber wenn Sie besondere Medikamente benötigen, nehmen Sie den vollen Bedarf in der Originalverpackung mit. Sie können auch einiges für die Erste Hilfe einpacken, wie antisep-

Zwanglose Kleidung wird in Hotels und Feriengebieten akzeptiert

◁ Farbenfrohe Auslegerboote am Sanur Beach in Südbali

tische Salbe, Aspirin, Heftpflaster, Durchfallmittel und Insektenschutz. Wenn Sie Brillenträger sind, stecken Sie eine Ersatzbrille ein.

Man kann Rupiah in und außerhalb Indonesiens wechseln. Als Besucher sollten Sie einige Rupiah auf jeden Fall schon vor der Einreise erwerben, wenigstens genug fürs Taxi vom Flughafen zum Hotel und für den ersten Tag.

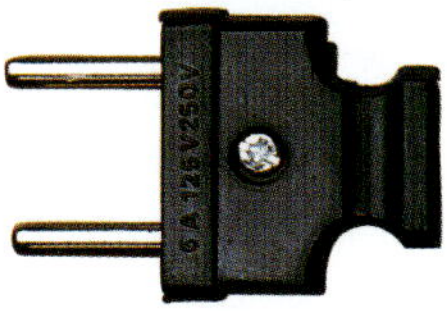

Zweipoliger Stecker, wie er auf Bali und Lombok benutzt wird

Elektrizität

Elektrizität funktioniert meist mit 220-Volt- bis 240-Volt-Wechselstrom. In einigen ländlichen Gebieten gibt es noch 110 Volt, mancherorts gar keine Elektrizität. Die Stromversorgung kann zuweilen instabil sein.

Für flache zweipolige Eurostecker brauchen Sie keinen Adapter.

Zoll und Duty-free-Shops

Die indonesischen Zollbestimmungen erlauben die Einfuhr von 200 Zigaretten (oder 50 Zigarren oder 100 Gramm Tabak) und einem Liter Alkohol. Sie können gebeten werden, fotografische oder elektronische Ausrüstung anzugeben. Es gibt Einschränkungen auf Import und Export von Waren wie Elfenbein und Schildkrötenpanzer, auf Produkte aus gefährdeten Arten und auf den Export von Antiquitäten und Kunstwerken. Fragen Sie bei der indonesischen Botschaft nach Details. Duty-free-Shops gibt es in Bali und in der Abflughalle des Flughafens. Die Ein- und die Ausfuhr von Rupiah sind auf 50 000 000 pro Person begrenzt.

Duty-free-Shop-Logo

Einrichtungen für behinderte Reisende

Vorkehrungen für Behinderte sind, wie in großen Teilen Asiens, unzureichend. Die Einrichtungen sind nicht so hoch entwickelt wie in den USA und Europa.

Das Terrain ist oft hügelig, überall gibt es Stufen. Rollstuhlanfahrten sind selten möglich. Bürgersteigkanten sind selten abgeflacht, um die Auf- und Abfahrt zu erleichtern. Zahlreiche öffentliche Plätze sind über Stufen zugänglich, wenige haben Rampen; viele öffentliche Verkehrsmittel sind für Rollstuhlfahrer unzugänglich.

Die gehobeneren Hotels werden jedoch langsam der Bedürfnisse von behinderten Reisenden gewahr. Einige vor kurzem gebaute 5-Sterne-Hotels sind mit Rollstuhl zugänglich, Villen haben gewöhnlich große Baderäume und auch sonst ausreichend Platz für Rollstuhlfahrer.

Tempelstufen behindern den Zugang für Rollstuhlfahrer

Einrichtungen für Kinder

In Bali und Lombok werden Kinder mit Respekt wahrgenommen. Das Hotelpersonal begrüßt kleine Gäste zuweilen geradezu enthusiastisch. Einige Hotels haben spezielle Tarife, Einrichtungen und Unterhaltungsprogramme für Kinder. Weil in Indonesien Kinder ständig begleitet und in die Gesellschaft einbezogen sind, gibt es keine besonderen Sicherheitsmaßnahmen

Ein Kind vergnügt sich im Pool mit einem Gummireifen

für sie und kaum spezielle Einrichtungen außerhalb der Hotels. Eltern kleiner Kinder müssen auf Gefahren wie - Stufen, ungeschützte Kanten und den Straßenverkehr achten.

Babyartikel findet man in den meisten Kaufhäusern und in Apotheken.

Kinder werden vieles in Bali und Lombok finden, mit dem sie sich selbst beschäftigen können. Es gibt eine Menge von Aktivitäten: etwa am Strand, in Schwimmbädern und Wasserparks, Dschungelritte, Floßfahrten und Mountainbiking sowie Musik- und Tanzaufführungen. Mehr Informationen über Aktivitäten für Kinder *siehe S. 199, 202–206*.

Notfälle

Für Autofahrer ist eine Versicherung Pflicht. Sie müssen der Polizei mitteilen *(siehe S. 221)*, wenn Sie mehr als 24 Stunden in einem Privathaus sind. Benachrichtigen Sie Ihr Konsulat, wenn Sie wegen eines Vergehens verhaftet werden. Informieren Sie die Polizei und Ihr Konsulat, wenn Sie in einen Unfall verwickelt waren, bei dem jemand verletzt oder Eigentum beschädigt wurde, wenn Ihr Pass verloren oder gestohlen ist, wenn Sie Opfer eines Verbrechens wurden, wenn Sie ein Kind bekommen oder wenn jemand aus Ihrer Gruppe stirbt.

Warnung

Indonesische Gesetze sehen für das Schmuggeln illegaler Drogen die Todesstrafe, für Waffenbesitz schwere Strafen vor.

Touristeninformation und Servicezentren

Es gibt staatliche Büros für die Information von Besuchern *(Dinas Pariwisata Pemerintah Propinsi Daerah Tingkat I Bali)* in jeder Regionalhauptstadt, in manchen Fällen sind auch mehrere in einer Stadt. Diese Informationsbüros bieten Broschüren und anderes Material über die wichtigsten Sehenswürdigkeiten. Feriengebiete haben eigene Informationszentren. Die Öffnungszeiten sind gewöhnlich montags bis donnerstags 7.30 bis 15 Uhr und freitags 7.30 bis 14 Uhr. Die Informationsbüros in wichtigen Urlaubsgebieten wie in Kuta, Sanur und Ubud haben zumeist längere Öffnungszeiten.

Touristenbroschüre

Ein Informationszentrum bietet eine Vielfalt von Diensten

Einheimische beginnen den Tag früh auf dem Morgenmarkt in Sidemen

Gute Informationsquellen vor Ort sind die vielen kleinen Läden in Feriengebieten, die auch einige oder alle der folgenden Dienste anbieten: Telefon, Fax, E-Mail, Flugbuchungen, Touren, Auto-, Motorrad- und Fahrradvermietung, Frachtverpackung und -verschiffung, Videoverleih, Geldwechsel, Filmentwicklung, Postdienste sowie Kartenvorverkauf.

Öffnungszeiten

Für Bauern und Marktverkäufer beginnt der Tag schon vor der Morgendämmerung – im muslemischen Lombok mit den Gebeten der Moscheen. Gegen 14 Uhr ist Ruhezeit.

Offen*(buka)*- und Geschlossen*(tutup)*- Zeichen

Banken, Regierungsbüros und viele kleine Geschäfte folgen diesem Muster. Läden, die Urlauber versorgen, richten dagegen ihre Verkaufszeiten nach der Kundschaft, sie öffnen vormittags und schließen abends, jeden Tag. Nur an wichtigen Feiertagen *(siehe S. 43)* bleiben sie geschlossen.

Sehenswürdigkeiten wie beispielsweise Tempel sind fast jeden Tag solange es hell ist geöffnet. Die Öffnungszeiten und Ruhetage der Museen dagegen variieren. Regierungsämter sind im Allgemeinen von 8 bis 16 Uhr geöffnet, manche schließen jedoch – vor allem am Freitag – früher. Die Schalterstunden von Banken sind generell von Montag bis Freitag von 8 bis 15 Uhr.

Christliche Gottesdienste

Die vorherrschende Religion in Bali ist der Hinduismus, in Lombok der Islam. Mehrere christliche Kirchen auf den Inseln richten jedoch Messen in englischer Sprache aus, wie beispielsweise die **Legian Church** in Kuta.

Einige Hotels wie das **Nusa Dua Beach Hotel** und das **Grand Bali Beach Hotel** in Sanur bieten Sonntagsgottesdienste, die sowohl ihre eigenen Übernachtungsgäste als auch Nichtgäste besuchen dürfen.

Cagar Budaya Nasional (Nationales Kulturdenkmal)

Halten Sie Ausschau nach kleinen weißen Schildern mit der schwarzen Aufschrift »Cagar Budaya Nasional«; sie weisen auf nationale Kulturdenkmäler hin. In Bali gibt es einige historische Stätten, viele sind Tempel. Bis in die 1990er Jahre waren die meisten Tempel offen für jeden, wenn er eine Tempelschärpe trug. Das ist heute nicht mehr der Fall. Außer sehr wichtigen Tempeln, die nicht als »Cagar Budaya Nasional« ausgezeichnet sind, sind die meisten nur an ihren jährlichen Festen offen, wenn sie jeder, der korrekt gekleidet und nicht im Tabu-Zustand *(siehe S. 219)* ist, besuchen darf. Nationale Kulturdenkmäler haben generell einen Kiosk mit Gästebuch und Spendenbox (ein paar tausend Rupiah sind genug), dort verleiht man Sarongs und Schärpen, um die Tempelordnung zu wahren. Manche verlangen eine Eintrittsgebühr.

Cagar-Budaya-Nasional-Schild weist auf ein Kulturdenkmal hin

Toilettenschilder in balinesischem Stil in einem Restaurant

Öffentliche Toiletten

Öffentliche Toiletten sind Mangelware – sowohl in Bali als auch in Lombok. Die Hygiene in den Sanitäranlagen ist bescheiden, Toilettenpapier selten.

Toiletten *(kamar kecil)* bestehen aus »Hock«-Becken und einem Eimer Wasser *(bak mandi)* zum Spülen und Reinigen. Die Toilettenzeichen allerdings – *»wanita«* (weiblich) bzw. *»pria«* (männlich) – sind manchmal überaus kunstvolle Schnitzereien.

Zeit

Bali und Lombok liegen sieben Stunden vor der Mitteleuropäischen Zeitzone. In unserer Sommerzeit verringert sich der Unterschied auf sechs Stunden.

Wegen der Nähe zum Äquator sind die Tage und Nächte fast gleich lang und variieren im Lauf des Jahres kaum. Es wird schnell dunkel: zwischen 18 und 19 Uhr.

Meterware in einem Stoffladen

Auf einen Blick

Flughafen

Ngurah Rai International Airport Information
(0361) 751 011.

Nützliche Websites

www.baliblog.com
www.expat.or.id/info/bali.html
www.bali-paradise.com
www.bali-portal.com
www.balibagus.com
www.http://balivillas.com
www.lombok-network.com

Information

Badung
Badung Tourism Authority (Südbali, Java, West-Nusantara und Lombok), Jalan Raya Kuta 2, Kuta.
und FAX *(0361) 756 176.*
www.lbadung.go.id

Denpasar
Regional Office of Tourism, Art and Culture, Jalan Raya Puputan Niti Mandala, Denpasar.
(0361) 225 649.
FAX *(0361) 233 474.*
www.bali.go.id/tourism

Denpasar
Bali Toursim Authority (DIPARDA), Jalan S Parman Niti Mandala, Denpasar.
(0361) 222 387.
FAX *(0361) 226 313.*
www.balitourism authority.net

West Nusa Tenggara
Provincial Tourist Service, Jalam Langko 70, Ampenan, Lombok.
(0364) 21 730.
Regional Office of Tourism, Art and Culture, West Nusa Tenggara, Jalan Singosari 2, Mataram, Lombok.
(0370) 632 723 oder *(0370) 634 800.*
FAX *(0370) 637 233.*

Konsulate

Deutschland
Jalan Hayam Pantai Karang 17, Sanur.
(0361) 288 535.
FAX *(0361) 288 826.*
@ germanconsul@bali-ntb.com

Österreich
Jalan Diponegoro 44, Jakarta.
(06221) 31 93 81 01.
FAX *(06221) 310 00 27.*
www.aussenministerium.at/jakarta
@ jakarta-ob@bmeia.gv.at

Schweiz
Jalan Patih Jelantik, Kuta.
(0361) 751 735.
FAX *(0361) 754 457.*
@ suisscon@telkom.net

Einwanderungsbehörden

Flughafen
Kantor Imigrasi Ngurah Rai Tuban, Jalan Raya I Gusti Ngurah Rai, Tuban.
(0361) 751 038.

Denpasar
Kantor Imigrasi Denpasar, Jalan Di Panjaitan, Niti Mandala, Renon.
(0361) 265 030.

Lombok
Kantor Imigrasi Lombok, Jalan Udayana 2, Mataram, Lombok.
(0370) 632 520.

Christliche Gottesdienste

(in englischer Sprache)

Bali Legian Church
(ökumenisch)
Jalan Patimura.
(0361) 754 255.

Christian City Church
Jalan Diponegoro 148, Denpasar.
(0818) 567 802.

Eastern Orthodox Church Service
Mykonos Restaurant, Jalan Laksmana 52.
(0813) 3874 3782.

Sanur
(ökumenisch)
Grand Bali Beach Hotel, Sanur (So 18.30 Uhr).
(0361) 286 022.

St Joseph Church
(katholische Messe)
Jalan Kepundung, Denpasar.
(0361) 233 729.
Bali Hyatt, Hibiscus Room, Sanur (Sa 19 Uhr).
St Franciscus Xaverius, Jalan Kartika Plaza, Kuta (Sa 18, So 20 Uhr).

Umgangsformen

Besucher mit entsprechender Höflichkeit sind generell in Bali und Lombok willkommen. Das größte Vergnügen bei Reisen in Indonesien ist die Begegnung mit den überaus gastfreundlichen Einheimischen. Die Balinesen sind ein extrovertiertes, fröhliches, selbstbewusstes Volk; die Sasak von Lombok sind reservierter. Beide behandeln Besucher höflich, besonders wenn diese die örtlichen Gebräuche kennen.

Balinesen, für eine Zeremonie in formelle Tracht gekleidet

Bekleidung

Die Kleiderordnung in Hotels ist locker, Shorts, nackte Arme und Schultern werden meist akzeptiert. Gehobenere Hotels bitten schon mal um »elegant zwanglose« Kleidung am Abend. Die Indonesier können über schamlose Kleidung schon mal erzürnt sein, Besucher sollten Taktgefühl beweisen.

In Urlauberenklaven ist die Kleidung leger. Ein Hut oder eine Kappe und schnell abstreifbare, bequeme Schuhe sind am besten für eine Tour. Indonesier ziehen meist die Schuhe aus, bevor sie ein Heim betreten.

Wenn man ein Regierungsbüro aufsucht, ist konservative Kleidung verbindlich: für Männer lange Hosen und langärmlige Hemden, Schuhe und Socken; für Frauen knielange Kleider oder Röcke, Blusen, die die Oberarme bedecken, und Schuhe. Gummilatschen betrachten Indonesier generell als unpassend.

Außerhalb von Feriengebieten, v.a. in Lombok, ist konservative Kleidung ein Zeichen von Höflichkeit. Ubuds Kleiderkodex ist konservativer als der in Urlaubsgebieten.

Sprachen

Die meisten Einheimischen, die mit Besuchern zu tun haben, sprechen etwas Englisch, und es gibt Führer in Japanisch und in wichtigen europäischen Sprachen.

Bahasa Indonesia, Indonesiens Nationalsprache, basiert zum Großteil auf Malayisch und ist seit Jahrhunderten die Handelssprache des Archipels. Verben haben Nach- und Vorsilben, die das Nachschlagen erschweren, wenn man die Grundform nicht kennt. Eine einfache Form von Indonesisch, die gegenüber Besuchern benutzt wird, ist jedoch leicht zu erlernen.

Die Balinesen und die Sasak halten ihre Sprachen aufrecht, die die gleichen Wurzeln wie das Javanische und ein Alphabet auf Sanskrit-Basis haben. Ein System von Parallel-Vokabularien reflektiert den sozialen Status, Fehler wirken beleidigend.

Tempelbesucherinnen mit Sarong und Schärpe

Soziales Verhalten

In Bali und Lombok werden bestimmte soziale Regeln beachtet, die Ihnen bei Befolgung einen herzlichen Austausch eröffnen und bei Missachtung Verwirrung oder Beleidigung verursachen.

Geben und nehmen Sie Dinge immer mit der rechten Hand, nie mit der linken. Zeigen Sie nicht mit dem Finger, besonders nicht auf Personen: Das könnte eine körperliche Herausforderung sein. Wenn Sie auf etwas zeigen müssen, benützen Sie den Daumen der rechten Hand. Zeigen Sie nie auf etwas mit dem Fuß.

Berühren Sie niemanden am Kopf, auch keine Kinder – der Kopf gilt als heiligster Teil des Körpers –, und stehen Sie nicht neben Sitzenden. Wenn Sie an einer auf dem Boden sitzenden Person vorbeigehen müssen, verbeugen und entschuldigen Sie sich (*»Maaf«* oder *»Sorry, sorry«*).

Lotus, Gnadensymbol auf Bali

Bei einer Gesellschaft, bei der man Erfrischungen reicht, warten Sie, bis Sie eingeladen werden, bevor Sie trinken oder essen. (Indonesier warten, bis sie mehrmals gebeten werden.) Setzen Sie sich auch nicht, ehe man Sie auffordert; die räumliche Platzierung hat einen bedeutenden sozialen Kodex für Indonesier.

Zeigen Sie – sofern möglich – keinen Zorn oder Trotz. Jeder überschwängliche emotionale Ausbruch lässt Sie dumm aussehen. Wie in vielen anderen Teilen Asiens wird es auch hier als plump angesehen, unnötig die Aufmerksamkeit auf sich zu ziehen, besonders in der Öffentlichkeit. Freundliches Verhalten wird auch von den Indonesiern geschätzt und zeitigt bessere Resultate als ein wütender Ausbruch.

Indonesier runzeln die Stirn über jedwede öffentliche Ausbreitung irgendwelcher Stimmungen – sie gelten als verwirrend für andere und werden deshalb generell als unhöflich erachtet.

Begegnungen

Man grüßt Leute, ob man sie kennt oder nicht, und wenn man an einen Ort kommt oder ihn verlässt, nickt man denen in der Nähe zu oder lächelt sie an. Höfliche Konversation hat oft die Form eines Fragenaustauschs. Besucher mögen es zudringlich finden – am besten antwortet man mit Gegenfragen.

Vor Betreten eines balinesischen Hauses zieht man die Schuhe aus

Gebetsstätten

Hindus in Bali und Lombok haben strikte Regeln bezüglich ihrer Tempel, die nach ihrem Glauben jeder beachten muss, auch Besucher, zum Schutz der spirituellen Hygiene heiliger Orte. Diese Regeln betreffen hauptsächlich Kleidung und Zustände des *sebel* (Tabu).

Eine Hüftschärpe, oft ein Sarong, ist Kleidung für jeden, der einen Tempel oder heiligen Boden betritt. Diese kann man in Tempeln, die regelmäßig Besucher haben, leihen, aber man kann sich auch überall eine kaufen.

Es ist kein moralischer Makel, in einem Zustand von *sebel* zu sein; im Gegenteil: Diesen Zustand anzuerkennen, zeugt von Selbstbewusstheit. Diese Regeln sollte man beachten, selbst wenn sie mit dem eigenen religiösen Glauben kollidieren. Zustände des *sebel* sind: Menstruation oder eine offene Wunde – dies bezieht sich auf das Verbot, Blut im Tempel zu vergießen; Essen in einen Tempel bringen, weil es nicht zu den Opfergaben passt; physisch oder geistig krank oder in psychisch gestörtem Zustand sein; in Trauer sein (für Balinesen bis 42 Tage vom Todesdatum eines nahen Verwandten an); und 42 Tage, nachdem man geboren hat (man glaubt, dies ziehe die Aufmerksamkeit der Geister auf sich).

Einige weitere Regeln sollte man in Tempeln befolgen, besonders bei Festen. Fragen Sie, ehe Sie einen Hof betreten, denn manche Tore sind für Priester und heilige Objekte reserviert. Bleiben Sie am besten im hinteren Teil eines Hofs, bis man Sie hereinbittet. Gehen Sie nicht vor Betenden oder einem Priester, der ein Ritual vollzieht. Fotografieren ist in manchen Tempeln verboten, fragen Sie die Tempeldiener, bevor Sie die Kamera zücken.

Opfergaben sollten nicht berührt werden, und Tempelmauern und Schreine dürfen nicht erklommen werden. Dies ist entweihend, sofern man kein Priester ist.

Es gibt Regeln für das Betreten einer Moschee: Besucher sollten ihre Schuhe ausziehen, bevor sie hineingehen, und Schultern, Arme und Beine bedecken; Frauen sollten ihren Kopf mit einem Schal bedecken und nicht eintreten, wenn sie menstruieren.

Handel um eine Strohtasche auf dem Markt

Verhandeln

Außer in gehobenen Läden und Kaufhäusern sind Preise nicht fix, und Verkäufer erwarten, dass die Kunden handeln, bevor sie einen Kauf tätigen. Indonesier finden es fair, dass Urlauber mehr zahlen als die (viel ärmeren) Einheimischen. Seien Sie realistisch. Um gute Preise zu kriegen, prüfen Sie das Angebot woanders, bevor Sie etwas erwerben, und entwaffnen Sie dann den Verkäufer mit Höflichkeit.

Reaktion auf Belästigungen

Wenn Sie von einem Straßen- oder Strandhändler nichts kaufen wollen oder das Angebot »Transport« ablehnen, reicht es meist, ruhig »No, thank you« zu sagen.

Geben Sie Kindern kein Geld. Wenn Sie ein kleines Geschenk für sie haben, geben Sie es ihren Eltern.

Frauen begegnet man in Indonesien mit Respekt, und sexuelle Belästigung ist selten. Trotzdem ist sittsame Kleidung hilfreich.

Händler bieten am Strand ihre Waren an

Sicherheit und Notfälle

Besucher auf Bali und Lombok haben meist keine größere Gefährdung als Sonnenbrand und vielleicht ein oder zwei Tage Magenverstimmung zu erwarten. Es ist wichtig zu wissen, dass Sie sich in einer »Parallelwirtschaft« bewegen, die viel reicher als die hauptsächlich arme Bevölkerung ist; dass es Zeit braucht für Besucher aus gemäßigten Gebieten, um sich dem tropischen Klima anzupassen; und dass Hygiene und medizinische Versorgung nicht so umfassend sind wie in anderen Ländern. Generell sollten Sie die gleichen Vorsichtsmaßnahmen treffen wie in Großstädten daheim.

Fahrräder sind praktisch, wie hier auf einer Einbahnstraße in Kuta

Wertsachen

Gewaltverbrechen sind in Bali und Lombok selten, aber Feriengebiete ziehen Diebe an, und Sie sollten auf Ihr Eigentum aufpassen.

Die meisten Hotels bieten eine Art Gepäckschließfach. Benutzen Sie es. Wertsachen herumliegen zu lassen, heißt zum Diebstahl einzuladen. Legen Sie Wertsachen und wichtige Dokumente in den Hotelsafe. Schließen Sie die Türen und Fenster Ihres Hotelzimmers, wenn Sie ausgehen. Seien Sie auf der Hut vor Taschendieben in Menschenmassen wie in öffentlichen Verkehrsmitteln und Flughafenterminals. In Banken und besonders bei Geldwechslern zählen Sie das Geld vorsichtig am Schalter, und stecken Sie es sofort in Ihre Brieftasche, bevor Sie den Ort verlassen. Überlassen Sie das Geld nicht mehr dem Geldwechsler, wenn Sie es gezählt haben.

Notieren Sie die Seriennummern von Kamera, Computer oder anderer Ausrüstung, und machen Sie Fotokopien von wichtigen Dokumenten wie Pass und Visum, Kreditkarten und Führerschein – sie sind nützlich für einen Polizeibericht oder einen Versicherungsanspruch.

Persönliche Sicherheit

Urlauber werden in Bali und Lombok als geschätzte Gäste behandelt. Wenn Sie spätnachts allein abseits der Hauptwege reisen, ziehen Sie sicherlich die Aufmerksamkeit der Einheimischen auf sich, aber eher aus Sorge um Ihr Wohlergehen. Frauen, die allein reisen, sollten die übliche Vorsicht walten lassen.

In Orten wie Kuta, in denen es Nachtleben gibt, sollten Sie – wie in anderen Ländern auch – wachsam sein.

Von bewaffneten Raubüberfällen wurde aus entlegeneren Teilen Lomboks berichtet, besonders um Gunung Rinjani. Holen Sie sich den Rat Einheimischer, bevor Sie in dem Gebiet allein reisen.

Wenn Sie belästigt werden, gehen Sie an einen belebten Ort. Wenn Sie um Hilfe rufen, kann dies ein ganzes Dorf auf den Plan rufen und zu »Straßenjustiz« führen – mit tragischen Folgen für den Angeklagten. Seien Sie also vorsichtig, jemanden anzuklagen.

Terroranschläge in Indonesien führten in den letzten Jahren dazu, dass einige Länder vor Reisen in den Archipel warnten. Erkundigen Sie sich beim Auswärtigen Amt. Wenn Sie in Bali sind, sollten Sie sich nicht in politische Demonstrationen mischen.

Polizeistreifenwagen

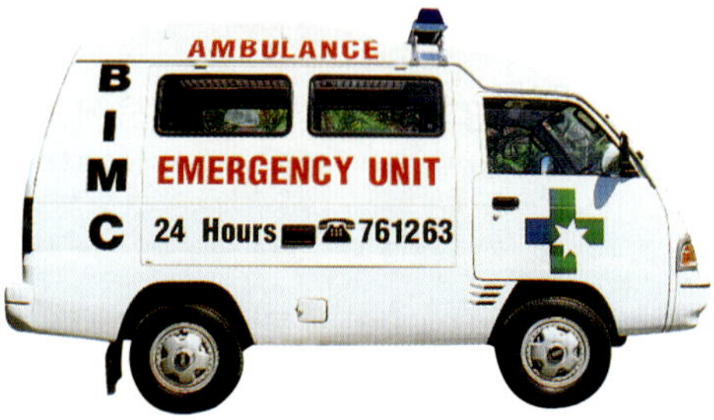

Krankenwagen

Medizinische Versorgung

Es gibt in den wichtigen Feriengebieten 24-Stunden-Kliniken für kleinere Beschwerden und Erste Hilfe. Dass sie hauptsächlich Urlauber versorgen, zeigt sich in den Preisen. Zu diesen Kliniken gehören **Bali International Medical Centre**, **Bali Nusa Dua Emergency Clinic**, **SOS Clinic**, **General Hospital** und **Ubud**

Clinic. Hausbesuche kosten extra. Krankenhäuser für Einheimische heißen Puskesmas, sie sind nicht so gut ausgerüstet und besetzt. Große Hotels haben Ärzte auf Abruf. Es gibt öffentliche Hospitäler *(rumah sakit umum)* in jeder Regionalhauptstadt – das beste in Sanglah, Denpasar – und einige Privatkliniken. Besuchern ist sehr zu empfehlen, vor der Reise eine Krankenversicherung inklusive Rücktransport abzuschließen.

Leichte Beschwerden

Die häufigsten Gesundheitsprobleme von Besuchern sind Sonnenbrand, Sonnenstich, Verdauungsstörungen, Infektionen durch unbehandelte Wunden und Verletzungen durch Motorradunfälle.

Wasserflasche

Benutzen Sie einen Sunblocker und erneuern Sie ihn nach dem Baden; meiden Sie die Sonne zwischen 11 und 14 Uhr, und tragen Sie einen Hut.

Widerstehen Sie der Verlockung einer Motorradtour im Badeanzug – es sieht albern aus (Helme sind Pflicht), und die Haut wird von Sonne und Wind versengt. Tragen Sie Schutzkleidung, und achten Sie auf das Auspuffrohr, es kann schlimme Verbrennungen verursachen.

Tropische Geschwüre sind Infektionen, die entstehen, wenn Wunden wie Schnitte oder aufgekratzte Moskitostiche nicht behandelt werden. Jede Wunde sollte mit Wasser und Seife gewaschen werden und mit antiseptischer Salbe oder Puder bedeckt werden.

Magenverstimmungen können Sie mit einer Diät behandeln (Reis und schwarzer Tee sind gute Heilmittel). Bei starkem Durchfall brauchen Sie viel Flüssigkeit; das zu vernachlässigen, kann für Kinder tödlich sein. Wasser einer jungen Kokosnuss ist hilfreich. Besteht Verdacht auf Cholera, gehen Sie zum Arzt.

Um Verdauungsproblemen vorzubeugen, meiden Sie nicht von Ihnen geschälte Früchte. Trinken Sie nur Wasser aus Flaschen, nachdem Sie das Siegel auf Unversehrtheit geprüft haben. Das Essen an Imbissständen ist immer frisch, aber die Hygiene ist manchmal fraglich.

Hut und Brille bieten Sonnenschutz

Hinweisschild einer Apotheke *(apotik)*

Apotheken

Apotheken heißen *»apotik«*. In Städten gibt es im Allgemeinen zahlreiche. Hier berät meist ein qualifizierter Apotheker, der etwas Englisch spricht, die Kundschaft. Importierte Markenarzneien sind teuer; billigere Entsprechungen sind oft zu haben.

Schlangen und Insekten

Schlangen *(ular* auf Bahasa Indonesia, *lelipi* auf Balinesisch) sieht man manchmal – Bali hat Feld- und Wasserschlangen. Die meisten sind harmlos. Die leuchtend grüne Baumviper hat einen giftigen, für kleine Kinder und physisch Schwache tödlichen Biss. Sie bewohnt Reisfelder und Bäume. Gehen Sie nicht ohne entsprechenden Schutz in dichte Vegetation, und machen Sie Warngeräusche. In Südbali gibt es Kobras, deren Biss tödlich sein kann.

Skorpione und Tausendfüßler lauern manchmal in dunklen Ecken; ihr Biss ist meist nicht sehr gefährlich, aber schmerzhaft. Moskitos leben meist in der Küstengegend. Benutzen Sie Abwehrmittel und schützende Kleidung, und verbrennen Sie Moskitospiralen *(obat nyamuk)*, die Sie in den meisten Hotels und Restaurants bekommen.

Risiken im Wasser

Die tropische Sonne in Bali und Lombok ist sehr stark, ebenso die Strömungen des Indischen Ozeans an der Südküste von Bali und Lombok. Nicht alle Strände haben Rettungsschwimmer oder Markierungen.

Flüsse, die ins Meer münden, durchqueren zuvor Städte mit mangelhafter Hygiene. Das Wasser ist oft mehr als dreckig. Aus diesem Grund sollten Sie das Baden in Flüssen besser bleiben lassen.

Auf einen Blick

Notdienste

Krankenwagen *118.*
Feuerwehr *113.*
Polizei *110.*
Rotes Kreuz
(0361) 225 465.
Rettungsdienst
115, 111 oder 151.

Kliniken

Bali International Medical Centre (BIMC)
Jalan Bypass Ngurah Rai 100X, Kuta.
(0361) 761 263.
FAX *(0361) 764 345.*
info@bimcbali.com
www.bimcbali.com
24 Std.

Bali Nusa Dua Emergency Clinic
BTDC Complex, Nusa Dua.
(0361) 772 392. *24 Std.*

General Hospital
Jalan Pejanggik, Mataram, Lombok.
(0370) 22 254. *24 Std.*

SOS Clinic
Jalan Bypass Ngurah rai 505x, Kuta.
(0361) 710 505. *24 Std.*
www.internationalsos.com

Ubud Clinic
Jalan Raya Campuhan 36, Ubud.
(0361) 974 911. *24 Std.*
www.ubudclinic.com
Zahnärztlichen Notdienst gibt es in den 24-Stunden-Kliniken.

Banken und Währung

Eine alte *Kepeng*-Münze

Seit der Finanzkrise 1997 schwanken die Wechselkurse zwischen indonesischen und anderen Währungen stark – wie auch die Preise. Moderne Bank- und Wechseleinrichtungen gibt es in größeren Städten und Ferienzentren. Die wichtigsten Kreditkarten werden weitgehend akzeptiert. Obwohl Geld und Reiseschecks in anderen Währungen gewechselt werden können, sind US-Dollar beliebt. Viele Preise sind in US-Dollar angegeben. Die einheimische Währung (Rupiah) wird dann meist als Wechselgeld herausgegeben.

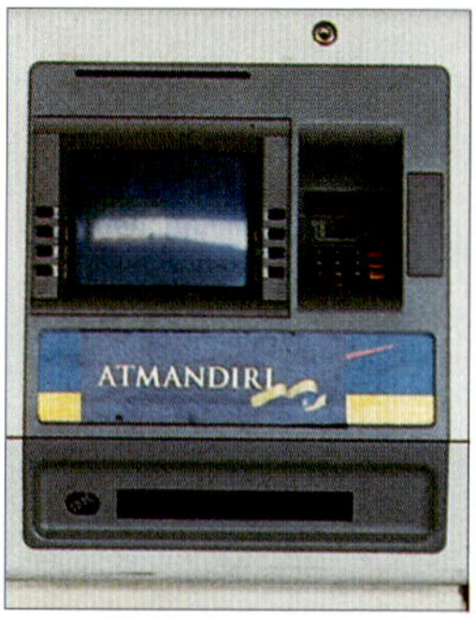

Geldautomat an einer Bank

Zweigstelle der BCA, einer indonesischen Bank, in Kuta

Banken

Die einzigen ausländischen Banken in Bali sind **Citibank** und **ABN Amro**. In Bali sind Hauptstellen der größten indonesischen Banken in Denpasar, mit Filialen in Regionalhauptstädten wie Kuta, Sanur und Ubud und in größeren Hotels. In Lombok sind größere Banken in Mataram. Die meisten Banken in Feriengebieten wechseln fremde Währungen. Es ist möglich, sich Geld telegrafisch auf eine Bank in Indonesien überweisen zu lassen.

Reiseschecks und Geldwechsler

Reiseschecks werden in Bali und Lombok normalerweise nicht anstelle von Bargeld akzeptiert, können aber in Banken und Wechselstuben getauscht werden, wenn auch zu einem ungünstigeren Kurs als Bargeld. Nehmen Sie Ihren Pass mit. Wechselmöglichkeiten gibt es viele in Bali und in größeren Ferienorten in Lombok. Anderswo sollte man Bargeld dabeihaben. Geldwechsler findet man zumeist in Ferienzentren. Missbrauch kommt vor, seien Sie wachsam.

Geldautomaten

Elektronische Bankgeschäfte nehmen auch in Indonesien rapide zu. Geldautomaten findet man an vielen Banken in Feriengebieten wie beispielsweise Sanur, Kuta, Denpasar und Ubud sowie am Flughafen. Die gängigen internationalen Kredit- und Debitkarten werden akzeptiert.

24-Stunden-Geldwechlser in Semiyak

Auf einen Blick

Kreditkartenverlust

Allgemeine Notrufnummer
(0049) 116 116.
www.116116.eu

American Express
(021) 521 61 11.

Diners Club
(021) 570 12 55.

MasterCard
(001) 63 67 22 71 11.

Visa
(001) 41 05 81 99 94.

Maestro-/EC-Karte
(0049) 69 740 987.

Banken

Die großen Banken in Indonesien wechseln ausländische Währungen, zahlen gegen Kreditkarten Bargeld aus und erledigen Geldtransfers.
Die Schalterstunden: Mo–Fr 8–15, Sa 8–11 Uhr.

ABN Amro
Jalan Teuku Umar 10, Denpasar.
(0361) 244 277.

Bank Danamon
Jalan Raya Legian 87, Kuta.
(0361) 761 620.

Bank Lippo
Jalan M.H. Thamrin 59, Denpasar.
(0361) 436 047.

Bank Mandiri
Jalan Danau Tamblingan 59, Sanur.
(0361) 283 885.

Bank Negara Indonesia
Grand Bali Beach Hotel, Sanur.
(0361) 288 511.

Jalan Gajah Mada 30, Denpasar.
(0361) 263 304.

Jalan Langko 64, Mataram, Lombok.
(0370) 636 046.

Jalan Legian 359, Kuta.
(0361) 751 914.

Jalan Raya Ubud, Ubud.
(0361) 975 986.

Jalan Surapati 52A, Singaraja.
(0362) 22 648.

Nusa Dua Beach Hotel, Nusa Dua.
(0361) 771 906.

Citibank
Jalan Teuku Umar 208, Denpasar.
(0361) 269 999.

Kreditkarten

Wichtige internationale Kreditkarten wie **American Express**, **Diners Club**, **Visa** und **MasterCard** akzeptiert man in den meisten Ferienorten Balis und Lomboks. Auch Einheimische benutzen diese Karten, die immer gebräuchlicher werden. Barauszahlungen auf Kreditkarten leisten die meisten Banken gegen eine Gebühr.

Landeswährung

Indonesiens Währungseinheit ist die Rupiah (Rp). Im Frühjahr 2007 gab es für 1 Euro ca. 12 400 Rp, eine Mahlzeit am Imbissstand kostet etwa 7000 Rp. Tragen Sie etwa so viel in kleinen Scheinen mit sich: Oft kann auf große Scheine nicht herausgegeben werden. Einige alte Banknoten sind noch im Umlauf. Seien Sie vorsichtig, wenn Sie stark verschmutzte oder beschädigte Noten erhalten. Jede Person darf 50 Millionen Rp ein- und ausführen.

Banknoten

Es gibt sie zu den Nennwerten von 100 Rp, 500 Rp, 1000 Rp, 5000 Rp, 10 000 Rp, 20 000 Rp, 50 000 Rp und 100 000 Rp.

1000 Rupiah

5000 Rupiah

10 000 Rupiah

20 000 Rupiah

50 000 Rupiah

100 000 Rupiah

Münzen

Münzen gibt es in folgenden Nennwerten: 25 Rp (selten und fast wertlos), 50 Rp, 100 Rp, 500 Rp und 1000 Rp. Manche Münzen früherer Prägung sind noch im Umlauf.

50 Rupiah

100 Rupiah

100 Rupiah

500 Rupiah

1000 Rupiah

Kommunikation

Touristenmagazin *Hello Bali*

Kommunikation mit dem Rest der Welt ist in den wichtigsten Ferienzentren gut und verbessert sich ständig in Bali und Lombok. Telkom, die staatliche Telefongesellschaft, bietet auch Internet; Indosat ist ein großer Telekommunikationsdienstleister/Provider. *Wartel* (von »*warung telkom*«, »Telkom-Läden«) sind öffentliche Telekommunikationseinrichtungen in Läden. Die Gebühren für internationale Telefonate gehören zu den höchsten der Welt, besonders wenn Sie Anrufe vom Hotel aus tätigen.

Wartel-Büros bieten Telefondienste

Telefonieren in Bali und Lombok

In den Zweigstellen von *wartel (warung telkom)* kann man Orts- sowie Auslandstelefonate führen. Fern- und internationale Gespräche sind jedoch kostspielig. An der Straße findet man keine öffentlichen Telefone mehr.

Prepaid-Karten, »Hello«-Karten genannt, für Festnetztelefonate gibt es in Internet-Shops zu kaufen. Wenn Sie viel telefonieren, lohnt sich die Anschaffung. Einige lokale Telefonkarten-Dienste akzeptieren »Hello«-Karten ebenfalls – fragen Sie den Verkäufer danach. »Hello«-Karten gibt es ab ca. 20 US-Dollar.

Mobiltelefone werden auch in Indonesien immer gebräuchlicher. Sie nutzen GMS- oder CDMA-Systeme. Fragen Sie Ihren Mobilnetz-Betreiber, ob er mit den GSM- oder CDMA-Anbietern in Indonesien, z.B. Satelindo, Pro-XL oder Matahari, Abkommen hat. In diesem Fall können Sie günstige SIM-Karten für Ihr Handy kaufen. Läden und Kioske dafür gibt es an fast jeder Straßenecke. Die Karten gelten entweder für bestimmte Gebiete, für ganz Indonesien oder auch weltweit – fragen Sie den Verkäufer danach.

Das Versenden von Faxen ist in einem *wartel*, in Geschäftszentren und Internet-Cafés möglich. Berechnet wird sowohl das Senden als auch das Empfangen. Die Preise richten sich nach Telefontarifen (plus Seitenzuschlag). Die Tarife variieren.

In Bali und Lombok werden Telefonbücher in Indonesisch und Englisch sowie englischsprachige *Gelbe Seiten* herausgebracht. Ein Standardsystem für die Alphabetisierung balinesischer Namen existiert nicht – eine Person namens »Ida Bagus Made Gunung« kann man im Telefonbuch entweder unter »I. B. Md. Gunung« oder auch unter »I« oder »G« finden.

Telefonnummern

Indonesische Telefonnummern bestehen aus der Vorwahl des Landes (0062), der Regionsvorwahl und der fünf- oder sechsstelligen Teilnehmernummer. Wenn Sie innerhalb Indonesiens telefonieren, wählen Sie eine 0 vor der Regionalvorwahl.

Vorwahlen

Südbali
Badung: **361**
Zentralbali
Gianyar: **361**
Ostbali
Bangli: **366**
Klungkung: **366**
Karangasem: **363**
Nordbali
Buleleng: **362**
Westbali
Tabanan: **361**
Jembrana: **365**
Lombok: **370**

Postdienste

Die indonesische Post bietet alle Leistungen, die man erwartet. Internationale Lieferungen sind acht bis zehn Tage unterwegs. In Urlaubsgebieten gibt es viele formlose Poststellen, in denen Sie Postkarten und Briefmarken kaufen können. Die Postzentrale befindet sich an der Hauptstraße in Renon in Denpasar. Die Poststellen in Ubud, Kuta und Singaraja haben *Poste-restante*-Dienste. Pakete versendet man besser und sicherer über renommierte Kurierdienste wie **DHL**, **FedEx** oder **UPS**.

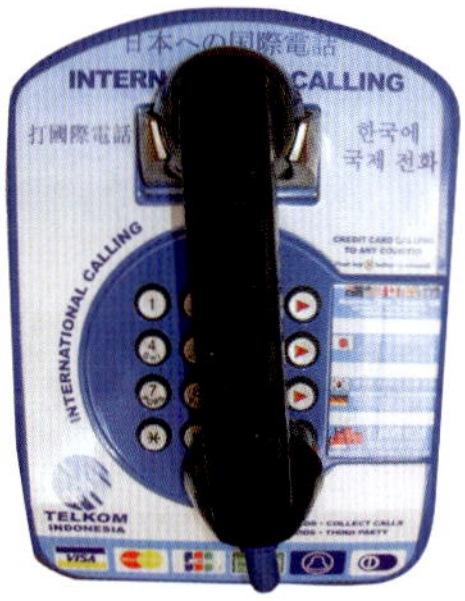

Telefon für Ferngespräche in einem *Wartel*-Büro

Kurierdienste

Internationale Kurierdienste haben Büros in Bali und Lombok. Die meisten sind in Denpasar, nur FedEx, DHL und **Elteha** haben Filialen in Ubud. Eventuell muss man die Lieferung selbst abgeben. Elteha liefert auch innerhalb Indonesiens aus.

Internet

Indonesien hat mehr als 50 Internet-Service-Provider (ISP). Fragen Sie bei Ihrem Anbieter nach den internationalen Einwahlnummern. Den einfachsten Zugang zum Internet garantiert die Einwahlnummer von **Telkom**, die freien Internet-Zugang ohne Registrierung bietet.

Internet-Cafés findet man inzwischen überall in Bali und Lombok. Einige bieten schnelle Satelliten- oder Breitband-Verbindungen, zumeist ist die Übertragung allerdings eher langsam. Zu empfehlen sind z.B. **Xtreme Café Bali**, **Roda Internet Café**, **Bali 3000**, **Millennium Internet**, **Highway** und **Wi Fi Connection**.

Fernsehen

Satellitenfernsehen ist weitverbreitet in indonesischen Städten und in allen größeren Hotels in Bali und Lombok. Indonesien hat zehn private TV-Kanäle und das von der Regierung geleitete TVRI. Bali TV bietet viele Kultursendungen, z.B. mit Musik und traditionellem Tanz. Alle Kanäle senden in indonesischen Sprachen, obwohl sie einige ausländische Filme zeigen.

Zeitungen und Zeitschriften

Englischsprachige Tageszeitungen – die amerikanische *International Herald Tribune* und die angesehene *Jakarta Post* – bekommt man in Touristenläden und (etwas teurer) vom Straßenhändler.

Mehrere englischsprachige Magazine sind erhältlich. *Hello Bali* ist ein kostenloses Monatsmagazin für Besucher und liegt in Hotels und Restaurants aus. Die alle zwei Monate erscheinenden *Bali Echo* und *Bali and Beyond* sind Tourismus-, Kunst- und Kulturmagazine, die über Ereignisse und Veranstaltungen in Bali und Lombok berichten. Die ebenfalls zweimonatlichen Magazine *Yak* und *Bud* kündigen Events in Seminyak und Ubud an.

Der zweiwöchentlich erscheinende kostenlose *Bali Advertiser* richtet sich an die Auswanderer-Gemeinschaft, hat aber auch Informationen über Restaurants, Touren und Aktivitäten für Urlauber. *The Poleng* ist ein freches, alle zwei Monate erscheinendes Magazin über Kunst, Kultur und Gesellschaft in Bali.

Auf einen Blick

Nützliche Telefonnummern

Örtliche Auskunft
108.

Inlandsauskunft
0809 108 108.

Auslandsauskunft
102.

Ferngespräche übers Amt
101.

Internationale Direktwahl
001, 017 oder 008.

Deutschland Direkt
001 801 49.

Kurierdienste

DHL
Jalan Bypass Ngurah Rai, Tuban.
(0361) 768 282.

Jalan Bypass Ngurah Rai 155, Sanur.
(0361) 283 818.

Jalan Legian Kaja 451, Kuta.
(0361) 762 139.

Jalan Raya Ubud 16, Ubud.
(0361) 972 195.

Elteha
Jalan Pengosekan, Ubud.
(0361) 977 773.

Elteha Lombok
Jalan Koperasi 8, Mataram, Lombok.
(0370) 631 820.

FedEx
Jalan Bypass Ngurah Rai 72, Jimbaran.
(0361) 701 727.

Jalan Raya Ubud 44, Ubud.
(0361) 977 575.

United Parcel Service (UPS)
Jalan Bypass Ngurah Rai 2005.
(0361) 764 439 oder (0361) 766 676.

Internet-Anschluss

Telkom
Freier Internet-Zugang ohne Registrierung.
0809 89 999.
In der Dialogbox den Nutzernamen »telkomnet@instan« und das Passwort »telkom« eingeben.
162 (Information).

Internet-Cafés

Atmosphere Bali
Discovery Shopping Mall D36, Denpasar.

Bali 3000
Jalan Raya Ubud.
(0361) 978 538.
www.bali3000.com

Bali@Cyber Café
9 Kompleks Sriwijaya, Jalan Patih Jelantik, Kuta.
(0361) 761 326.

Highway
Jalan Raya Ubud.
(0361) 972 107.
www.highwaybali.com

Millennium Internet
Opp. Papaya Restaurant, Senggigi, Lombok.

Roda Internet Café
Jalan Bisma 3, Ubud.
(0361) 973 325.

Wi Fi Connection
Bali Deli, Jalan Kunti 117x, Seminyak.
(0361) 738 686.

Xtreme Café Bali
Jalan Kerobokan 388x, Kuta.
(0361) 736 833.

Computer-Vermietung

Adi Computer
Jalan Tukad Yeh Penet 2, Renon, Denpasar.
(0361) 236 531 oder (0361) 238 430.

Harry's Computer
Jalan Teuku Umar 173, Denpasar.
(0361) 232 470 oder (0361) 266 773.

PC Mac
Jalan Iman Bonjol 266D, Denpasar.
(0361) 489 747.
@ *pcmac@indosat.net.id*

Rimo Complex
Jalan Diponegoro, Denpasar.
(0361) 233 206.

Reiseinformationen

Bali ist eines der großen Tore Indonesiens. Sein internationaler Flughafen, Ngurah Rai Airport, der viele Fluglinien abfertigt, und sein Hafen sind mit Zoll- und Einwanderungsbeamten besetzt, um Reisende zu empfangen. Auf Lomboks Flughafen landen internationale Flüge nur aus Singapur. Man kann auch mit Bus und Fähre nach Bali und Lombok reisen. Der Transport vom Flughafen wird von Flughafentaxis und Hotel-Shuttlebussen abgewickelt. Beim Abflug vom Flughafen wird eine Flughafengebühr erhoben.

Firmenzeichen indonesischer Fluglinien

Gelandetes Flugzeug auf dem Ngurah Rai Airport auf Bali

Per Flugzeug nach Bali

Der Ngurah Rai International Airport in Bali liegt in Tuban, südlich von Kuta, aber als Zielort wird Denpasar ausgewiesen. Es gibt viele Direktflüge von Europa (besonders von London), Nordamerika, Australien, Neuseeland und Ländern in Ostasien wie Singapur, Thailand und Japan.

Flüge aus Europa haben meist einen Zwischenstopp auf Jakartas exzellentem Flughafen. Manche Flüge gehen nicht weiter, haben aber Verbindung nach Denpasar mit **Garuda Indonesia**, Indonesiens Inlandsfluglinie.

Es gibt täglich Flüge zwischen Jakarta und Denpasar. Viele europäische Reisende fliegen nach Singapur, von wo regelmäßig Flüge nach Denpasar mit Garuda und **Singapore Airlines** gehen. Auch **Malaysia Airlines** und **Qantas** fliegen Denpasar an.

Die meisten Flüge aus Nordamerika kommen aus Los Angeles (daneben aus San Francisco, Seattle und Vancouver), mit Stopps auf Pazifikinseln oder in Tokio. Flieger aus Taiwan (China Airlines) und Hongkong (**Cathay Pacific Airways**) stoppen auf ihren Heimatflughäfen.

Flugkosten und Steuern

Die Kosten sind am höchsten in der Hauptsaison; aber deren Definition variiert je nach Fluglinie. Die Hauptsaison für **Air New Zealand** schließt die Sommerferien im Dezember mit ein. Flüge aus London sind generell billiger als solche aus anderen europäischen Hauptstädten.

Der Flughafen erhebt eine nominelle Abflugsteuer auf Inlandsflüge. Steuern für internationale Flüge sind höher.

An- und Abfahrt vom Flughafen

Der Ngurah Rai Airport liegt etwa eine halbe Autostunde von Kuta, Nusa Dua und Sanur und etwa eine Stunde von Ubud entfernt. Außerhalb der Zentren ist der Verkehr flüssiger.

Der Transport vom Flughafen ist auf Spezial-Flughafentaxis, Hotel-Shuttlebusse und Privatwagen beschränkt. Mehrere Autovermietungen *(siehe S. 229)* haben Büros dort.

Taxis finden Sie vor dem Ausgang des Flughafengebäudes. Die Tarife hängen aus und variieren nach Zielort – sie reichen von 30 000 Rp (für Kuta Beach) bis zu 170 000 Rp (für Ubud). Für Fahrten aus der Stadt zahlt man 30 Prozent mehr. Nach dem Kauf eines Gutscheins am Kiosk werden Sie zu Ihrem Taxi gebracht. Dieses System soll Kundenfang und Verwirrung vermeiden und allen Fahrern die gleiche Möglichkeit auf einen Fahrgast geben. Wenn Sie schließlich an Ihrem Zielort angekommen sind, geben Sie dem Fahrer Ihren Gutschein.

Flughafentaxi

Bezahlt wird in Rupien. Es befinden sich Geldwechsler am Ausgang, der Wechselkurs ist meist günstig. Es gibt Geldautomaten in den Hallen der internationalen und der Inlandsflüge, die Ihre Kreditkarten akzeptieren.

Für Fahrten zum Flughafen gibt es neben Taxis billige Shuttlebusse von den großen Ferienzentren.

Eine Touristeninformation bietet Tickets und Reservierungen

Reisen zu den Inseln vor Bali

Nusa Penida ist nicht unbedingt ein Touristenzielort, außer für die abgebrühtesten Reisenden. Man kann es mit kleinen Booten von Sanur Beach, von Kusamba Beach oder Padang Bai erreichen. Nusa Lembongan vor Nusa Penidas Nordwestküste entwickelt sich zu einem Ort für Tages- und Übernachttrips. **Bali Hai Cruises**, **Bounty Cruises** und **Island Explorer Cruises** bieten Tagesreisen zur Insel. **Kuta Sail Sensations** verlässt täglich Benoa für Tagesausflüge. **Ombak Putih** fährt zu den östlichen Inseln.

Per Flugzeug nach Lombok

Balis Flughafen ist auch Terminal für indonesische Inlandsflüge. Flugreisen zwischen Bali und Lomboks Flughafen in Mataram werden von **Merpati Nusantara Airlines** und **Lion Air** abgewickelt. Der Flugplan ändert sich je nach Nachfrage, aber meist gibt es täglich zehn Flüge. Die Flugzeit beträgt etwa 25 Minuten, und für jede Etappe wird eine Abflugsteuer berechnet.

Per Schiff nach Lombok

Der billigste Weg, die Straße von Lombok zu überqueren, ist die Fähre, obwohl die Reise fast einen ganzen Tag dauert. Fähren gehen ab Padang Bai in Ostbali nach Pelabuhan Lembar (Lembar-Hafen) in Lombok in 60- bis 90-Minuten-Intervallen rund um die Uhr. Die Überfahrt dauert ca. vier Stunden. Erfahrene Reisende fahren früh nach Padang Bai, um neuere, bessere Fähren zu bekommen. Ein Erste-Klasse-Ticket garantiert einen Sitzplatz im klimatisierten Salon, was aber weniger vergnüglich als an Deck ist. Fahrräder, Motorräder und Autos kosten extra.

Fähren in Pelabuhan Lembar

Die Tickets für die Fähre kauft man direkt am Hafen.

Es gibt Alternativen zur Fähre. **Bounty Cruises** bietet täglich Fahrten nach Lombok.

Von Denpasar gibt es auch einen Flug nach Mataram, der gerade mal eine halbe Stunde dauert. Perana Shuttle bietet täglich um 6 Uhr eine Bus- und-Bootsfahrt nach Senggigi an, sie kostet 25 US-Dollar. Der Bus fährt von Kuta nach Padeng Bai, wo das Boot ablegt. Alternativ kann man um 9 Uhr Perana-Busse von Kuta oder Ubud nehmen, um die regelmäßig verkehrende Fähre nach Lentar zu erreichen.

Reisen zu den Inseln vor Lombok

Der bequemste Weg zu den Gili-Inseln ist das Shuttleboot von Senggigi aus. Dies lässt sich schon von Bali aus arrangieren. Man kann aber auch ein Auslegerboot von Senggigi oder Bangsal aus chartern. Auch Kreuzfahrten sind möglich: **Bounty Cruises** bietet tägliche Ausflüge zu den Gili-Inseln.

Die Jet-betriebene Mabua-Express-Fähre auf dem Weg nach Lombok

Auf einen Blick

Internationale Fluglinien

Air New Zealand
(0361) 768 255.
www.airnewzealand.com

British Airways
(021) 230 0277 (Denpasar).
www.britishairways.com

Cathay Pacific Airways
(0361) 766 932.
www.cathaypacific.com

Garuda Indonesia
(0361) 254 747 (Denpasar).
(0361) 270 535 (Sanur).
(0361) 751 361 (Kuta).
www.garuda-indonesia.com

Lufthansa
(021) 550 71 26 (Jakarta).
www.lufthansa.com

Malaysia Airlines
(0361) 757 299.
www.malaysiaairlines.com

Qantas
(0361) 288 331
(Grand Bali Beach Hotel, Sanur).
www.qantas.com

Singapore Airlines
(0361) 768 388.
www.singaporeair.com

Swiss
(021) 522 99 11 (Jakarta).
www.swiss.com

Inlandsfluglinien

Lion Air
(0361) 236 666.
www.lionair.co.id

Merpati Nusantara Airlines
Jalan Melati 51, Denpasar.
(0361) 235 358.
Mataram, Lombok.
(0370) 36 745.
www.merpati.co.id

Kreuzfahrten

Bali Hai Cruises
Benoa Harbour, Bali.
(0361) 720 331.

Bounty Cruises
Jalan Pelabuhan, Benoa Harbour.
(0361) 726 666.
Jalan Raya Senggigi, Senggigi.
(0370) 693 567.

Island Explorer Cruises
Jalan Bypass Ngurah Rai 622, Suwung, Badung.
(0361) 728 088.

Ombak Putin
Kuta Poleng D7, Kuta.
(0361) 766 269.

Mit Auto und Bus unterwegs

Straßenkarte von Bali

Das einzige Mittel, innerhalb Balis oder Lomboks zu reisen, ist der Straßenverkehr. Sich in Bali zu bewegen, besonders im Süden und in Ubud, wird zunehmend hektischer, da Autos und Motorräder mehr werden. Billige öffentliche Verkehrsmittel wie *bemo* und Busse gibt es überall in Bali und Lombok. Viele Leute mieten einen Wagen mit Fahrer. Touristen-Shuttles sind auch gute Alternativen.

Öffentlicher Verkehr

Öffentlicher Transport in Bali und Lombok ist billig, aber nicht immer bequem für Besucher, da er nachts sehr eingeschränkt ist und die Routen eher auf die Bedürfnisse der Einheimischen abgestimmt sind.

Bemo sind Busse, die auf bestimmten Routen fahren. Kleine *Bemo* fahren in der Stadt, während große *Bemo* zwischen den Städten verkehren, wie von Denpasar nach Ubud oder Kuta. Die Preise sind niedrig (unter 1600 Rp in der Stadt, unter 5000 Rp zwischen Städten), aber es kann manchmal mehrere Stunden dauern, um 15 Kilometer zurückzulegen, und Ausländer werden schon mal übervorteilt. *Bemo* sind oft sehr voll.

Busse, die hauptsächlich von Einheimischen benutzt werden, fahren zwischen Städten und über die Inseln. Mit weniger Stopps sind die Busse meist schneller als *Bemo*. Hauptrouten sind von Denpasar nach Singaraja, von Denpasar nach Amlapura und von Sweta nach Labuhan Lombok. Bezahlt wird beim Fahrer oder Schaffner (ca. 8000 Rp, nicht verhandelbar). Tickets kann man nicht vorher kaufen, außer für Fahrten zwischen den Inseln.

Die Haupttermінals in Südbali liegen um Denpasar: bei Batubulan im Norden, bei Kereneng in Zentral-Denpasar und bei Ubung im Westen.

Taxis

In Südbali kann man klimatisierte Taxis mit Zählern herbeiwinken oder anrufen. Manche Fahrer wollen eine Pauschale aushandeln; es ist aber meist besser, mit Taxameter zu fahren. Manche Fahrer fahren nachts nicht gern nach Ubud, weil sie kaum einen Fahrgast für die Rückfahrt finden. Dann muss man etwa 20 Prozent mehr bezahlen.

Schilder auf Bahasa-Indonesia und Balinesisch

Shuttlebusse

Eine nützliche Neuerung sind Touristen-Shuttles – kleine Busse, die regelmäßig zwischen Urlaubszielen verkehren. Sie sind bei Rucksackreisenden beliebt und bieten die Möglichkeit, andere Reisende zu treffen. Mehrere Gesellschaften verkehren nach Plan zwischen den Ferienzielen zu vernünftigen, festen Preisen (15 000–100 000 Rp). Es kann nötig sein, vorher zu buchen.

Mietwagen und -motorräder

Autovermietung ist in Bali und Lombok beliebt, und viele internationale Agenturen sind vertreten. Gute Preise kann man mit einheimischen Agenturen aushandeln. Da der Verkehr zunimmt, lohnt es sich jedoch, ein wenig mehr für einen Fahrer zu zahlen.

Die angebotenen Möglichkeiten reichen vom Chartern eines Minibusses bis hin zu einer Luxuslimousine samt Chauffeur und mehrsprachigem Fremdenführer.

In den wichtigsten Ferienzentren gibt es einheimische Agenturen, die Autos und Motorräder vermieten. Am beliebtesten unter den Wagen sind der Suzuki Jimny (ideal für zwei Per-sonen) und der Toyota Kijang (für bis zu acht Personen).

Sie können selbst verhandeln oder Ihr Hotel bitten, es zu arrangieren. Klären Sie, ob der Preis Benzin und Versicherung einschließt. Versicherung ist Pflicht, Helme sind Bedingung für Motorradfahrer. Prüfen Sie die Lichter, Bremsen und Hupe am Auto, bevor Sie losfahren.

Besorgen Sie sich einen internationalen Führerschein, ehe Sie nach Bali oder Lombok reisen *(siehe S. 214)*.

Das Motorrad war einst sehr beliebt, um über die Insel zu fahren. Man kann in den Ferienzentren überall eines mieten, aber der Verkehr wird immer gefährlicher. Es ist

Taxi

Bemo, ein Bus für mehrere Fahrgäste

Shuttlebus

nicht anzuraten, im überfüllten Süd- oder Zentralbali oder in Städten mit dem Motorrad zu fahren.

Autofahren in Bali und Lombok

In Indonesien fährt man auf der linken Straßenseite. Verkehrsregeln und Fahrverhalten in der Praxis stimmen nicht immer überein: Motorräder überholen auf jeder Seite, Fahrer stoßen in den Verkehr, ohne zu schauen – sie erwarten, dass man auf sie achtet. Die Vorfahrt gehört dem, der stärker ist oder zuerst seine Lichthupe betätigt. Da Gehsteige selten und eng sind, dehnt sich der Fußverkehr auf die Straße aus – einschließlich Vieh, Schubkarren, religiösen Prozessionen und Fahrrädern entgegen der Fahrtrichtung. In Lombok ist der Verkehr normalerweise nicht so dicht, aber man muss auf die Ponywagen achten.

Motorräder in Singaraja – das beliebteste Verkehrsmittel der Einheimischen

Auf der Straße trocknender Reis – ein Hindernis, auf das zu achten ist

Es ist üblich, kurz zu hupen, bevor man überholt. Ampeln sind rar: Auf Kreuzungen sollten Sie die Warnblinkanlage benutzen, wenn Sie geradeaus fahren und nicht abbiegen wollen. In Städten gibt es immer mehr Einbahnstraßen.

Parkplätze in Städten und an Märkten werden von einem Wärter beaufsichtigt, der eine kleine Gebühr kassiert (500 bis 1000 Rp je nach Wagen) und einem zurück auf die Straße hilft.

Im Dunkeln zu fahren, ist generell nicht zu empfehlen wegen schlechter Sicht und ungenügender Beleuchtung der Fahr- und Motorräder. Fahrer sollten auf schwarze Sandhaufen an der Straße achten (die für die Bauarbeiten des nächsten Tages abgeladen wurden). Motorradfahrer sollten wegen Insekten besonders die Dämmerung meiden.

Einheimische helfen meist gerne, wenn man Probleme auf der Straße hat. Es ist üblich, unter solchen Umständen eine kleine Entschädigung anzubieten.

Ponywagen sind in ländlichen Gegenden sehr häufig

Auf einen Blick

Busbahnhöfe

Batubulan Terminal
Batubulan.
(0361) 298 526.

Kereneng Terminal
Jalan Hayam Wuruk, Denpasar.
(0361) 226 906.

Tegal Terminal
Jalan Imam Bonjol, Denpasar.
(0361) 980 899.

Ubung Terminal
Jalan Cokroaminoto, Denpasar.
(0361) 427 172.

Mandalika Terminal
Sweta, Lombok.

Taxis

Bali Taxi
(0361) 701 111.

Ngurah Rai Taxi
(0361) 724 724.

Praja Taxi
(0361) 289 090.

Shuttlebusse

Danasari
Poppies Lane 1, Kuta.
(0361) 755 125.

Perama
Jalan Legian 39, Kuta.
(0361) 751 875.
Jalan Hanoman, Ubud.
(0361) 974 722.

Mietwagen und -motorräder

Avis Rent-a-Car
Danan Tam Blingan 27, Sanur.
(0361) 282 635.
www.avis.com

Bali Car Rentals
Jalan Tanjung Sari, Denpasar.
(0361) 418381.
www.balicarrentals.com

Bali Limousine
Banjar Nyuh Kuning, Dusun Mas, Gianyar.
(0361) 744 7877.
www.balilimousine.com

Hertz
Grand Bali Beach Hotel, Area Cottage 50, Sanur.
(0361) 266 962.
www.hertz.com

Textregister

Seitenzahlen in **gefetteter** Schrift beziehen sich auf die Haupteinträge.

L

M

Q

R

S

T

Danksagung und Bildnachweis

DORLING KINDERSLEY bedankt sich bei allen Personen und Institutionen, die bei der Herstellung dieses Buches tatkräftig mitgewirkt haben.

HAUPTAUTOREN

Andy Barski ist ein Motorrad-Enthusiast und Autor, der ausführlich über Reisen im Indonesischen Archipel schreibt, wo er seit 1987 wohnt.

Bruce Carpenter kam 1974 erstmals nach Bali. Er hat mehrere Bücher und Artikel über balinesische Kunst und Kultur geschrieben.

John Cooke lehrte Zoologie an der Oxford University, bevor er Naturfilmer, -fotograf und -schriftsteller wurde.

Jean Couteau ließ sich 1979 in Bali nieder. Er schreibt Kurzgeschichten und Kunstkritik in Französisch, Englisch und Indonesisch.

Diana Darling ist freischaffende Autorin und Herausgeberin und wohnt seit 1981 in Bali. Sie ist Verfasserin von *The Painted Alphabet: a Novel* (1992), basierend auf einer balinesischen Erzählung.

Sarah Dougherty kam 1993 nach Bali, um Herausgeberin des Magazins *Bali Echo* zu werden. Sie arbeitet an vielen internationalen Veröffentlichungen mit und an einem Kochbuch.

Tim Stuart ist Reiseschriftsteller, Fotograf und Lehrer für Industriekommunikation sowie Herausgeber des englischsprachigen Reisemagazins *Inilah!*

Tony Tilford ist Naturfotograf und -schriftsteller mit großer Kenntnis der indonesischen Flora und Fauna. Als eifriger Reisender ist er auf der Suche nach alltäglichen und exotischen Themen.

FÜR DORLING KINDERSLEY, LONDON

PUBLISHER Douglas Amrine
DIRECTOR OF PUBLISHING Gillian Allan
SENIOR PUBLISHING MANAGER Louise Bostock Lang
PUBLISHING MANAGER Kate Poole
MANAGING EDITOR Anna Streiffert
PRODUCTION Marie Ingledew, Michelle Thomas
MAP CO-ORDINATORS Dave Pugh, Casper Morris

GRAFIK- UND REDAKTIONSASSISTENZ

Helle Amin, Christine Chua, Victoria Heyworth-Dunne, Hoo Khuen Hin, Kok Kum Fai, Helen Partington, Pollyanna Poulter, Patricia Rozario, Karen Villabona, Dora Whitaker.

ERGÄNZENDE FOTOGRAFIE

Luis Ascui, Rucina Ballinger, Koes Karnadi, Ian O'Leary

FAKTENPRÜFUNG

Rucina Ballinger, Anak Agung Gede Putra Rangki, Anak Agung Oka Dwiputra.

TEXTREGISTER

Kay Lyons.

BESONDERE UNTERSTÜTZUNG

Edi Swoboda vom Bali Bird Park; Ketty Barski; Steve Bolton; Georges Breguet; Georjina Chia und Kal Muller; Lalu Ruspanudin von DIPARDA, Mataram; Justin Eeles; Peter Hoe von Evolution; Ganesha Buchhandlung; David Harnish; Chris Hill; Jean Howe und William Ingram; Rio Helmi von Image Network Indonesia; I Wayan Kicen; Lagun Sari Indonesia Seafood Pte Ltd; Peter und Made von Made's Warung; M Y Narima von Marintur; Rosemarie F Oei von Museum Puri Lukisan; Jim Parks; David Stone; The Vines Restaurant; Bayu Wirayudha, Made Widana und Luh Nyoman Diah Prihartini.

GENEHMIGUNG FÜR FOTOGRAFIEN

Dorling Kindersley bedankt sich bei allen Verantwortlichen der Parks, Tempel, Museen, Hotels, Restaurants, Läden, Galerien und Sehenswürdigkeiten für ihre Kooperation und freundliche Erlaubnis zum Fotografieren.

BILDNACHWEIS

go = ganz oben; gol = ganz oben links; goml = ganz oben Mitte links; oml = oben Mitte; or = oben rechts; mlo = Mitte links oben; mo = Mitte oben; mro = Mitte rechts oben; ml = Mitte links; m = Mitte; mr = Mitte rechts; mlu = Mitte links unten; mu = Mitte unten; mru = Mitte rechts unten; gul = ganz unten links; gu = ganz unten; gum = ganz unten Mitte; guml = ganz unten Mitte links; gur = ganz unten rechts; d = Detail.

Wir haben uns bemüht, die Rechte-Inhaber aller Bilder zu ermitteln, und entschuldigen uns für unbeabsichtigte Versäumnisse. Wir würden uns freuen, die entsprechenden Danksagungen in einer nachfolgenden Auflage einfügen zu können.

DORLING KINDERSLEY dankt folgenden Personen, Gesellschaften und Bildarchiven für die Erlaubnis, ihre Fotos und Zeichnungen zu reproduzieren:
ALAMY IMAGES: Ace Stock Limited 183 m; Ian Dagnall 10ul; Jochen Tack 182ml. BES STOCK: 208mlo, 208–209m, 210ol, 210–211m, 211gul, 212–213; © Alain Evrard 12, 43mlo, 209gol; © Globe Press 24mr; BLUE MARLIN DIVE CENTER, LOMBOK: © Clive Riddington 156gum. EDITIONS DIDIER MILLET: 3m, 17or, 20gur, 22ml, 25ol, 28or, 30gol, 32or, 45gum, 45guml, 46gul, 47mlu, 48mu, 51gol, 64gur, 83or, 88gul, 165m, 167gol, 167mru, 167gur, 194gol, 199or, 202mlo, 203go; © Gil Marais 23gul; © Tara Sosrowardoyo 45mo, 46gum, 46gur. FOUR SEASONS RESORT: 168ml, 181gul. GETTY IMAGES: Photographer's Choice/Steve Satushek 183 gol; Riser/Marc Romanelli 11gul; Science Faction/Louie Psihoyoss 11gol. HARD ROCK HOTEL: 181mr. PHOTO AND PRINT COLLECTION OF THE KONINKLIJK INSTITUUT VOOR TAAL-, LAND- EN VOLKENKUNDE (KITLV), LEIDEN: Woodbury & Page, Batavia 48gur, Neeb 49gol, 50oml. MANDARA SPA: 169or; KAL MULLER: 19mru, 19gur, 210or, 210mlo, 211gol, 211mro, 211mru; MUSEUM PURI LUKISAN: 16m, 24gur, 34mlo, 34guml, 34gur, 34–35m, 35mr, 35gul, 35gur, 87gur, *Bubuk Sah and Gagak Aking* I Cokot (1935) 88or, 92or, 92mlo, 92gul, 92gum, 93oml, 93mr, 93gul, 97or. NASA: Image STS068-160-53 13gur; NEKA ART MUSEUM: 34or, 35or, 44, 96mr, 115gol; THE NIEUWENKAMP FOUNDATION, VLEUTEN: 9m, 49gur, 213m; NOVOTEL BENOA BALI: 168gum. © PHOTOBANK/TETTONI, CASSIO AND ASSOCIATES PTE LTD: 1, 2–3, 8–9, 18mlo, 18mro, 18gul, 18mru, 22or, 22m, 27gur, 30or, 30ml, 30guml, 30gur, 31or, 31mlo, 31mro, 31mlu, 31mru, 31gul, 32–33m, 33ol, 33mr, 33gul, 33gur, 36or, 37mro, 37mlu, 37gur, 38ml, 38gul, 38–39m, 48oml, 49mru, 52–53, 56, 57gu, 65gol, 70–71, 78, 79gu, 89gol, 91or, 100, 106ml, 118–119, 124, 125gu, 153or, 153mr, 159gul, 164–165, 198oml, 198m, 198gul, 199gol, 200or, 200gul, 202gur, 209or, 209gur. PRIMA FOTO: 30mro, 205ml. REEFSEEKERS DIVE CENTRE: 136mlo; ROBERT HARDING PICTURE LIBRARY: © Gavin Hellier 142–143. © MORTEN STRANGE/FLYING COLOURS: 136gur. © TC NATURE: 18or, 19gul, 81gur, 84ol, 84or, 84ml, 84m, 84mr, 85or, 84gur, 85ol, 85gum, 85gur, 94ol, 94or, 94mlu, 94gum, 95or, 95mru, 109mlo, 109mru, 109gum, 110gul, 136gol, 136or, 136mlu, 137mo, 137gul, 138gol, 140mru, 140gul, 141gur, 148gol, 204m, 205oml; © John Cooke 19mro, 54gol, 109oml, 121gol; © Tony Tilford 19mlu, 54gol, 85gul, 137gur. ADRIAN VICKERS: 50gul.
Umschlaginnenseiten: Alle Spezialfotografien außer © PHOTOBANK: go, goml, mro, gul.
Umschlag:
Vorne: ALAMI IMAGES: James Davis Photography/ James Davis Hauptbild; DK IMAGES: Richard Watson mlu.
Hinten: ALAMY IMAGES: AGStockUSA, Inc./Robert Holmes mlo; CORBIS: Dennis Degnan gul; DK IMAGES: Koes Karnadi mlgu; Richard Watson gol.
Rücken: ALAMY IMAGES: James Davis Photography/James Davis go; DK IMAGES: gu.

Literaturempfehlungen

Geschichte

Bali in the 19th Century Ide Anak Agung Gde Agung (Jakarta: Yayasan Obor Indonesia, 1991)
Bali Profile: People, Events, Circumstances (1001–1976) Willard A Hanna (American Universities Field Staff, 1976)
Bali at War: a History of the Dutch-Balinese Conflict of 1846–49 Alfons van der Kraan (Monash Asia Institute, 1995)
In Praise of Kuta: From Slave Port to Fishing Village to the Most Popular Resort in Bali Hugh Mabbett (January Books, 1987)
Lombok: Conquest, Colonization, and Underdevelopment, 1870–1940 Alfons van der Kraan (Heinemann Educational Books, 1980)
Negara: the Theater State in 19th Century Bali Clifford Geertz (Princeton University Press, 1981)

Gesellschaft und Kultur

Adat and Dinas: Balinese Communities in the Indonesian State Carol Warren (Oxford University Press, 1993)
The Changing World of Bali: Religions, Society and Toursim Leo Howe (Routledge, 2005)
Bali: A Paradise Created Adrian Vickers (Tuttle, 1997; erstmals erschienen 1989)
Bali: Cultural Tourism and Touristic Culture Michel Picard (Archipelago Press, 1998)
Bali, Morning of the World Luca Invernizzi Tettoni and Nigel Simmonds (Periplus, 1997)
Bali: Rangda and Barong Jane Belo (University of Washington Press, 1949)
Bali: Sekala and Niskala F. B. Eiseman (Periplus, 1989)
Bali: Studies in Life, Thought, and Ritual (Foris Publications, 1984)
Bali Today: Real Balinese Stories Jean Couteau with Usadi Wiratnaya et al. (Spektra Communications, 2005)
The Balinese Hugh Mabbett (January Books, 1985)
Being Modern in Bali: Image and Change ed Adrian Vickers (Yale University Southeast Asia Studies, 1996)
The Food of Bali hrsg. Wendy Hutton (Periplus World Food Series, 1999)
Island of Bali Miguel Covarrubias (Periplus, 1999; erstmals erschienen 1937)
The Peoples of Bali Angela Hobart, Urs Ramseyer und Albert Leeman (Blackwell, 1997)
Perfect Order: Recognizing Complexity in Bali J Stephen Lansing (Princeton University Press, 2006)
A Sacred Cloth Religion: Ceremonies of the Big Feast Among Wetu Telu Sasak Sven Cederroth (Nordic Institute of Asian Studies, 1991)

Kunst und Architektur

The Art And Culture of Bali Urs Ramseyer (Oxford University Press, 1977/1987)
At Home in Bali Made Wijaya, Fotografien Isabella Ginannesch (Abbeville Press, 1999)
Bali: the Imaginary Museum Michael Hitchcock and Lucy Norris (Oxford University Press, 1996)
Bali Modern: The Art of Tropical Living Gianni Francione, Fotografien Luca Invernizzi Tettoni (Tuttle, 1999)
Bali Sketchbook Illustrationen Graham Byfield, Text Diana Darling (Archipelago Press, 1998)
Bali Style Rio Helmi und Barbara Walker (Times Editions, 1995; Thames & Hudson, 1995; Vendome Press, 1996)
Balinese Dance in Transition: Kaja and Kelod I Made Bandem, Frederik Eugene Deboer (Oxford University Press, 1995)
Balinese Dance, Music and Drama I Wayan Dibia, Rucina Ballinger (Periplus Editions, 2005)
Balinese Gardens Fotografien Luca Invernizzi Tettoni, Text William Warren et al. (Periplus/Thames and Hudson, 1996/2000)
Balinese Music Michael Tenzer (Periplus, 1991/1994)
Balinese Textiles Brigitta Hauser-Schublin, Marie-Louise Nabholz-Kartaschoff und Urs Ramseyer (Periplus, 1991/1997)
Dancing out of Bali John Coast (Periplus Editions, 2005)
The Epic Of Life: A Balinese Journey Of The Soul Idanna Pucci (Alfred van der Marck Editions, 1985)
The Folk Art of Bali Joseph Fischer und Thomas Cooper (Oxford University Press, 1998)
Kecak: The Vocal Chant Of Bali I Wayan Dibia (Hartanto Art Books, 1996)
The Language of Balinese Shadow Theater Mary Sabine Zurbuchen (Princeton University Press, 1987)
Masks of Bali: Spirits of An Ancient Drama Judy Slattum, Fotografien Paul Schraub (Chronicle, 1992)
Monumental Bali A J Bernet Kempers (Periplus, 1991/1997; erstmals erschienen 1977)
Music in Bali Colin McPhee (Da Capo Press, 1976; erstmals erschienen 1966)
W.O.J. Nieuwenkamp: First European Artist in Bali Bruce W. Carpenter (Archipelago Press, 1998)
Perceptions of Paradise: Images of Bali in the Arts Garrett Kam (Dharma Seni Museum Neka, 1993)
Pre-War Balinese Modernists 1928–1942 Dr. F. Haks et al. (Ars et Amimatio, Haarlem, Niederlande)
Ulat-ulatan, Traditional Basketry in Bali Fred B. Eiseman Jr. (White Lotus, 1999)
Vessels Of Life: Lombok Earthenware Jean McKinnon (Saritaksu, 1996)

Natur

Bali – Periplus Action Guide Wally Singian, David Pickel (Periplus, 2000)
Butterflies of Bali Victor Mason (Saritaksu Publications, 2005)
The Birds of Java and Bali Derek Holmes, Illustr. Stephen Nash (Oxford University Press, 1989)
Diving and Snorkeling Guide to Bali and the Komodo Region Tim Rock (Pisces, 1996)
The Ecology of Java and Bali Tony Whitten et al (Oxford University Press, 1997)
Flowers of Bali Fred B. Eiseman (Periplus, 1994)
Fruits of Bali Fred B. Eiseman und Margaret Eiseman (Periplus, 1994)

Reiseberichte und Memoiren

Bali: the Last Paradise Hickman Powell, Fotografien André Roosevelt (Oxford University Press, 1930/1989; Dodd, Mead, 1936)
Bali: People and Art Gregor Krause (White Lotus, 2000; erstmals erschienen 1926, deutsch)
The Birthmark: Memoirs of a Balinese Prince A. A. M. Djelantik (Periplus, 1998)
A House in Bali Colin McPhee (Tuttle/Periplus, 2000; erstm. ersch. 1946)
A Little Bit One O'Clock William Ingram (Ersania Books, 1998)
The Night of Purnama Anna Matthews (Jonathan Cape, 1965)
Our Hotel In Bali: ... A Story Of The 1930s Louise G Koke (January Books, 1987)
Stranger In Paradise: the Diary of an Expatriate in Bali 1979–80 Made Wijaya (Wijaya Words, 1984)
Travelling to Bali: Four Hundred Years of Journeys Adrian Vickers (Oxford University Press, 1995)

Fiktive Literatur

Bali Behind the Seen: Recent Fiction From Bali übs. und hrsg. Vern Cork (Darma Printing, 1996)
The Edge of Bali Inez Baranay (Angus & Robertson, 1992)
The Painted Alphabet: a Novel Based on a Balinese Tale Diana Darling (Tuttle, 2001; Graywolf, 1994; Houghton Mifflin, 1992)
The Sweat of Pearls: Short Stories About Women of Bali Putu Oka Sukanta, übs. von Vern Cork (Darma Printing, 1999)
A Tale from Bali Vicki Baum (Tuttle/Periplus, 2000; erstmals erschienen 1937)

Kinderbücher

Bye, Bye, Bali Kai Harriett Luger (Browndeer, 1996)
The Dancing Pig Judy Sierra (Gulliver, 1999)
The Haughty Toad, And Other Tales From Bali Victor Mason, Illustrationen von Künstlern aus Pengosekan (Bali Art Print/Hamlyn, 1975).
Rice Is Life Rita Golden Gelman (Henry Holt, 2000)

Sprachführer

Architektur

atap: Palmblatt-Dach
bale: Pavillon
candi bentar: geteiltes Tor
gedong: umzäunter Pavillon
kori: Tor mit Dach
kori agung: großes Tor
kulkul: Trommelturm
meru: mehrstöckiger Schrein
padmasana: hoher Schrein der höchsten Gottheit
pelinggih: Schrein, Geisterhaus
pura: Tempel
puri: Palast, Haus des Adels
rumah: Haus
wantilan: öffentlicher Pavillon mit Doppeldach
warung: kleiner (Kaffee-)Laden

Kunsthandwerk

geringsing: Textilien, deren Kett- und Schussfäden eingefärbt sind, »Doppel-**ikat**«
ikat: Textilien, deren Schussfäden eingefärbt sind
kayu: Holz
lontar: Palmenart; Palmblatt-Buch
lukisan: Gemälde
mas: Gold
pande: Schmied
paras: Vulkangestein, für Gebäude und Statuen benutzt
patung: Statue
perak: Silber
prada: gold bemaltes Tuch
songket: Stoff mit eingewebten Gold- und Silberfäden
tapel: Maske
tenunan: Weben

Musik und Tanz

arja: balinesische Oper
baris: klassischer männlicher Solotanz
baris gede: heiliger Tanz für mehrere männliche Tänzer
Barong: großes heiliges Bild, von zwei Männern getanzt
belaganjur: Prozession eines Percussion-Orchesters
gambuh: antiker Tanz bei Hof
gamelan: Percussion-Orchester
gangsa: Instrument mit Klangtasten aus Bronze
kebyar: lebhafter Stil der Gamelan-Musik; lebhafter Solotanz
kendang: Trommel
keris: heiliger Dolch
legong: klassischer Tanz dreier Frauen
prembon: Mischprogramm
Rangda: heiliges dämonisches Abbild, Gattin des Barong
rejang: heiliger Tanz für mehrere Tänzerinnen
suling: Bambusflöte
tari: Tanz
topeng: maskierter Tanz nach Abstammungserzählungen
trompong: Bronzeinstrument mit acht bis zwölf Kesselgongs
wayang kulit: Schattenpuppentheater
wayang wong: maskierter Tanz, basierend auf Hindu-Epen

Kleidung

baju: Hemd, Kleid
baju kaus: T-Shirt
destar: Kopftuch der Balinesen
gelungan: verzierter Kopfputz
jilbab: Kopftuch muslimischer Frauen
kain: Tuch; langes Hüfttuch
kebaya: traditionelle Jacke für Damen
peci: Hut für muslimische Herren
sarong: genähtes langes Hüfttuch
selendang: Tempelschärpe
sepatu: Schuhe

Religion und Gemeinde

banjar: Dorfverband
hari raya: jeder religiöse Feiertag
karya: Arbeit, vor allem gemeinschaftliche rituelle Arbeit
mesjid: Moschee
odalan: Tempelfest
pedanda: hoher Priester
pemangku: Tempelpriester
penjor: girlandengeschmückter Bambuspfahl
pura dalem: Tempel der Hölle
pura desa: Dorftempel
pura puseh: Tempel des Ursprungs
sebel: Tabu
sunat: islamische rituelle Beschneidung
tirta: heiliges Wasser
yadnya: Hindu-Ritual (allgemein)

Essen und Trinken

air minum: Trinkwasser
ayam: Huhn
babi guling: geröstetes Schwein
babi: Schwein
bakar: gegrillt
bebek tutu: geräucherte Ente
buah-buahan: Frucht
cumi-cumi: Tintenfisch
daging: Fleisch
gado-gado: vegetarisches Gericht mit Erdnusssauce
garam: Salz
goreng: gebraten
gula: Zucker
ikan laut: Fisch
jeruk nyepis: Limette
jeruk: Orange, Zitrone
kelapa: Kokosnuss
kopi: Kaffee
makan: essen
mie: Nudeln
minum: trinken
nasi: Essen, Reis, Reisgericht
pedas: scharf
pisang: Banane
roti: Brot
sambal: scharfe Zutat
sapi: Rindfleisch
sate, sate lilit: kleine Spieße mit gegrilltem Fleisch
susu: Milch
teh: Tee
telur: Ei
udang: Garnele

Natur und Landschaft

bukit: Hügel
burung: Vogel
danau: See
gunung: Berg
hujan: Regen
jalan: Straße
laut: Meer
mata hari: Sonne
pantai: Strand
pohon: Baum
sawah: Reisfeld
subak: Bewässerungs-Kooperative
sungai: Fluss, Strom
taman: Garten, Park
tanah: Grund, Boden, Erde

Reise und Transport

bemo: öffentlicher Minibus
cidomo: gummibereifter Pferdewagen (in Lombok)
dokar: Pferdewagen
jukung: Auslegerkanu mit Segel
mobil: Wagen
sepeda motor: Motorrad

Verschiedenes

adat: Zollgesetz
bagus: gut, schön
baik: gut
Bapak: höfliche Anrede für einen Mann
bayar: zahlen
cantik: hübsch
dingin: kalt
Ibu: höfliche Anrede für eine Frau
mahal: teuer
murah: billig
panas: heiß, warm
pariwisata: Tourismus
puputan: selbstmörderischer Kampf bis zum Ende
roko: Zigarette
sakit: verletzt, krank
selamat jalan: lebe wohl
terima kasih: danke schön
tidak: nein, nicht
tidur: schlafen
uang: Geld

Straßenkarte von Zentral- und Ostbali